O Financiamento
das Empresas no Brasil

O Financiamento das Empresas no Brasil
IMPACTOS TRIBUTÁRIOS

2018

Raphael Enrico Addono

O FINANCIAMENTO DAS EMPRESAS NO BRASIL
IMPACTOS TRIBUTÁRIOS
© Almedina, 2018
AUTOR: Raphael Enrico Addono
DIAGRAMAÇÃO: Almedina
DESIGN DE CAPA: FBA ou Roberta Bassanetto
ISBN: 9788584934164

Dados Internacionais de Catalogação na Publicação (CIP)
(Câmara Brasileira do Livro, SP, Brasil)

Addono, Raphael Enrico
O financiamento das empresas no Brasil :
impactos tributários / Raphael Enrico Addono. --
São Paulo : Almedina, 2018.

Bibliografia.
ISBN 978-85-8493-416-4

1. Direito tributário 2. Empresas - Leis e
legislação - Brasil 3. Empresas - Tributação
I. Título.

18-21782   CDU-34:336.225.674

Índices para catálogo sistemático:

1. Empresas : Prática tributária : Direito tributário 34:336.225.674

Iolanda Rodrigues Biode - Bibliotecária - CRB-8/10014

Este livro segue as regras do novo Acordo Ortográfico da Língua Portuguesa (1990).

Todos os direitos reservados. Nenhuma parte deste livro, protegido por copyright, pode ser reproduzida, armazenada ou transmitida de alguma forma ou por algum meio, seja eletrônico ou mecânico, inclusive fotocópia, gravação ou qualquer sistema de armazenagem de informações, sem a permissão expressa e por escrito da editora.

Novembro, 2018

EDITORA: Almedina Brasil
Rua José Maria Lisboa, 860, Conj.131 e 132, Jardim Paulista | 01423-001 São Paulo | Brasil
editora@almedina.com.br
www.almedina.com.br

We can forgive a man for making a useful thing as long as he does not admire it. The only excuse for making a useless thing is that one admires it intensely[1].

– Oscar Wilde, O Retrato de Dorian Gray

---

[1] Tradução Livre: "Nós podemos perdoar um homem por fazer algo útil, desde que ele não o admire. A única desculpa para fazer alguma coisa inútil é que alguém a admira intensamente".

Aos meus pais, Disá e Rê, razão do meu todo.

AGRADECIMENTOS

Àquele que arquitetou a vida;

À Ana Luiza Salles Lourenço, por ter me monstrado um novo horizonte;

Ao Professor Régis Fernando de Ribeiro Braga, por ter sido amigo e mentor por neste caminho;

Aos Professores Marcelo Fonseca Vicentini, Rogério Peres e Gustavo Lian Haddad, por terem me introduzido ao tema;

Ao Professor Edmundo Emerson de Medeiros, que me apresentou ao Direito Tributário e ensinou que muitas vezes um cálculo é o melhor argumento jurídico;

Aos amigos Ana Luiza e Eduardo Machado, pelos conselhos e carinho;

À Vera Lucia Angrisani, por dar asas a minha imaginação; e

Aos meus tios, Antonio Carlos e Bernardo, e padrinho, Drausio, pelo amor incondicional.

SUMÁRIO

INTRODUÇÃO — 15

1. DA GUERRA À GLOBALIZAÇÃO: O CONTEXTO DA CRIAÇÃO DA OCDE — 19
   1.1 A Guerra Como Elemento Chave da Globalização — 19
       1.1.1 O Cenário Mundial Pós Primeira Guerra Mundial — 20
       1.1.2 O Cenário Pós Segunda Guerra Mundial, o Plano Marshall e a Organização Europeia de Cooperação Econômica — 21
   1.2 A OCDE — 23

2. A EROSÃO DA BASE FISCAL E O PROJETO BEPS — 27
   2.1 Estudo de Caso: Apple — 30
   2.2 Estudo de Caso: Starbucks — 31
   2.3 A OCDE e o G20: Uma Análise Sobre a Erosão Fiscal e a Criação do Projeto BEPS — 32

3. A TRIBUTAÇÃO SOBRE O LUCRO NO BRASIL — 39
   3.1 Base de cálculo — 43
   3.2 Alíquota do IRPJ e da CSLL — 53

4. FINANCIAMENTO DAS ATIVIDADES DAS EMPRESAS: A VOLÁTIL ESCOLHA ENTRE DÍVIDA E CAPITAL — 57
   4.1 Dívida Versus Património — 60
   4.2 Custo de Oportunidade — 62

5. CONSEQUÊNCIAS TRIBUTÁRIAS DA DECISÃO SOBRE AS FORMAS DE FINANCIAMENTO — 65

5.1 Aumento de Capital — 66
   5.1.1 Distribuição de Lucro e Pagamento de Dividendos — 74
   5.1.2 Pagamento de Juros Sobre Capital Próprio — 82
      5.1.2.1 Limite de Distribuição dos JCP — 88
      5.1.2.2 Limite de Dedução dos JCP — 93
      5.1.2.3 Efeito Tributário — 94
   5.1.3 Imposto Sobre Operações Financeiras – Aumento de Capital — 103

5.2 Tomada de Dívida — 106
   5.2.1 Dedutibilidade das Despesas — 114
      5.2.1.1 O Princípio *Arm's Length* — 118
      5.2.1.2 Pessoa Vinculada — 122
      5.2.1.3 Países com Tributação Favorecida — 124
   5.2.2 Limite de Endividamento por Operação: *Transfer Pricing* — 127
   5.2.3 Limite Global de Endividamento de uma Empresa: *Thin Capitalization* — 134
   5.2.4 Imposto sobre Operações Financeiras – Operações de Crédito — 142

5.3 Debêntures — 150
   5.3.1 A natureza e a Abordagem Societária das Debêntures — 151
   5.3.2 Tributação das Debêntures — 157
      5.3.2.1 A Tributação do Debenturista — 158
      5.3.2.2 A Tributação da Sociedade Emissora — 164

5.4 Análise das Decisões Administrativas — 169
   5.4.1 Caso Kolynos-Colgate (Acórdão do Conselho Administrativo de Recursos Fiscais nº 9101-00.287, de 24 de Agosto de 2009) — 170
   5.4.2 Caso Unilever I (Acórdão do Conselho Administrativo de Recursos Fiscais nº 107-09.420, de 25 de Junho de 2008) — 171
   5.4.3 Caso Unilever II (Acórdão do Conselho Administrativo de Recursos Fiscais nº 1103-001.181, de 03 de Março de 2015) — 173
   5.4.4 Caso Light (Acórdão do Conselho Administrativo de Recursos Fiscais nº 1301-001.206, de 08 de Maio de 2013) — 175
   5.4.5 Caso Monsanto (Acórdão do Conselho Administrativo de Recursos Fiscais nº 1302-00.565, de 25 de Maio de 2011) — 178

SUMÁRIO

5.4.6 Caso ArcelorMittal (Acórdão do Conselho Administrativo de Recursos Fiscais nº 1402-001.875, de 26 de Novembro de 2014)   181
5.4.7 Caso Renovias Concessionária (Acórdão do Conselho Administrativo de Recursos Fiscais nº 1301-001.514, de 7 de maio de 2014)   183

6. OS IMPACTOS DO BEPS   187
   6.1 Plano de Ação nº 02: a Erosão da Base Tributária por Meio do Uso de Mecanismos Híbridos   187
      6.1.1 Recomendações do Plano de Ação nº 02   193
         6.1.1.1 *Hybrid Financial Instrument Rule*   195
         6.1.1.2 *Specific Recommendations for the Tax Treatment of Financial Instruments*   196
         6.1.1.3 *Disregarded Hybrid Payments Rule*   197
         6.1.1.4 *Reverse Hybrid Rule*   198
         6.1.1.5 *Specific Recommendations for the Tax Treatment of Reverse Hybrids*   199
         6.1.1.6 *Deductible Hybrid Payments Rule*   200
         6.1.1.7 *Dual-Resident Payer Rule*   201
         6.1.1.8 *Imported Mismatch Rule*   202
         6.1.1.9 *Design Principles*   202
   6.2 Plano de Ação nº 04: A Erosão da Base Tributária por Meio da Dedução de Juros   202
      6.2.1 EBITDA   206
      6.2.2 Recomendações do Plano de Ação nº 04   207
         6.2.2.1 *Fixed Ratio Rule*   208
         6.2.2.2 *Group Ratio Rule*   210
         6.2.2.3 *De Minimis Monetary Threshold to Remove Low Risk Entities*   212
         6.2.2.4 *Carry Forward of Disallowed Interest/Unused Interest Capability and/or Carry Back of Disallowed Interest*   213
         6.2.2.5 *Targeted Rules to Support General Interest Limitation Rules and Address Specific Risks*   214
         6.2.2.6 *Specific Rules to Address Issues Raised by The Banking and Insurance Sectors*   215
   6.3 Plano de Ação nº 13: A Revisão da Documentação Sobre Preço de Transferência e a Declaração País-a-País   216

7. O BRASIL FORMALIZA SEU PEDIDO DE ADMISSÃO
   COMO MEMBRO DA OCDE: E AGORA?   223

CONCLUSÃO   231

REFERÊNCIAS   237

Introdução

O período entre os anos de 2014 e 2018 fragilizou o Brasil por meio de uma das piores crises econômicas e políticas de sua história[2].

Assim, o brasileiro passou a deixar de se surpreender com os crescentes números de pedidos e decretações de falência em todos os setores da economia, o que afetava empresas de pequeno, médio e grande porte.

Segundo dados divulgados pela Boa Vista SCPC, e noticiados na mídia no sítio eletrônico do jornal Valor Econômico[3], houve um aumento de 3,6% nos pedidos de falências na comparação entre março de 2017 e março de 2016. De acordo com a mesma reportagem, "Os pedidos de recuperação judicial aumentaram tanto na comparação com fevereiro (27,7%) quanto com março de 2016 (14,6%). No trimestre, houve queda de 15,2% e, em 12 meses, alta de 18%".

Como se observa, a atividade econômica como um todo no Brasil parecia estar longe de viver seu momento de glória. O empresariado não possuía o conforto necessário para manter seus projetos e honrar suas obrigações e isso impactava todo o país de forma profunda e nociva.

---

[2] Enquanto isto, o mundo vive em um cenário de maior conexão entre os Estados soberanos, com a criação de mecanismos internacionais de compliance no que se refere à troca de informações (o *Foreign Accounting Tax Complianc Act* – FATCA, por exemplo) e da formação de bases universais para a tributação (como o *Controlled Foreign Corporation Rules* – CFC Rules).

[3] Valor Econômico. **Pedidos de falência sobem 24% em março, segundo Boa Vista SCPC.** 2016. Disponível em: <http://www.valor.com.br/brasil/4928452/pedidos-de-falencia-sobem--24-em-marco-segundo-boa-vista-scpc>. Acesso em: 25 de abril de 2017.

Portas fechadas são menos empregos, uma arrecadação menor e menos desenvolvimento econômico e social.

Nessa senda, a gestão eficiente de recursos é o que muitas vezes gera o alento necessário para a manutenção das atividades e negócios das empresas.

É evidente que o desenvolvimento da atividade fim da empresa possui um grande valor, seja essa atividade a venda de mercadoria ou prestação de serviços. Todavia, tanto em um período de crise, onde os recursos são escassos, quanto em um período de expansão econômica, onde se deve alocar de forma precisa os esforços da empresa, a correta tomada de decisões financeiras mostra-se de suma relevância.

Nesse sentido, a gestão financeira é uma importante ferramenta tanto para o crescimento da operação de uma empresa quanto para a proteção de seu patrimônio. Por tal importância, é necessário se ter uma visão clara das formas com que o financiamento pode se dar e os efeitos práticos destas escolhas.

Disso decorre o interesse no estudo sobre as formas com que as empresas podem levantar dinheiro para sua atividade e a análise dos efeitos tributários que cada uma dessas decisões pode vir a acarretar, tendo em mente o cenário pós Projeto *Base Erosion and Profit Shifting*[4] (BEPS).

O referido projeto BEPS é consequência de um intenso trabalho realizado entre a Organização para a Cooperação e Desenvolvimento Econômico (OCDE) e os países do G20, grupo das 20 nações mais poderosas do mundo, cujo objetivo é o combate aos planejamentos fiscais agressivos e brechas legislativas que permitem o descasamento entre o local de tributação e o local onde a riqueza é produzida pelas companhias.

O resultado de tal projeto foi a criação de 15 planos de ação para combater as questões tidas como mais relevantes pela OCDE e pelo G20. Dentre tais questões encontram-se a utilização da dedução de juros para erodir a base tributária dos países, muitas vezes verificada nas realizações de empréstimos entre empresas do mesmo grupo econômico, bem como o uso de instrumentos híbridos e a falta de intercâmbio de informações relevante entre os países.

---

[4] Erosão da base tributária e transferência de lucros (tradução livre).

Levando em consideração as formas usuais de financiamento, os reflexos que a tomada de um empréstimo ou do aporte de capital em uma empresa são diferentes e a oneram de forma distinta. Portanto, entender a fundo a legislação aplicável ao tema pode ajudar a preservar a sua saúde financeira e conferir novo fôlego para o crescimento de sua operação.

Sob esse ângulo, além de entender a sistemática brasileira, é premente entender também os efeitos que os planos de ação criados pelo BEPS podem gerar nesse estudo tributário e nas decisões das empresas. Afinal, não é incomum uma empresa constituída no Brasil ser subsidiária de outra localizada no exterior e tomar com essa empréstimos, os chamados empréstimos *intercompany*, ou mesmo emitir no mercado estrangeiro um título de dívida ou de participação em seu capital, com o intuito de levantar fundos.

Sendo assim, neste estudo será necessário dar-se certa atenção para os planos de ação mais relevantes, procurando estabelecer quais seus impactos sobre essas políticas de financiamento e de qual forma isso pode afetar a atual prática no Brasil.

Em termos de aplicabilidade técnica, a análise dos impactos do BEPS nas formas de financiamento que as empresas podem escolher possui enorme utilidade. Afinal, a criação do projeto BEPS levou em consideração situações práticas de planejamentos tributários que defasaram a arrecadação de vários países.

Por si só, o aprendizado necessário para formar um entendimento sobre o tema não compreende apenas aspectos teóricos do Direito Tributário. Mais que isso, os aspectos práticos das situações cotidianas das empresas acabam por se tornar tão relevantes quanto os próprios princípios que regem o tema.

Como parte do desafio dessa monografia será necessário mostrar o panorama tributário atual relativo à tomada de empréstimos e ao aporte de capital, assim como entender a fundo o novo tratamento desenvolvido pelos Planos de Ação nº 2, 4 e 13 do BEPS, acerca do uso de instrumentos híbridos, da dedutibilidade de juros da base de cálculo dos tributos sobre o lucro e troca de informação entre países. Após essa análise será possível traçar uma linha comparativa e observar qualquer possível divergência entre o arcabouço legislativo brasileiro e a nova sistemática criada pela Organização para a Cooperação e Desenvolvimento Econômico (OCDE).

Ademais, por tal comparação será possível identificar o nível evolutivo do que é aplicado no Brasil em relação ao que é adotado normativamente ao redor do mundo. Em outras palavras, poder-se-á verificar como o Brasil está se adequando para receber o rompimento das barreiras da pura soberania e adentrar ao jogo da tributação global.

1. Da Guerra à Globalização: O Contexto da Criação da OCDE

Para que se possa compreender a Organização para a Cooperação e Desenvolvimento Econômico (OCDE), é indispensável entender as razões históricas que estabeleceram o entorno fértil para a sua criação. Não porque a digressão histórica permita uma análise sobre as circunstâncias vividas na época, mas sim porque entender o contexto daquele momento permite compreender o papel que essa entidade desenvolve hoje no mundo.

Dessa maneira, esse capítulo abordará a conjuntura criada pelas Primeira e Segunda Guerras Mundiais e a modelagem global que se estabeleceu tanto na política quanto na economia a partir desses eventos.

1.1. A Guerra como Elemento Chave da Globalização

É preciso fazer um esforço sobre-humano para poder olhar com frieza os aspectos positivos das Primeira e Segunda Guerras Mundiais. O horror provocado pelo que havia de pior na humanidade fez aflorar o que existia de mais animalesco em nossa natureza.

Todavia, o fim desse período negro da história mostrou que a evolução depende da conciliação das nações, com a convergência de esforços e recursos na direção certa. Assim a globalização começou a ser um tema consequente da percepção de que a ação de cada país refletia em outros, seja para o bem ou para o mal.

A partir desse momento a cooperação entre as nações permitiu uma escalada significativa em termos tecnológicos e econômicos, modificando o modo de vida de todos os seres humanos.

Por certo, essa maior interação também pressupõe novos parâmetros e regras para a boa convivência entre todos. Tendo em vista essas novas necessidades é que surgem as organizações supranacionais, como elemento de coesão entre as vontades internacionais mais diversas.

1.1.1. O Cenário Mundial Pós Primeira Guerra Mundial

Não bastasse o caos e destruição, o cenário que se instaurou após a Primeira Guerra Mundial foi de grande ruína e desconfiança econômica ao redor do mundo. A crise das relações políticas e econômicas foi de tal sorte que o mercado global não teve tempo para aproveitar a euforia do fim da chamada Grande Guerra.

Nesse sentido, o mercado internacional experimentou na época um colapso em suas bases, algo que teve seu expoente na crise de 1929, iniciada nos Estados Unidos da América (EUA).

Segundo Hobsbawn[5] a crise americana contaminou as demais economias da época, fazendo com que o mundo vivenciasse a crise do capitalismo. Por óbvio, a irradiação desta crise atingiu de maneira nefasta principalmente a Europa, ainda debilitada pelos efeitos da Primeira Guerra Mundial.

Em sua obra, Alle explica que "durante a Grande Depressão, até mesmo o fluxo internacional de capital pareceu secar. Entre 1927 e 1933, os empréstimos internacionais caíram mais de 90%"[6].

Diante da queda na fluidez das economias, houve uma tendência de que os países fechassem seus mercados, procurando de alguma forma alcançar a autossuficiência e se reestabelecerem como potências. Tal medida foi principalmente verificada nos EUA, Grã-Bretanha e França.

Por óbvio, tal movimento protecionista só aumentou a desconfiança dos investidores, contribuindo para o agravamento da crise econômica

---

[5] HOBSBAWN, 1995 apud ALLE, Saulo Stefanone. **Linhas Diretrizes da OCDE para empresas multinacionais e sua implementação no Brasil**. São Paulo, 2012. Dissertação de Mestrado. Departamento de Direito Internacional da Universidade de Direito de São Paulo. p. 20.

[6] Ibid., p. 21.

em uma base global. Em outras palavras, se de um lado é possível verificar que a crise e a falta de confiança levaram os países a cercarem suas economias, de outro é possível dizer que o protecionismo serviu para agravar a crise já vivida.

Dessarte, a diluição do entrosamento entre as nações, o atrito político entre elas e a estagnação da economia global criaram o cenário perfeito para a eclosão da Segunda Guerra Mundial. Nesse período, o caos reinava em um mundo marcado pelo individualismo e fanatismo.

1.1.2. *O Cenário Pós Segunda Guerra Mundial, o Plano Marshall e a Organização Europeia de Cooperação Econômica*

O fim da Segunda Guerra Mundial trouxe consigo a sensível percepção de que o mundo não mais poderia ser regido pelos interesses individuais de cada país. Tanto é verdade que a partir desse momento é possível verificar a polarização do mundo, unindo diversas nações debaixo de dois modelos econômicos, quais sejam, o capitalismo e o socialismo, encabeçados respectivamente pelos EUA e pela antiga União das Repúblicas Socialistas Soviética (URSS).

A tensão já era fria na Europa e no Pacífico, quando os estados principiaram por reorganizar suas ideologias políticas e atividades econômicas. Mais do que se reorganizar, os continentes Europeu e Asiático precisavam reconstruir suas cidades dos escombros, criando moradias e empregos para toda uma população maltratada pela guerra.

No cenário de reconstrução do continente Europeu é que foi criado o Plano Marshall. Tal plano consistiu no projeto de recuperação da porção capitalista da Europa após Segunda Guerra Mundial, por meio do financiamento e ajuda na reconstrução dos países, fornecida pelos EUA.

Por si só, o Plano Marshall apresenta-se como a extensão de um braço solidário sobre o Oceano Atlântico, unindo parte do Velho e o Novo Continente. Além disso, esse plano despertou a consciência de que a mera ajuda econômica de nada valeria se não houvesse a congruência de entendimento entre as nações europeias capitalistas, que deveriam se organizar e direcionar esforços na construção de uma economia mais forte e unificada entre esses países.

No que tange a essa consciência, os anos vividos durante as duas grandes guerras foram um mal necessário à gênese do que anos mais tarde se entendeu como o fenômeno da globalização.

O extremo do protecionismo e da busca pela hegemonia foi suplantado pela formação de alianças e blocos políticos e econômicos, que eram conectados por compromissos multilaterais, seja por relações comerciais ou políticas. Assim, nasceu a Organização Europeia de Cooperação Econômica (OECE) em 1948[7]:

> The Organization for European Economic Co-operation; (OEEC) came into being on 16 April 1948. It emerged from the Marshall Plan and the Conference of Sixteen (Conference for European Economic Co-operation), which sought to establish a permanent organization to continue work on a joint recovery programme and in particular to supervise the distribution of aid. The headquarters of the Organisation was in the Chateau de la Muette in Paris, France.

A OECE tinha como principal função coordenar a aplicação dos recursos oriundos do Plano Marshall, assim como criar novas diretrizes a serem implementadas pelos países componentes da Organização, com o objetivo de expandir e reestruturar novamente seus mercados.

Em busca de tal objetivo, a unificação das decisões criou uma forma de governança onde as deliberações da Organização passaram a se tornar norma para todos os países que eram conjugados em sua estrutura. Nesse sentido, salienta Alle[8]:

> E, por fim, resta lembrar que o fato de as decisões e conjunto normativo – especialmente códigos de liberalização – decorrerem de decisões unânimes culminou com um sistema de elevada legitimidade, em que os membros tomam as normas como suas e, por isso mesmo, têm menos resistência em observá-las.

---

[7] OCDE. **Organization for European Economic Co-operation.** Disponível em: <http://www.oecd.org/general/organisationforeuropeaneconomicco-operation.htm>. Acesso em: 14 de novembro 2016. Tradução Livre: "A Organização para Cooperação Econômica Europeia surgiu em 16 de Abril de 1948. Sua criação originou-se do Plano Marshall e na Conferência dos Dezesseis, visando estabelecer uma organização permanente para continuar trabalhando em um programa conjunto de recuperação econômica e em particular para supervisionara distribuição de recursos. A sede da organização localizava-se no Chateau de la Muette em Paris, França.".

[8] ALLE, op. cit., p. 25.

De suma importância foi a Organização Europeia de Cooperação Econômica, posto que sua atuação até o final de 1960 permitiu que se preparasse um terreno fértil para a posterior chegada da OCDE.

1.2. A OCDE

A OECE perdurou até o final da década de 1960, quando foi extinta por ter alcançado o seu objetivo. Sua função de coordenar a aplicação das verbas oriundas do Plano Marshall com o plano de recuperação econômica da Europa capitalista foi de tamanha eficácia que ao final daquela década a organização já havia atingido o seu propósito e a ruína da guerra já era apenas uma (triste) lembrança para boa parte de Europa.

Mais do que cumprir com sua função, a OECE pode ser entendida como a precursora do modelo econômico que hoje se observa na União Europeia.

Com o seu fim, a OECE deixou uma lacuna no que concerne à conciliação de interesses diversos para um fim comum, uma experiência que tinha potencial para ser aplicada em um contexto maior do que apenas em parte do continente Europeu[9]. Dessa forma, a ideia de que o desenvolvimento econômico só poderia se dar com a colaboração dos países precisava ser expandida.

Nesse momento, é importante salientar a natureza de uma organização de bases internacionais e sua forma de constituição. Sobre o tema, ensina Alle[10]:

> Seja como for, a organização internacional não é criação de um ato interno de um Estado, tampouco é um ato individual e isolado de um Estado. A organização internacional, repise-se, decorre da concorrência de vontades de pessoas jurídicas de direito internacional, formalizada segundo as regras de direito internacional; portanto, cria-se por convergência de intenções, mediante celebração de ato escrito (tratado), praticado por pessoas jurídicas de direito internacional, segundo as regras gerais do direito internacional.

Assim, diferentemente do que ocorria com sua precursora, a OECE, que alcançava apenas alguns países europeus, a OCDE foi criada

---

[9] ALLE, op. cit., p. 25.
[10] ALLE, op. cit., p. 31.

de acordo com a ideia de que o desenvolvimento em nível mundial pressupõe a cooperação e a integração dos países do globo.

Nesse sentido, cabe a leitura dos dois primeiros artigos da Convenção que deu origem a essa[11]:

Article 1

The aims of the Organisation for Economic Co-operation and Development (hereinafter called the "Organisation") shall be to promote policies designed:

(a) to achieve the highest sustainable economic growth and employment and a rising standard of living in Member countries, while maintaining financial stability, and thus to contribute to the development of the world economy;

(b) to contribute to sound economic expansion in Member as well as non-member countries in the process of economic development; and

(c) to contribute to the expansion of world trade on a multilateral, non-discriminatory basis in accordance with international obligations.

---

[11] OCDE. **Convention on the Organization for Economic Co-operation and Development.** Disponível em: <http://www.oecd.org/general/conventionontheorganisationforeconomicco-operationanddevelopment.htm>. Acesso em: 20 de abril de 2017. Tradução livre: "Artigo 1º: Os objetivos da Organização para a Cooperação e Desenvolvimento Econômico (doravante Organização) serão a implementação de políticas atinentes aos seguintes temas: (a) alcançar o crescimento sustentável da econômico e de emprego, bem como da qualidade de vida dos Países-Membros, com vistas a manter a estabilidade financeira, de modo a contribuir para a economia mundial; (b) contribuir para uma sólida expansão econômica tanto nos Países-Membros quanto naqueles que não são Membros; (c) contribuir para a expansão do comércio mundial de uma forma multilateral e não discriminatória, respeitando as obrigações internacionais. Artigo 2º: Na busca desses objetivos, os Membros estão de acordo de que irão, individualmente e em conjunto: (a) promover o uso eficiente dos seus recursos econômicos; (b) no campo científico e tecnológico, promover o desenvolvimento das suas fontes, bem como incentivar a pesquisa e promover o treinamento vocacional; (c) buscar desenvolver políticas que promovam o crescimento econômico e a estabilidade financeira interna e externa, evitando colocar em risco sua economia, bem como a dos demais países; (d) reunir esforços para reduzir ou abolir obstáculos no comércio de bens, serviços e pagamentos, bem como manter e expandir o fluxo de capitais; (e) contribuir para o desenvolvimento econômico de Países-Membros e não membros pelos meios apropriados e em particular pelo fluxo de capital entre os países, de acordo com a necessidade que essas economias possuem em receber assistência técnica e proteger a expansão de suas exportações".

Article 2

In the pursuit of these aims, the Members agree that they will, both individually and jointly:

(a) promote the efficient use of their economic resources;

(b) in the scientific and technological field, promote the development of their resources, encourage research and promote vocational training;

(c) pursue policies designed to achieve economic growth and internal and external financial stability and to avoid developments which might endanger their economies or those of other countries;

(d) pursue their efforts to reduce or abolish obstacles to the exchange of goods and services and current payments and maintain and extend the liberalisation of capital movements; and

(e) contribute to the economic development of both Member and non-member countries in the process of economic development by appropriate means and, in particular, by the flow of capital to those countries, having regard to the importance to their economies of receiving technical assistance and of securing expanding export markets.

A prévia experiência da OECE permitiu à Organização para a Cooperação e Desenvolvimento Econômico traçar métodos para que o fruto de suas discussões alcançasse de maneira eficaz o maior número de países. Nesse sentido[12]:

> A sistemática da OCDE caracteriza-se, nesse sentido, pela associação do *think tank* (produção de conhecimento), *rule maker* (elaboração de normas) e do *peer pressure* (pressão dos pares). Esses três aspectos, como bem identificados por Denis Fontes de Souza Pinto, envolvem a atividade de pesquisa e formulação de estratégias, aliados à coordenação de posições e ao acompanhamento constante – como era necessário nos primeiros anos da OECE.

Mais que isso, o real poder exercido pela OCDE é o de aglutinar práticas e procedimentos, bem como incubá-las na legislação não apenas dos países que pertencem à Organização, mas também de todos aqueles que de algum modo possuem negócios com os seus signatários (o que implica dizer que boa parte dos países seguem, em maior ou menor

---

[12] ALLE, op. cit., p. 37.

grau, os parâmetros estabelecidos pela OCDE). Sob esse aspecto, cabe mencionar a seguinte passagem[13]:

> Mas a OCDE tem, a seu favor, esse sistema fundado na persuasão. É nele que são construídos o consenso e a observância de normas eleitas e desejadas por seus membros, individualmente. Além disso, não é só a forte legitimidade da norma que convida a sua observância: a herança da função fiscalizadora, fundada no acompanhamento e cobrança do cumprimento de compromissos, é uma nota distintiva do sistema da OCDE.

Portanto, de um lado foi possível observar o surgimento de um movimento com a OECE no que tange ao planejamento e cooperação econômica para unificar e reerguer parte da Europa, enquanto hoje se observa com a OCDE um movimento que busca unificar as práticas comerciais e tributárias ao redor do mundo, de modo a fortalecer a economia global.

Parece que muito mudou entre o mundo de hoje e a busca pela autossuficiência e o protecionismo de mercado vistos nos pós-guerras, mas é possível perceber que atualmente se vive uma silenciosa guerra fiscal internacional, criada por mecanismos complexos entre países e grupos empresariais multinacionais.

Esse ponto de vista é corroborado pelo intenso trabalho da OCDE em coordenar todos os seus membros, criando regras contra práticas abusivas largamente realizadas por empresas e países, tais como regras sobre preços de transferência, sobre práticas contábeis, sobre a utilização de instrumentos híbridos e também regras contra a dedutibilidade excessiva de juros.

No próximo capítulo serão exibidos alguns casos notórios que chamaram a atenção para a necessidade da criação de novos trabalhos e projeto que visam à modificação das regras tributárias e comerciais no cenário internacional; em específico, a criação e desenvolvimento do Projeto BEPS.

---

[13] ALLE, op. cit., p. 37.

2. A Erosão da Base Fiscal e o Projeto BEPS

O planejamento tributário é um tema que desperta calorosas discussões no que concerne aos mais diferentes princípios do direito tributário, tais como a capacidade contributiva e o não confisco. Em se tratando desse tema, cabe trazer à baila as palavras de Paulo Ayres Barreto[14]:

> Muitos são os desafios que se vinculam ao tema planejamento tributário. Diferentes perspectivas de análise se apresentam. Empenha-se o Legislativo em reduzir o espectro existente para que se dê a elisão tributária, bem como em coibir as condutas ilícitas do contribuinte. Este, por sua vez, é ávido por, legitimamente, planejar suas ações com o escopo de reduzir a carga tributária a que está adstrito, com segurança jurídica. Por outro lado, temos as autoridades administrativas imbuídas do propósito de encontrar os limites legais ao ato de planejar praticado pelo contribuinte. O Judiciário, por seu turno, procura encontrar os parâmetros adequados para precisar a linha divisória entre planejamento tributário e condutas evasivas. Esforça-se a doutrina para descrever, com acuidade, o direito posto, de forma a emitir proposições que revelem, com rigor, as decisões legislativas tomadas nesta matéria.

---

[14] BARRETO, Paulo Ayres. Desafios do planejamento tributário. In: SCHOUERI, Luís Eduardo (coord.). **Direito Tributário – Homenagem a Paulo de Barros Carvalho.** São Paulo: Quartier Latin, 2008. p. 782.

Luís Cesar Souza de Queiroz, ao discorrer sobre o tema, procurou evidenciar as razões da adoção de planejamentos tributários, bem como a forma com que esses se albergam no Ordenamento Jurídico Brasileiro[15]:

> Em função do forte impacto da carga tributária brasileira sobre os custos dos agentes produtivos, estes têm desenvolvido e adotado procedimentos diversos voltados à redução dos seus custos tributários. É, nesse sentdo, que a expressão *planejamento tributário* tem sido utilizada.
>
> O que se costuma denominar "planejamento tributário" pode, em rigor, representar três diferentes fenômenos:
>
> a) um primeiro, relativo à adoção de procedimentos explicitamente autorizados pelo ordenamento jurídico (procedimentos lícitos), que podem ser usados com o propósito de incorrer numa menor carga tributária;
>
> b) um segundo, relativo à adoção de procedimentos implicitamente autorizados pelo ordenamento jurídico (procedimentos lícitos), que podem ser usados com o propósito de incorrer numa menor carga tributária;
>
> c) um terceiro, relativo à adoção de procedimentos que o ordenamento jurídico proíbe (procedimentos ilícitos), que não podem ser usados com o propósito de incorrer numa menor carga tributária.

Dentro do tema do planejamento tributário, um termo antes ouvido apenas em determinados círculos hoje ganha espaço nas mais variadas mesas de discussões, qual seja, *base erosion*[16]. Tal termo refere-se à erosão da base fiscal dos países realizada por manobras de empresas multinacionais, que se valem de brechas e estruturas societárias para pagar menos tributo. Nas palavras de Alex Augusto Timm Rathke[17]:

> Dentro desse contexto, governos nacionais passaram a perceber a concepção de arranjos organizacionais específicos, por parte das multinacionais, com a finalidade de permitir a estruturação e efetivação de certas estratégias fiscais, gerando uma perda substancial nas suas receitas governa-

---

[15] QUEIROZ, Luíz Cesar Souza de. O planejamento tributário e os conceitos de elisão e evasão. In: SCHOUERI, Luís Eduardo (coord.). **Direito Tributário – Homenagem a Paulo de Barros Carvalho**. São Paulo: Quartier Latin, 2008. pp. 736-737.

[16] Tradução livre: "Erosão da base fiscal"

[17] RATHKE, Alex Augusto Timm. **Transfer pricing e income shifting: evidências de empresas abertas.** 2014, 96 f. Dissertação (Mestrado em Contabilidade) – Faculdade de Economia, Administração e Contabilidade, Universidade de São Paulo. p. 15.

mentais. Tais estratégias consistem na transferência de resultados entre diferentes localidades, de modo que os lucros tributáveis estejam distribuídos mundialmente em uma disposição final que gere a menor carga tributária sobre o lucro possível. As transferências ocorrem não apenas entre estabelecimentos de uma mesma empresa, mas também entre diferentes firmas que fazem parte de um mesmo conglomerado econômico.

Em que pese esse tipo de planejamento fiscal encontrar respaldo nas brechas dos sistemas tributários de vários países e, portanto, ser considerado como legal, a situação criada pela migração do domicílio da sede das empresas cria distorções sensíveis em termos de arrecadação ao redor do mundo.

De acordo com a Bloomberg, desde 1982 até 2017 mais de cinquenta companhias americanas foram reincorporadas em países com tributação mais favorável, sendo que mais de vinte mudaram de domicílio desde 2012[18]. Após, prossegue a reportagem:

> Nowadays, most companies invert by acquiring a foreign company at least 25% their size. That's how Medtronic, the medical device giant founded in a Mineapolis garage in 1949, turned Irish and how Burger King became Canadian.

De um lado é possível observar companhias procurando obter uma melhor eficiência tributária em suas operações e de outro o fisco de vários países, que veem parte de suas receitas ser transferida para outras nações. Nesse sentido, cabe citar novamente Alex Augusto Timm Rathke[19]:

> No entanto, o crescimento dos negócios internacionais gerou novos problemas fiscais de intensa complexidade, tanto para os contribuintes quanto para os próprios administradores tributários. No caso das empresas internacionais, a necessidade de complacência a diferentes leis em cada localidade

---

[18] BLOOMBERG. **Tax Inversion.** Disponível em: <https://www.bloomberg.com/quicktake/tax-inversion>. Acesso em: 23 de abril de 2017. Tradução livre: "Hoje em dia, a maioria das companhias mudam de domicílio através da aquisição de uma companhia estrangeira de pelo menos 25% de seus tamanhos. Foi assim que a Medtronic, a gigante de aparelhos medicinais fundada em uma garagem em Mineapolis em 1949, tornou-se irlandesa e como o Burger King tornou-se canadense".
[19] RATHKE, op. cit., p. 14.

resulta em elevados custos de conformidade e pode gerar um aumento de carga tributária final sobre o lucro.

Nesse ponto se estabelece a principal discussão tributária dos últimos tempos: a voracidade de países com alta carga tributária *versus* o dever de solidariedade fiscal das companhias multinacionais com o desenvolvimento econômico sustentável dos países em que operam.

2.1. Estudo de Caso: Apple

Um dos casos mais emblemáticos e que gerou a maior discussão foi sem dúvida a relação criada entre o governo da República da Irlanda e a multinacional Apple.

De acordo com a revista Business Insider, a Apple estabeleceu duas companhias na República da Irlanda para que pudesse se valer de uma lei local que permitia o pagamento de tributos a uma alíquota próxima de zero[20]:

> Apple Inc., which is based in California, set up two companies in Ireland: Apple Sales International and Apple Operations Europe. According to the European Commission, these companies had no employees or real offices but still realized large profits. Apple paid virtually no tax to Ireland, or to any country, on these profits because of a former law in Ireland. In the last year that the law was in effect, 2015, Apple Sales International paid just 0.005% tax, according to the commission.

Uma carga tributária de 0,005% sobre os lucros de uma companhia do porte da Apple de fato parece um exagero. Todavia, o verdadeiro

---

[20] BUSINESS INSIDER. **What just happened to Apple, explained.** Disponível em: <http://www.businessinsider.com/what-just-happened-to-apple-explained-2016-8>. Acesso em: 24 de abril de 2017. Tradução livre: "A Apple Inc., empresa cujo domicílio se encontra na Califórnia, criou duas companhias na Irlanda: Apple Sales International e Apple Operations Europe. De acordo com a Comissão Europeia, essas companhias não teriam empregados ou de fato um escritório, ainda que tivessem grandes lucros. A Apple virtualmente não pagava sobre esses lucros nenhum tributo para a Irlanda ou para qualquer outro país, isso por causa de uma antiga lei irlandesa. Nos últimos anos em que essa lei se encontrava em vigor, 2015, a Apple Sales International pagou apenas 0,005% de tributos, de acordo com a comissão."

cerne da questão não se encontrava diretamente relacionado com a empresa, mas sim com o país[21]:

> When Apple sold iPhones, iPads, and Macs in an EU single-market nation, such as France, the commission said Apple would funnel the profits from France to Ireland and would not pay tax in either country. But this is not really about Apple's tax-avoidance strategies, which are infamous.
> The European Commission's issue is really not with Apple but with Ireland.

Ainda que tal operação esteja albergada pela legislação dos países, não parece razoável que grandes companhias com uma enorme capacidade contributiva se esquivem de retribuir financeiramente pelo lucro por elas percebido. Mais que isso, é pouco plausível que em um cenário globalizado um país possa criar medidas que impactem de maneira tão sensível a arrecadação de seus vizinhos.

2.2. Estudo de Caso: Starbucks

Outra gigante da indústria de alimentos, a Starbucks, foi acusada pela Comissão Europeia de ser favorecida por medidas fiscais pelo governo da Holanda. De acordo com reportagens, *"Investigations revealed that Starbucks had allegedly cut its tax burden by up to 30 million euros since 2008, paying the Netherlands 2.6 million euros in corporate tax on a pretax profit of 407 million euros, a rate of less than 1%"*[22].

Em se tratando de sua operação na Grã-Bretanha, a elisão criada pelas complexas operações do grupo criou distorções sensíveis quando da

---

[21] Business Insider. **What just happened to Apple, explained.** Disponível em: <http://www.businessinsider.com/what-just-happened-to-apple-explained-2016-8>. Acesso em: 24 de abril de 2017. Tradução livre: "Quando a Apple vendia Iphones, Ipads e Macs no mercado interno da União Europeia, como na França, a Apple transportava seus lucros da França para a Irlanda, não pagando tributos em nenhum dos países. Mas essa questão não era sobre a elisão fiscal praticada pela Apple, o que já era infame. O problema da Comissão Europeia não era com a Apple, mas sim com a Irlanda."
[22] FORTUNE. **7 Corporate Giants Accused of Evading Billions in Taxes.** Disponível em: < http://fortune.com/2016/03/11/apple-google-taxes-eu/>. Acesso em: 24 de abril de 2017. Tradução livre: "Investigações revelaram que a Starbucks supostamente teria cortado sua carga tributária em 30 milhões de euros desde 2008, pagando à Holanda 2,6 milhões de euros em tributos corporativos sobre um lucro de 407 milhões de euros, uma alíquota de menos de 1%."

comparação com a arrecadação de outras cadeias de restaurante, como demonstra uma reportagem da Reuters[23]:

> Over the past three years, Starbucks has reported no profit, and paid no income tax, on sales of 1.2 billion pounds in the UK. McDonald's, by comparison, had a tax bill of over 80 million pounds on 3.6 billion pounds of UK sales. Kentucky Fried Chicken, part of Yum Brands Inc., the no. 3 global restaurant or cafe chain by market capitalization, incurred taxes of 36 million pounds on 1.1 billion pounds in UK sales, according to the accounts of their UK units.

Tal comparação faz parecer injusta a estrutura criada pela Starbucks não apenas em relação aos seus concorrentes, que possivelmente encontrarão maiores desafios para oferecerem produtos de forma competitiva para seus consumidores, mas também para a população em geral, que deixa de receber boa fatia da contrapartida desses tributos em serviços públicos.

2.3. A OCDE e o G20: Uma Análise Sobre a Erosão Fiscal e a Criação do Projeto BEPS

Como já foi mencionado alhures e demonstrado pelos casos anteriormente expostos, atualmente é possível perceber um movimento gerado por grupos empresariais multinacionais no que tange à deflagração de uma guerra fiscal internacional. Esse novo cenário produzido por complexas operações comerciais tem ocasionado intensas distorções em relação à arrecadação pelos fiscos dos países onde esses grupos operam.

A própria OCDE já se manifestou por diversas vezes acerca do tema, entre as quais cumpre mencionar a seguinte passagem[24]:

---

[23] Reuters. **Special Report: How Starbucks avoids UK taxes.** Disponível em:< http://uk.reuters.com/article/us-britain-starbucks-tax-idUKBRE89E0EX20121015>. Acesso em: 24 de abril de 2017. Tradução livre: "Ao longo dos últimos três anos, a Starbucks reportou não ter tido lucro, não pagando tributo sobre 1,2 bilhões de libras em vendas no Reino Unido. O McDonald's, por comparação, pagou mais de 80 milhões de libras sobre 3,6 bilhões de libras em vendas no Reino Unido. O Kentucky Fried Chicken, parte de Yum Brands Inc., o terceiro maior restaurante ou cadeia de café global por capitalização de mercado, apurou tributos no montante de 36 milhões de libras sobre 1,1 bilhões de libras em vendas no Reino Unido, de acordo com a contabilidade de suas unidades."

[24] OCDE. **Limiting Base Erosion Involving Interest Deductions and Other Financial Payments, Action 4.** Disponível em: <http://www.keepeek.com/Digital-Asset-Manage-

The integration of national economies and markets has increased substantially in recent years, putting a strain on the international tax rules, which were designed more than a century ago. Weaknesses in the current rules create opportunities for base erosion and profit shifting (BEPS), requiring bold moves by policy makers to restore confidence in the system and ensure that profits are taxed where economic activities take place and value is created.

Sabendo dessa situação, a OCDE e o G20[25], grupo das vinte maiores economias globais, se reuniram para tratar de novas soluções para endereçar essa perigosa questão. Para tanto, houve o consenso de que para evitar tal erosão da base fiscal seria necessário criar coerência nas regras domésticas relacionadas ao comércio internacional, alteração dos padrões internacionais de comércio e maior transparência das atividades econômicas dos países.

Nesse sentido, o projeto *Base Erosion and Profit Shifting* (BEPS) se mostra como um compilado de quinze planos de ação, cujo objetivo é contornar os problemas observados nas relações entre Estados e companhias, como os acima citados. De acordo com a própria OCDE[26]:

ment/oecd/taxation/limiting-base-erosion-involving-interest-deductions-and-other-financial-payments-action-4-2016-update_9789264268333-en#.WPpammkrLIU#page5>. Acesso em: 21 de abril de 2017. Tradução livre: "A integração de economias e mercados nacionais tem aumentado substancialmente nos últimos anos, pressionando as regras tributárias internacionais, as quais foram concebidas há mais de um século. As deficiências nas atuais regras criam oportunidades para a erosão da base e a transferência de lucros (BEPS), o que requer movimentos arrojados pelos legisladores para restaurar a confiança no sistema e assegurar que os lucros sejam tributados onde a atividade econômica ocorre e onde o valor é criado."
[25] G20 é o grupo formado pelos Ministros das Fazendas e presidentes dos Bancos Centrais das 19 maiores economias do mundo, bem como da União Europeia.
[26] OCDE. **About BEPS and the inclusive framework.** Disponível em: <http://www.oecd.org/tax/beps/beps-about.htm>. Acesso em: 15 de novembro de 2016. Tradução livre: "O BEPS refere-se às estratégias de planejamento tributário que exploram falhas e desencontros entre as regras tributárias para artificialmente deslocar o lucro para países de baixa ou nenhuma tributação, onde há pouca ou nenhuma atividade econômica. Embora alguns desses planejamentos sejam ilegais, a grande maioria não é. Isso enfraquece a justiça e a integridade do sistema tributário, posto que empresas que operam mundialmente podem valer-se da erosão da base tributária e a transferência de lucros para ganhar competitividade sobre empresas que operam em um nível doméstico. Mais que isso, quando contribuintes observam multinacionais legitimamente pagando menos tributos, isso enfraquece a conformidade voluntária dos demais contribuintes sob às regras tributárias"

BEPS refers to tax planning strategies that exploit gaps and mismatches in tax rules to artificially shift profits to low or no-tax locations where there is little or no economic activity. Although some of the schemes used are illegal, most are not. This undermines the fairness and integrity of tax systems because businesses that operate across borders can use BEPS to gain a competitive advantage over enterprises that operate at a domestic level. Moreover, when taxpayers see multinational corporations legally avoiding income tax, it undermines voluntary compliance by all taxpayers.

Melhor explicitando a sua criação, o documento *Base Erosion and Profit Shifting* (BEPS) é um projeto originado em uma ideia trazida à tona em novembro de 2012 durante uma reunião do G20, e possui sua autoria assinada pela OCDE.

Durante essa reunião, o planejamento tributário em bases internacionais realizados por muitas companhias foi colocado como uma das questões mais relevantes da pauta, posto que, de acordo com o Diretor do Centro de Política Fiscal e Administração da OCDE, Pascal Saint--Amans, a prática de planejamentos fiscais agressivos causa a evasão de valores entre US$ 100 a US$ 240 bilhões por ano aos governos[27].

Essa redução na arrecadação começou a ser notada com rigor a partir da crise de 2008, uma vez que a opinião pública mundial começou a ter maior interesse na forma como grupos internacionais se organizavam e como essas estratégias podiam alocar a renda desses em países com baixa ou nenhuma tributação, o que ocorre quando do confronto entre assimetrias na legislação dos países.

Por exemplo, como poderia um parlamentar do Reino Unido elucidar para a população o fato de que empresas que atuavam no ambiente doméstico eram tributadas com maior voracidade pelo Erário do que aquelas que possuíam suas atividades voltadas para o mercado internacional[28]?

---

[27] OCDE. **OCDE presents outputs of OECD/G20 BEPS Project for discussion at G20 Finance Ministers meeting.** Disponível em: <http://www.oecd.org/ctp/oecd-presents--outputs-of-oecd-g20-beps-project-for-discussion-at-g20-finance-ministers-meeting.htm>. Acesso em: 22 de maio de 2016.

[28] Monguilod, Ana Carolina; Gomes, Edgar Santos. **BEPS – Relatórios finais aprovados. E agora?** 2016. Disponível em: <http://www.levysalomao.com.br/files/publicacao/ane-

O que é difícil de explicar (e muitas vezes, até de entender), é que boa parte desse rombo bilionário não vem de planejamentos ilegais, a chamada evasão fiscal, mas sim de operações plenamente possíveis e recepcionadas pela lei, a elisão fiscal.

Ao comentar sobre o tema, o Ministério das Finanças do Reino Unido, em seu sitio na internet, declarou que as regras tributárias internacionais vêm enfrentando enorme dificuldade para acompanhar as mudanças impostas pela intensa alteração na forma como os negócios vêm sendo praticados ao redor do mundo[29]:

> In recent years it has become clear that the international tax rules have not kept pace with globalization and modern business practices which has led to some multinational enterprises exploiting the rules to pay little or no tax in many of the markets in which they operate

O planejamento tributário válido e eficaz, algo construído a partir do que permite a legislação de cada país, também trouxe uma enorme distorção no que tange à justiça econômica de uma nação. Nesse sentido, o princípio da capacidade contributiva tornou-se aplicável apenas para algumas empresas e pessoas, uma vez que, como visto anteriormente, determinados grupos empresariais multinacionais conseguem criar estruturas e operações que burlam tal postulado.

O Projeto BEPS tem por base três pilares de atuação, quais sejam: (i) a substância; (ii) a coerência; e (iii) a transparência das operações internacionais.

O resultado que se procura alcançar com o primeiro, a substância, é que a tributação recaia efetivamente sobre a atividade que gerou a riqueza. A coerência, segundo pilar, relaciona-se com a coesão do sistema tributário internacional, afastando as inconsistências que permitem

---

xo/20160201152503_beps--relatorios-finais-aprovados.-e-agora.pdf>. Acesso em: 14 de novembro de 2016.

[29] Reino Unido. **Tax deductibility of corporate interest expense: consultation.** Disponível em: <https://www.gov.uk/government/consultations/tax-deductibility-of-corporate-interest-expense/tax-deductibility-of-corporate-interest-expense-consultation>. Acesso em: 21 de novembro de2016. Tradução livre: "Nos últimos anos ficou claro que as regras tributárias internacionais não acompanharam o ritmo da globalização e das práticas de mercado que levaram algumas empresas multinacionais a se aproveitarem dessas regras para pagar pouco ou nenhum tributo em muitos dos mercados onde elas operam".

a existência de assimetrias no tratamento fiscal das operações. Por fim, a transparência se coaduna com a efetiva divulgação das atividades e informações relevantes das operações das empresas.

Nesse ponto, cabe citar a descrição trazida em um relatório da PricewaterhouseCoopers (PwC) sobre a implementação do Projeto BEPS[30]:

> O Plano de Ação do BEPS, finalmente publicado em 5 de outubro de 2015, está focado em três objetivos, a serem alcançados principalmente com a alteração da legislação domestica acerca de tributos sobre a renda, pelos países aderentes, bem como por meio de acordos multilaterais. São eles: "Substância", pelo qual se pretende que a tributação recaia sobre a atividade efetivamente ferradora de valor ao negócio; "Coerência do sistema tributário internacional", que visa neutralizar lacunas e *black holes* ["buracos negros"] nas legislações domésticas, que gerem assimetrias no tratamento tributário de determinadas operações, resultado em BEPS; e "Transparência", correspondendo a ações que assegurem a divulgação de informações adicionais relevantes sobre as operações da empresa para as autoridades fiscais dos respectivos países em que atua.

Sendo a principal grande reforma tributária internacional em quase um século, o BEPS irá buscar adequar a tributação do lucro ao local onde ocorreu a atividade econômica e onde de fato foi gerada a riqueza, bem como otimizar regras antigas e políticas internas pouco eficazes. De acordo com a OCDE[31]:

> A better understanding of how the BEPS recommendations are implemented in practice could reduce misunderstandings and disputes

---

[30] PwC. **BEPS: Relatório final da OCDE.** Disponível em: <http://www.pwc.com.br/pt/eventos-pwc/assets/arquivo/bulletin-beps.pdf>. Acesso em: 26 de abril de 2017.

[31] OCDE. **Limiting Base Erosion Involving Interest Deductions and Other Financial Payments, Action 4.** Disponível em: <http://www.keepeek.com/Digital-Asset-Management/oecd/taxation/limiting-base-erosion-involving-interest-deductions-and-other--financial-payments-action-4-2016-update_9789264268333-en#.WPpammkrLIU#page5>. Acesso em: 21 de abril de 2017. Tradução livre: "Um melhor entendimento de como o BEPS é colocado em prática poderia reduzir desentendimentos e disputas entre governos. Um maior foco na implementação e administração tributária deverá, portanto, ser mutuamente benéfico para governos e negócios. Melhorias em relação a dados e análises ajudarão a promover avaliações quantitativas sobre os impactos do BEPS, bem como exames sobre as contramedidas desenvolvidas de acordo com o Projeto BEPS".

between governments. Greater focus on implementation and tax administration should therefore be mutually beneficial to governments and business. Proposed improvements to data analytics will help support ongoing evaluation of the quantitative impact of BEPS, as well as evaluating the impact of the countermeasures developed under the BEPS Project.

Por certo, o Projeto BEPS possui estratégias arrojadas e procura um resultado ousado, qual seja, a criação de recomendações que conscientizem fiscos e grupos empresariais multinacionais na criação de um cenário de tributação que seja justo e adequado.

3. A Tributação Sobre o Lucro no Brasil

Antes que se possa prosseguir com o estudo do financiamento no Brasil, uma pequena digressão é necessária no que concerne à tributação sobre o lucro auferido pelas sociedades.

Ter em mente os contornos que o Legislador quis dar ao cálculo dessa tributação ajudará a entender os efeitos que as diferentes formas de financiamento podem gerar. Dessarte, recaem sobre o lucro dois tributos de competência da União, quais sejam, o Imposto sobre a Renda (IRPJ) e a Contribuição Social sobre o Lucro Líquido (CSLL).

O IRPJ tem seu desenho constitucional descrito no artigo 153, inciso III da Constituição Federal, ao passo que a CSLL possui fundamento no artigo 195, inciso I, alínea "c" do mesmo diploma[32]:

> Art. 153. Compete à União instituir impostos sobre:
> [...]
> III – renda e proventos de qualquer natureza;
> [...]
> Art. 195. A seguridade social será financiada por toda a sociedade, de forma direta e indireta, nos termos da lei, mediante recursos provenientes dos orçamentos da União, dos Estados, do Distrito Federal e dos Municípios, e das seguintes contribuições sociais:

---

[32] BRASIL. **Constituição da República Federativa do Brasil de 1988**. Estabelece a Constituição Federal. Disponível em: < http://www.planalto.gov.br/ccivil_03/constituicao/constituicao.htm>. Acesso em: 12 de agosto de 2017.

I – do empregador, da empresa e da entidade a ela equiparada na forma da lei, incidentes sobre:
[...]
c) o lucro;

Identificado o contorno constitucional, o Código Tributário Nacional, Lei nº 5.172, de 25 de outubro de 1966, veio definir o fato gerador, bem como a base de cálculo e o contribuinte do IRPJ, nos termos de seus artigos 43 a 45[33]:

Art. 43. O imposto, de competência da União, sobre a renda e proventos de qualquer natureza tem como fato gerador a aquisição da disponibilidade econômica ou jurídica:
I – de renda, assim entendido o produto do capital, do trabalho ou da combinação de ambos;
II – de proventos de qualquer natureza, assim entendidos os acréscimos patrimoniais não compreendidos no inciso anterior.
§ 1º A incidência do imposto independe da denominação da receita ou do rendimento, da localização, condição jurídica ou nacionalidade da fonte, da origem e da forma de percepção.
§ 2º Na hipótese de receita ou de rendimento oriundos do exterior, a lei estabelecerá as condições e o momento em que se dará sua disponibilidade, para fins de incidência do imposto referido neste artigo.

Art. 44. A base de cálculo do imposto é o montante, real, arbitrado ou presumido, da renda ou dos proventos tributáveis.

Art. 45. Contribuinte do imposto é o titular da disponibilidade a que se refere o artigo 43, sem prejuízo de atribuir a lei essa condição ao possuidor, a qualquer título, dos bens produtores de renda ou dos proventos tributáveis.
Parágrafo único. A lei pode atribuir à fonte pagadora da renda ou dos proventos tributáveis a condição de responsável pelo imposto cuja retenção e recolhimento lhe caibam.

---

[33] BRASIL. **Lei nº 5.172**, de 25 de outubro de 1966. Dispõe sobre o Sistema Tributário Nacional e institui normas gerais de direito tributário aplicáveis à União, Estados e Municípios. Disponível em: <http://www.planalto.gov.br/ccivil_03/leis/L5172.htm>. Acesso em: 13 de agosto de 2017.

Como é possível aferir da norma, a aquisição da disponibilidade econômica ou jurídica de renda ou proventos de qualquer natureza enseja a tributação pelo IRPJ, que poderá ser calculado em base real, presumida ou arbitrada. Sobre o fato gerador do imposto de renda, Ricardo Mariz de Oliveira ensina que[34]:

> Por tudo quanto está dito anteriormente, podemos afirmar que o fato gerador do imposto de renda se resume a aumento patrimonial. E também podemos afirmar o mesmo quanto à sua base de cálculo, eis que esta não passa da grandeza dimensível do fato gerador, além de dever ser necessariamente compatível com ele [...].

Tendo em vista que o fato gerador do IRPJ se relaciona com o conceito de patrimônio, é premente buscar entender o alcance desse. Nessa seara, aduz Ricardo Mariz de Oliveira[35]:

> Voltando ao imposto de renda e ao conceito de "patrimônio", duas conclusões acabam por se apresentar, à luz dos arts. 109 e 110 do CTN.
> A primeira delas é que o patrimônio é o que é segundo a lei privada, não sendo admissível outra definição para fins tributários, pois isto esbarraria no art. 109. Por outro lado, ainda segundo o art. 109, não há a menor possibilidade de que algo que não seja parte do patrimônio de acordo com o direito privado seja considerado como integrante dele apenas para fins tributários, pois isto significaria inutilizar por completo a norma desse dispositivo. O mesmo ocorreria se algo que seja parte do patrimônmio fosse tributariamente considerado como estranho a ele.

O artigo 109[36] do CTN dispõe que "os princípios gerais de direito privado utilizam-se para pesquisa da definição, do conteúdo e do alcance de seus institutos, conceitos e formas, mas não para definição dos respectivos efeitos tributários". Tal dispositivo estabelece que o conceito

---

[34] OLIVEIRA, Ricardo Mariz de. **Fundamentos do Imposto de Renda**. São Paulo: Quartier Latin, 2008. p. 41.
[35] OLIVEIRA, op. cit., p 53.
[36] BRASIL. **Lei nº 5.172**, de 25 de outubro de 1966. Dispõe sobre o Sistema Tributário Nacional e institui normas gerais de direito tributário aplicáveis à União, Estados e Municípios. Disponível em: <http://www.planalto.gov.br/ccivil_03/leis/L5172.htm>. Acesso em: 19 de agosto de 2017.

dos institutos definidos pelo direito privado deve ser preservado ante a norma tributária, restando a essa apenas a definição dos efeitos tributários de tais conceitos.

Na mesma linha, o artigo 110[37] do mesmo diploma especifica que "a lei tributária não pode alterar a definição, o conteúdo e o alcance de institutos, conceitos e formas de direito privado [...]". Em outras palavras, a lei tributária não tem o condão de alterar a definição daquilo já estabelecido pelo direito privado.

Da conjunção de tais normas é possível aferir que o alcance do termo "patrimônio" deve seguir a definição já estabelecida pelo direito privado. Dessa forma, cabe colacionar o que dispõe o artigo 91 do Código Civil[38]:

> Art. 91. Constitui universalidade de direito o complexo de relações jurídicas, de uma pessoa, dotadas de valor econômico.

Conforme se depreende do dispositivo, patrimônio é uma universalidade de direito que expressam um conteúdo econômico. Nesse ponto, cabe trazer à baila as palavras de Ricardo Mariz de Oliveira[39]:

> Desde logo confirma-se o engano da opinião popular, pois que, ao contrário do que ela geralmente pensa, o patrimônio não se resume ao dinheiro, às contas bancárias e aos objetos ostentados por uma pessoa, eis que engloba todos os direitos e todas as obrigações, com valor econômico, que essa pessoa tenha.

Portanto, patrimônio pode ser entendido como o conjunto de direitos e obrigações sujeitos à avaliação econômica. Ademais, cabe salientar que o patrimônio não é algo estático, posto que deriva de relações jurídicas sujeitas a mutações, como a aquisição de direitos, contração de

---

[37] BRASIL. **Lei nº 5.172**, de 25 de outubro de 1966. Dispõe sobre o Sistema Tributário Nacional e institui normas gerais de direito tributário aplicáveis à União, Estados e Municípios. Disponível em: <http://www.planalto.gov.br/ccivil_03/leis/L5172.htm>. Acesso em: 19 de agosto de 2017.

[38] BRASIL. **Lei nº 10.406**, de 10 de janeiro de 2002. Institui o Código Civil. Disponível em: <http://www.planalto.gov.br/ccivil_03/leis/2002/L10406.htm>. Acesso em: 19 de agosto de 2017.

[39] OLIVEIRA, op. cit., p 67.

novas obrigações, ou mesmo pela perda de direitos e obrigações já existentes.

Por sua vez, instituída pela Lei nº 7.689, de 15 de dezembro de 1988[40], a CSLL tem sua base de cálculo atualmente regida pela Lei nº 9.430, de 27 de dezembro de 1996, que determina a aplicação de determinadas regras contidas na sistemática do IRPJ ao cálculo da base dessa contribuição, como se observa[41]:

> Art. 28. Aplicam-se à apuração da base de cálculo e ao pagamento da contribuição social sobre o lucro líquido as normas da legislação vigente e as correspondentes aos arts. 1º a 3º, 5º a 14, 17 a 24-B, 26, 55 e 71.

Em que pese a impressão que o artigo acima pode passar, não é possível afirmar que a base de cálculo do IRPJ e da CSLL seja igual, posto que existem particularidades características a cada um desses tributos[42].

Nos próximos tópicos será abordada a base de cálculo real desses tributos, bem como as alíquotas incidentes sobre essa. Por razões metodológicas, não serão tratadas as bases de cálculo presumida e arbitrada, por não serem relevantes ao estudo em pauta.

3.1. Base de Cálculo

Como elemento essencial à quantificação da obrigação tributária, a base de cálculo surge como "uma perspectiva dimensível do aspecto material da hipótese de incidência"[43]. Em outras palavras, "a base de cálculo é a quantidade de moeda pela qual se expressa o fato gerador, para receber

---

[40] BRASIL. **Lei nº 7.689**, de 15 de dezembro de 1988. Institui contribuição social sobre o lucro das pessoas jurídicas e dá outras providências. Disponível em: <http://www.planalto.gov.br/ccivil_03/leis/L7689.htm>. Acesso em: 12 de agosto de 2017. Texto da lei: "Art. 1º Fica instituída contribuição social sobre o lucro das pessoas jurídicas, destinada ao financiamento da seguridade social".

[41] BRASIL. **Lei nº 9.430**, de 27 de janeiro de 1996. Dispõe sobre a legislação tributária federal, as contribuições para a seguridade social, o processo administrativo de consulta e dá outras providências. Disponível em:< http://www.planalto.gov.br/ccivil_03/leis/L9430.htm>. Acesso em: 24 de maio de 2017.

[42] HIGUCHI, Hiromi. **Imposto de Renda das empresas: interpretação e prática**. 40ª ed. São Paulo: IR Publicações, 2015. p. 808.

[43] ATALIBA, 1973 *apud* OLIVEIRA, 2008, p. 395.

a aplicação da respectiva alíquota e se determinar o montante do respectivo tributo"[44].

Uma importante observação deve ser feita em relação à base de cálculo e o fato gerador do tributo. No que diz respeito à tributação do lucro, a base de cálculo deve possuir clara correspondência com o acréscimo patrimonial ou lucro da sociedade, sob pena de se revestir de inconstitucionalidade por descaracterizá-los. Nas palavras de Ricardo Mariz de Oliveira[45]:

> [...] se a base de cálculo é o "retrato quantitativo" do fato gerador, é evidente que ela não pode retratar uma realidade diversa deste, assim como não se pode pensar que a imagem impressa no papel fotográfico seja outra distinta da realidade fotografada. Destarte, se a imagem obtida demonstrar um ente diferente daquele que se supõe fotografado, ou a foto está trocada, falha ou retocada (distorcendo a realidade), ou se for tecnicamente validada, demonstrará a efetiva realidade, e não aquela que se pensava.
> Assim é também com a base de cálculo incompatível com o fato gerador nominal a que se refere: ou ela será anulada por algum vício jurídico ou, se for juridicamente validada, acarretará a demonstração da existência de um outro tributo, e não daquele cujo "nomen juris" fazia crer dele se tratar.

Ainda que nesse estudo não se pretende analisar outros métodos de apuração da base de cálculo do IRPJ e da CSLL que não o real, é preciso destacar que existem também outros dois métodos, quais sejam, a apuração com base no lucro presumido e apuração com base no lucro arbitrado.

De uma forma simplificada, o que diferencia tais formas de apuração são as grandezas utilizadas na composição da base de cálculo dos tributos. Destarte, enquanto a base de cálculo real se vale da relação entre as receitas e as despesas ajustadas da sociedade, tanto na apuração da base de cálculo presumida quanto na arbitrada a grandeza utilizada como parâmetro é apenas a receita auferida por essa.

Levando em consideração tal distinção, é possível perceber que unicamente sob a ótica do cálculo em bases reais é que as despesas incor-

---

[44] OLIVEIRA, op. cit., p. 395.
[45] OLIVEIRA, op. cit., p 396.

ridas pela sociedade desempenham um importante papel no que concerne aos efeitos tributários.

Por tal razão, o estudo da base de cálculo real terá maior relevância quando se trata da análise sobre as formas de financiamento, posto que as despesas oriundas destas terão impacto direto sobre o cálculo dos tributos que recaem sobre o lucro.

Sobre a base de cálculo real, em que pese algumas atividades empresariais sujeitarem a pessoa jurídica a este tipo de apuração por expressa imposição legal, sua metodologia é a principal opção que pode ser adotada pelas empresas na apuração do IRPJ e da CSLL. Sobre a obrigação da adoção dessa, determina o artigo 14 da Lei nº 9.718, de 27 de novembro de 1998[46]:

> Art. 14. Estão obrigadas à apuração do lucro real as pessoas jurídicas:
> I – cuja receita total no ano-calendário anterior seja superior ao limite de R$ 78.000.000,00 (setenta e oito milhões de reais) ou proporcional ao número de meses do período, quando inferior a 12 (doze) meses;
> II – cujas atividades sejam de bancos comerciais, bancos de investimentos, bancos de desenvolvimento, caixas econômicas, sociedades de crédito, financiamento e investimento, sociedades de crédito imobiliário, sociedades corretoras de títulos, valores mobiliários e câmbio, distribuidoras de títulos e valores mobiliários, empresas de arrendamento mercantil, cooperativas de crédito, empresas de seguros privados e de capitalização e entidades de previdência privada aberta;
> III – que tiverem lucros, rendimentos ou ganhos de capital oriundos do exterior;
> IV – que, autorizadas pela legislação tributária, usufruam de benefícios fiscais relativos à isenção ou redução do imposto;
> V – que, no decorrer do ano-calendário, tenham efetuado pagamento mensal pelo regime de estimativa, na forma do art. 2º da Lei nº 9.430, de 1996;
> VI – que explorem as atividades de prestação cumulativa e contínua de serviços de assessoria creditícia, mercadológica, gestão de crédito, seleção e riscos, administração de contas a pagar e a receber, compras de direitos

---

[46] BRASIL. **Lei nº 9.718**, de 27 de novembro de 1998. Altera a Legislação Tributária Federal. Disponível em:<http://www.planalto.gov.br/ccivil_03/leis/L9718compilada.htm>. Acesso em: 05 de setembro de 2017.

creditórios resultantes de vendas mercantis a prazo ou de prestação de serviços (factoring).

VII – que explorem as atividades de securitização de créditos imobiliários, financeiros e do agronegócio.

Dessa forma, uma vez determinada a tributação em bases reais, se faz necessário identificar o seu período de apuração. Assim, na apuração dos tributos com base de cálculo real, o período de apuração pode ser tanto trimestral quanto anual, este último com pagamentos antecipados mensalmente por estimativa, como se depreende dos artigos 1º e 2º da Lei nº 9.430/1996:

> Art. 1º A partir do ano-calendário de 1997, o imposto de renda das pessoas jurídicas será determinado com base no lucro real, presumido, ou arbitrado, por períodos de apuração trimestrais, encerrados nos dias 31 de março, 30 de junho, 30 de setembro e 31 de dezembro de cada ano-calendário, observada a legislação vigente, com as alterações desta Lei.
>
> § 1º Nos casos de incorporação, fusão ou cisão, a apuração da base de cálculo e do imposto de renda devido será efetuada na data do evento, observado o disposto no art. 21 da Lei nº 9.249, de 26 de dezembro de 1995.
>
> § 2º Na extinção da pessoa jurídica, pelo encerramento da liquidação, a apuração da base de cálculo e do imposto devido será efetuada na data desse evento.
>
> Art. 2º A pessoa jurídica sujeita a tributação com base no lucro real poderá optar pelo pagamento do imposto, em cada mês, determinado sobre base de cálculo estimada, mediante a aplicação dos percentuais de que trata o art. 15 da Lei nº 9.249, de 26 de dezembro de 1995, sobre a receita bruta definida pelo art. 12 do Decreto-Lei nº 1.598, de 26 de dezembro de 1977, auferida mensalmente, deduzida das devoluções, vendas canceladas e dos descontos incondicionais concedidos, observado o disposto nos §§ 1º e 2º do art. 29 e nos arts. 30, 32, 34 e 35 da Lei nº 8.981, de 20 de janeiro de 1995.
>
> § 1º O imposto a ser pago mensalmente na forma deste artigo será determinado mediante a aplicação, sobre a base de cálculo, da alíquota de quinze por cento.
>
> § 2º A parcela da base de cálculo, apurada mensalmente, que exceder a R$ 20.000,00 (vinte mil reais) ficará sujeita à incidência de adicional de imposto de renda à alíquota de dez por cento.

§ 3º A pessoa jurídica que optar pelo pagamento do imposto na forma deste artigo deverá apurar o lucro real em 31 de dezembro de cada ano, exceto nas hipóteses de que tratam os §§ 1º e 2º do artigo anterior.

§ 4º Para efeito de determinação do saldo de imposto a pagar ou a ser compensado, a pessoa jurídica poderá deduzir do imposto devido o valor:

I – dos incentivos fiscais de dedução do imposto, observados os limites e prazos fixados na legislação vigente, bem como o disposto no § 4º do art. 3º da Lei nº 9.249, de 26 de dezembro de 1995;

II – dos incentivos fiscais de redução e isenção do imposto, calculados com base no lucro da exploração;

III – do imposto de renda pago ou retido na fonte, incidente sobre receitas computadas na determinação do lucro real;

IV – do imposto de renda pago na forma deste artigo.

Como é possível observar dos dispositivos acima, é facultado às pessoas jurídicas submetidas a tal regime de cálculo a apuração de balanços trimestrais ou a realização de uma estimativa mensal para pagamento, até a apuração definitiva em 31 de dezembro do exercício fiscal vigente.

No que concerne ao período de apuração trimestral, este é considerado como forma de apuração definitiva e ocorre nos dias 31 de março; 30 de junho; 30 de setembro; e 31 de dezembro de cada ano calendário. Sua apuração é realizada a partir do resultado líquido de cada trimestre oriundo do balanço do período, ajustado pelas adições e exclusões determinadas pela lei.

Sobre tais ajustes, a Instrução Normativa da Receita Federal do Brasil nº 1.700, de 14 de março de 2017, veio esclarecer o que deverá ser considerado como adição ou exclusão das bases de cálculo reais do IRPJ e da CSLL[47]:

Art. 62. Na determinação do lucro real e do resultado ajustado serão adicionados ao lucro líquido do período de apuração:

---

[47] BRASIL. **Instrução Normativa RFB nº 1.700**, de 14 de março de 2017. Dispõe sobre a determinação e o pagamento do imposto sobre a renda e da contribuição social sobre o lucro líquido das pessoas jurídicas e disciplina o tratamento tributário da Contribuição para o PIS/Pasep e da Cofins no que se refere às alterações introduzidas pela Lei nº 12.973, de 13 de maio de 2014. Disponível em: <http://normas.receita.fazenda.gov.br/sijut2consulta/link.action?idAto=81268&visao=anotado>. Acesso em: 13 de agosto de 2017.

I – os custos, as despesas, os encargos, as perdas, as provisões, as participações e quaisquer outros valores deduzidos na apuração do lucro líquido que, de acordo com a legislação do IRPJ ou da CSLL, não sejam dedutíveis na determinação do lucro real ou do resultado ajustado; e

II – os resultados, os rendimentos, as receitas e quaisquer outros valores não incluídos na apuração do lucro líquido que, de acordo com essa mesma legislação, devam ser computados na determinação do lucro real ou do resultado ajustado.

Parágrafo único. O Anexo I apresenta uma lista não exaustiva das adições ao lucro líquido do período de apuração, para fins de determinação do lucro real e do resultado ajustado.

Art. 63. Na determinação do lucro real e do resultado ajustado poderão ser excluídos do lucro líquido do período de apuração:

I – os valores cuja dedução seja autorizada pela legislação do IRPJ ou da CSLL e que não tenham sido computados na apuração do lucro líquido do período de apuração; e

II – os resultados, os rendimentos, as receitas e quaisquer outros valores incluídos na apuração do lucro líquido que, de acordo com essa mesma legislação, não sejam computados no lucro real ou no resultado ajustado.

Parágrafo único. O Anexo II apresenta uma lista não exaustiva das exclusões do lucro líquido do período de apuração, para fins de determinação do lucro real e do resultado ajustado.

Insta salientar que, uma vez realizada a escolha entre a apuração trimestral ou anual, a pessoa jurídica não poderá mais se retratar dessa opção naquele período.

Como alternativa à apuração trimestral, a pessoa jurídica pode optar pela apuração anual do IRPJ e da CSLL, com a realização de pagamentos mensais calculados por estimativa, conforme visto no artigo 2º da Lei nº 9.430/1996.

O cálculo estimado a ser realizado mensalmente pode ser exercido por dois métodos diferentes, quais sejam, o método da receita bruta e acréscimos ou método do levantamento de balancetes de suspensão//redução dos tributos.

O cálculo da estimativa mensal por receita bruta e acréscimos tem por base a aplicação de um fator específico de presunção de lucro sobre a receita bruta de cada atividade da empresa. Nesse ponto, cabe a leitura dos artigos 15 e 20 da Lei nº 9.249, de 26 de dezembro de 1995[48]:

> Art. 15. A base de cálculo do imposto, em cada mês, será determinada mediante a aplicação do percentual de 8% (oito por cento) sobre a receita bruta auferida mensalmente, observado o disposto no art. 12 do Decreto-Lei nº 1.598, de 26 de dezembro de 1977, deduzida das devoluções, vendas canceladas e dos descontos incondicionais concedidos, sem prejuízo do disposto nos arts. 30, 32, 34 e 35 da Lei nº 8.981, de 20 de janeiro de 1995.
> § 1º Nas seguintes atividades, o percentual de que trata este artigo será de:
> I – um inteiro e seis décimos por cento, para a atividade de revenda, para consumo, de combustível derivado de petróleo, álcool etílico carburante e gás natural;
> II – dezesseis por cento:
> a) para a atividade de prestação de serviços de transporte, exceto o de carga, para o qual se aplicará o percentual previsto no caput deste artigo;
> b) para as pessoas jurídicas a que se refere o inciso III do art. 36 da Lei nº 8.981, de 20 de janeiro de 1995, observado o disposto nos §§ 1º e 2º do art. 29 da referida Lei;
> III – trinta e dois por cento, para as atividades de:
> a) prestação de serviços em geral, exceto a de serviços hospitalares e de auxílio diagnóstico e terapia, patologia clínica, imagenologia, anatomia patológica e citopatologia, medicina nuclear e análises e patologias clínicas, desde que a prestadora destes serviços seja organizada sob a forma de sociedade empresária e atenda às normas da Agência Nacional de Vigilância Sanitária – Anvisa;
> b) intermediação de negócios;
> c) administração, locação ou cessão de bens imóveis, móveis e direitos de qualquer natureza;
> d) prestação cumulativa e contínua de serviços de assessoria creditícia, mercadológica, gestão de crédito, seleção de riscos, administração de contas a pagar e a receber, compra de direitos creditórios resultantes de vendas mercantis a prazo ou de prestação de serviços (factoring).

---

[48] BRASIL. **Lei nº 9.249**, de 26 de dezembro de 1995. Altera a legislação do imposto de renda das pessoas jurídicas, bem como da contribuição social sobre o lucro líquido, e dá outras providências. Disponível em: <http://www.planalto.gov.br/ccivil_03/LEIS/L9249.htm>. Acesso em: 13 de agosto de 2017.

e) prestação de serviços de construção, recuperação, reforma, ampliação ou melhoramento de infraestrutura vinculados a contrato de concessão de serviço público.

§ 2º No caso de atividades diversificadas será aplicado o percentual correspondente a cada atividade.

§ 3º As receitas provenientes de atividade incentivada não comporão a base de cálculo do imposto, na proporção do benefício a que a pessoa jurídica, submetida ao regime de tributação com base no lucro real, fizer jus.

§ 4º O percentual de que trata este artigo também será aplicado sobre a receita financeira da pessoa jurídica que explore atividades imobiliárias relativas a loteamento de terrenos, incorporação imobiliária, construção de prédios destinados à venda, bem como a venda de imóveis construídos ou adquiridos para a revenda, quando decorrente da comercialização de imóveis e for apurada por meio de índices ou coeficientes previstos em contrato
[...]

Art. 20. A base de cálculo da Contribuição Social sobre o Lucro Líquido devida pelas pessoas jurídicas que efetuarem o pagamento mensal ou trimestral a que se referem os arts. 2º, 25 e 27 da Lei nº 9.430, de 27 de dezembro de 1996, corresponderá a 12% (doze por cento) sobre a receita bruta definida pelo art. 12 do Decreto-Lei nº 1.598, de 26 de dezembro de 1977, auferida no período, deduzida das devoluções, vendas canceladas e dos descontos incondicionais concedidos, exceto para as pessoas jurídicas que exerçam as atividades a que se refere o inciso III do § 1º do art. 15, cujo percentual corresponderá a 32% (trinta e dois por cento).

Por outro lado, a empresa pode levantar balancetes para fins de verificar os o valor devido no mês a título de IRPJ e CSLL. Desta forma, caso apurado saldo a pagar, haverá a redução desses tributos e, em não existindo saldo a pagar para a Receita Federal, haverá a suspensão do pagamento. É o que determina o artigo 47 da Instrução Normativa RFB nº 1.700/2017[49]:

---

[49] BRASIL. **Instrução Normativa RFB nº 1.700**, de 14 de março de 2017. Dispõe sobre a determinação e o pagamento do imposto sobre a renda e da contribuição social sobre o lucro líquido das pessoas jurídicas e disciplina o tratamento tributário da Contribuição para o PIS/Pasep e da Cofins no que se refere às alterações introduzidas pela Lei nº 12.973, de 13 de maio de 2014. Disponível em: <http://normas.receita.fazenda.gov.br/sijut2consulta/link.action?idAto=81268&visao=anotado>. Acesso em: 13 de agosto de 2017.

Art. 47. A pessoa jurídica poderá:

I – suspender o pagamento do IRPJ, desde que demonstre que o valor devido, calculado com base no lucro real do período em curso, é igual ou inferior à soma do imposto sobre a renda devido por estimativa, correspondente aos meses do mesmo ano-calendário anteriores àquele a que se refere o balanço ou balancete levantado, observado o disposto no art. 49;

II – reduzir o valor do IRPJ ao montante correspondente à diferença positiva entre o valor devido, calculado com base no lucro real do período em curso, e a soma do imposto sobre a renda devido por estimativa, correspondente aos meses do mesmo ano-calendário, anteriores àquele a que se refere o balanço ou balancete levantado, observado o disposto no art. 49;

III – suspender o pagamento da CSLL, desde que demonstre que o valor devido, calculado com base no resultado ajustado do período em curso, é igual ou inferior à soma da contribuição devida por estimativa, correspondente aos meses do mesmo ano-calendário anteriores àquele a que se refere o balanço ou balancete levantado, observado o disposto no art. 49; e

IV – reduzir o valor da CSLL ao montante correspondente à diferença positiva entre o valor devido, calculado com base no resultado ajustado do período em curso, e a soma da contribuição devida por estimativa, correspondente aos meses do mesmo ano-calendário anteriores àquele a que se refere o balanço ou balancete levantado, observado o disposto no art. 49.

§ 1º A pessoa jurídica que suspender o pagamento ou reduzir o valor do IRPJ em determinado mês, de acordo com o disposto nos incisos I ou II do caput, deverá apurar a CSLL do mesmo período de acordo com o disposto nos incisos III ou IV do mesmo caput.

§ 2º A diferença verificada, correspondente ao IRPJ ou à CSLL pago a maior no período abrangido pelo balanço de suspensão, não poderá ser utilizada para reduzir o montante do IRPJ ou da CSLL devido em meses subsequentes do mesmo ano-calendário, calculado com base nas regras previstas nos arts. 33, 34 e 39.

§ 3º Caso a pessoa jurídica pretenda suspender ou reduzir o pagamento do IRPJ ou da CSLL em qualquer outro mês do mesmo ano-calendário deverá levantar novo balanço ou balancete.

§ 4º Os valores dos benefícios fiscais deduzidos do IRPJ e da CSLL devidos com base em balanço ou balancete de suspensão ou redução não serão considerados imposto ou contribuição pagos por estimativa.

§ 5º Para determinação do valor do IRPJ a pagar no mês a pessoa jurídica poderá deduzir do imposto devido no período em curso:
I – o valor do IRPJ devido por estimativa em meses anteriores do ano-calendário, seja com base na receita bruta e acréscimos ou em balanço ou balancete de redução;
II – o IRPJ pago ou retido na fonte sobre as receitas auferidas no mês, que integraram a respectiva base de cálculo; e
III – o IRPJ pago ou retido na fonte sobre as receitas auferidas nos meses anteriores do período em curso, inclusive o pago separadamente sobre ganhos líquidos de renda variável, que não tenham sido deduzidos no pagamento por estimativa daqueles meses.
§ 6º Para determinação do valor da CSLL a pagar no mês a pessoa jurídica poderá deduzir da contribuição devida no período em curso:
I – o valor da CSLL devida por estimativa em meses anteriores do ano-calendário, seja com base na receita bruta e acréscimos ou em balanço ou balancete de redução;
II – a CSLL retida na fonte sobre as receitas auferidas no mês, que integraram a respectiva base de cálculo; e
III – a CSLL retida na fonte sobre receitas auferidas nos meses anteriores do período em curso, que não tenha sido deduzida no pagamento por estimativa daqueles meses.
§ 7º O imposto e a contribuição devidos por estimativa, correspondentes aos meses do mesmo ano-calendário, anteriores àquele a que se refere o balanço ou balancete levantado, não pagos no respectivo vencimento, deverão ser pagos com os devidos acréscimos legais de multa de mora e juros de mora.

Ademais, os balanços de suspensão ou redução devem compreender o período entre o início do exercício fiscal até o último dia do mês de apuração, sendo o resultado observado sempre acumulado no ano em curso, como se depreende do artigo 49, parágrafo 1º da Instrução Normativa RFB nº 1.700/2017[50]:

---

[50] BRASIL. **Instrução Normativa RFB nº 1.700**, de 14 de março de 2017. Dispõe sobre a determinação e o pagamento do imposto sobre a renda e da contribuição social sobre o lucro líquido das pessoas jurídicas e disciplina o tratamento tributário da Contribuição para o PIS/Pasep e da Cofins no que se refere às alterações introduzidas pela Lei nº 12.973, de 13 de

Art. 49. Para efeitos do disposto no art. 47, considera-se:
I – período em curso aquele compreendido entre 1º de janeiro ou o dia de início de atividade e o último dia do mês a que se referir o balanço ou balancete;

É importante destacar que a empresa pode optar mensalmente por realizar seu cálculo estimado ou por balancete de redução/suspensão ou por receita bruta e acréscimos, sem que isso implique na adoção de tais métodos para todo o exercício fiscal, diferentemente do que ocorre entre a adoção pela apuração trimestral ou anual do IRPJ e CSLL.

Por fim, nos casos onde ocorre incorporação, fusão, cisão ou na extinção da pessoa jurídica, será necessário efetuar o cálculo do IRPJ e CSLL na data de tais eventos, por força dos parágrafos 1º e 2º da Lei nº 9.430/1996.

3.2. Alíquota do IRPJ e da CSLL

Tão importante quanto a determinação das possíveis bases de cálculo do IRPJ e da CSLL é a verificação da alíquota incidente sobre essas. O artigo 3º da Lei nº 9.249/1995 expressamente dispõe[51]:

Art. 3º A alíquota do imposto de renda das pessoas jurídicas é de quinze por cento.
§ 1º A parcela do lucro real, presumido ou arbitrado, que exceder o valor resultante da multiplicação de R$ 20.000,00 (vinte mil reais) pelo número de meses do respectivo período de apuração, sujeita-se à incidência de adicional de imposto de renda à alíquota de dez por cento.
§ 2º O disposto no parágrafo anterior aplica-se, inclusive, nos casos de incorporação, fusão ou cisão e de extinção da pessoa jurídica pelo encerramento da liquidação.
§ 3º O disposto neste artigo aplica-se, inclusive, à pessoa jurídica que explore atividade rural de que trata a Lei nº 8.023, de 12 de abril de 1990.

---

maio de 2014. Disponível em: <http://normas.receita.fazenda.gov.br/sijut2consulta/link.action?idAto=81268&visao=anotado>. Acesso em: 13 de agosto de 2017.
[51] BRASIL. **Lei nº 9.249**, de 26 de dezembro de 1995. Altera a legislação do imposto de renda das pessoas jurídicas, bem como da contribuição social sobre o lucro líquido, e dá outras providências. Disponível em: <http://www.planalto.gov.br/ccivil_03/LEIS/L9249.htm>. Acesso em: 17 de maio de 2017.

§ 4º O valor do adicional será recolhido integralmente, não sendo permitidas quaisquer deduções.

A alíquota relativa ao IRPJ aplicável à base de cálculo real é de 15%. Caso a base de cálculo apurada seja superior ao valor de R$ 20.000,00 multiplicado pelo número de meses do período de apuração, será aplicada uma alíquota adicional de 10% sobre esse montante.

No que diz respeito à CSLL, a Lei nº 7.689/1988 determina as alíquotas aplicáveis sobre as mesmas bases de cálculo[52]:

Art. 3º A alíquota da contribuição é de:

I – 20% (vinte por cento), no período compreendido entre 1º de setembro de 2015 e 31 de dezembro de 2018, e 15% (quinze por cento) a partir de 1º de janeiro de 2019, no caso das pessoas jurídicas de seguros privados, das de capitalização e das referidas nos incisos I a VII e X do § 1o do art. 1º da Lei Complementar nº 105, de 10 de janeiro de 2001;[53]

II – 17% (dezessete por cento), no período compreendido entre 1º de outubro de 2015 e 31 de dezembro de 2018, e 15% (quinze por cento) a partir de 1º de janeiro de 2019, no caso das pessoas jurídicas referidas no inciso IX do § 1º do art. 1º da Lei Complementar nº 105, de 10 de janeiro de 2001;[54]

III – 9% (nove por cento), no caso das demais pessoas jurídicas.

---

[52] BRASIL. **Lei nº 7.689**, de 15 de dezembro de 1988. Institui contribuição social sobre o lucro das pessoas jurídicas e dá outras providências. Disponível em: <http://www.planalto.gov.br/ccivil_03/leis/L7689.htm>. Acesso em: 12 de agosto de 2017.

[53] BRASIL. **Lei Complementar nº 105**, de 10 de janeiro de 2001. Dispõe sobre o sigilo das operações de instituições financeiras e dá outras providências. Disponível em: <http://www.planalto.gov.br/ccivil_03/leis/LCP/Lcp105.htm>. Acesso em: 04 de setembro de 2017. Texto da Lei Complementar: Art. 1º As instituições financeiras conservarão sigilo em suas operações ativas e passivas e serviços prestados. § 1º São consideradas instituições financeiras, para os efeitos desta Lei Complementar: I – os bancos de qualquer espécie; II – distribuidoras de valores mobiliários; III – corretoras de câmbio e de valores mobiliários; IV – sociedades de crédito, financiamento e investimentos; V – sociedades de crédito imobiliário; VI – administradoras de cartões de crédito; VII – sociedades de arrendamento mercantil; [...] X – associações de poupança e empréstimo".

[54] BRASIL. **Lei Complementar nº 105**, de 10 de janeiro de 2001. Dispõe sobre o sigilo das operações de instituições financeiras e dá outras providências. Disponível em: <http://www.planalto.gov.br/ccivil_03/leis/LCP/Lcp105.htm>. Acesso em: 04 de setembro de 2017. Texto da Lei Complementar: "Art. 1º As instituições financeiras conservarão sigilo em suas operações ativas e passivas e serviços prestados. § 1º São consideradas instituições financeiras, para os efeitos desta Lei Complementar: [...] IX – cooperativas de crédito".

Conforme é possível depreender da norma, a regra geral da alíquota da CSLL é o valor de 9%, excetuando-se dessa regra as pessoas jurídicas de seguros privados, de capitalização, as instituições financeiras e as bolsas de valores e de mercadorias e futuros.

4. Financiamento das Atividades das Empresas: a Volátil Escolha Entre Dívida e Capital

A atividade empresarial é focada no fornecimento de bens e serviços de forma especializada e profissional. Para Giuseppe Ferri[55] tal oferta de bens e serviços não é feita de forma acidental, mas sim pela organização de fatores pessoais e reais, com vistas a alcançar o resultado econômico.

Aliás, o objetivo de alcançar o lucro é entendido como um dos requisitos para a própria atividade empresarial, como se pode observar do artigo 981, *caput* do Código Civil (Lei nº 10.406, de 10 de janeiro de 2002)[56]. Portanto, o fim financeiro pode ser entendido sob duas perspectivas: a objetiva, onde o lucro é característica da sociedade; e a subjetiva, onde o lucro é destinado aos sócios do empreendimento.

No que se refere a harmonização daquele conjunto de fatores aspirando a alcançar a lucratividade, as sociedades procuram se estruturar buscando viabilizar de forma estratégica sua maneira de atuação no mercado. É nesse ponto que surge a importância da correta alocação

---

[55] FERRI, 1976 *apud* LIMA, 2009, p. 16.
[56] BRASIL. **Lei nº 10.406**, de 10 de janeiro de 2002. Institui o Código Civil. Disponível em: <http://www.planalto.gov.br/ccivil_03/leis/2002/L10406.htm>. Acesso em: 19 de maio de 2017. Texto da lei:
Art. 981. Celebram contrato de sociedade as pessoas que reciprocamente se obrigam a contribuir, com bens ou serviços, para o exercício de atividade econômica e a partilha, entre si, dos resultados.

dos recursos captados pelas sociedades. No que se refere a esse aspecto, cabe trazer para a análise o que diz Mariana Miranda Lima[57]:

> Dentre outras atribuições dos sócios e administradores das sociedades modernas, encontra-se a decisão quanto à fonte de recursos a ser utilizada no financiamento da sociedade: capital próprio ou capital de terceiros. O financiamento das sociedades mediante a utilização de cada uma dessas fontes de recursos possui vantagens e desvantagens, que devem ser levadas em consideração no momento da decisão quanto à estrutura de capital da sociedade, com a análise macro dos cenários político e econômico vigentes.

Sob esse aspecto, é valioso ter em mente que o ato de financiar se relaciona com a transferência de valores para a empresa, para que essa possua as condições necessárias para a realização de seus projetos e o aprimoramento de suas atividades. Ou seja, a necessidade de recursos é diretamente proporcional ao tamanho da operação da empresa ou da vontade de expansão dessa. Em relação ao tema, cabe trazer à colação a seguinte passagem[58]:

> O financiamento de uma sociedade pode se dar em uma ou mais etapas. O primeiro e imprescindível financiamento de uma sociedade ocorre no momento da sua constituição, quando a sua capitalização é necessária para sua organização e aquisição dos recursos necessários ao desenvolvimento das atividades propostas. Após a constituição da sociedade e o regular desempenho das suas atividades, existe a possibilidade de serem necessários financiamentos complementares para o exercício das operações empresariais. Esse último tipo de financiamento é denominado, por Barros Leães, como financiamento de expansão.

No que diz respeito à citada expansão das atividades da sociedade, se faz necessário procurar entender a existência de um balanço entre o financiamento com capital próprio (recursos dos sócios aportados ao capital da empresa) e o financiamento com empréstimo, seja dos sócios ou de terceiros não relacionados. Em outras palavras, é imprescindível

---

[57] LIMA, Mariana Miranda. **A natureza jurídica dos juros sobre o capital próprio e as convenções para evitar a dupla tributação.** 2009. 160 f. Dissertação (Mestrado em Direito) – Faculdade de Direito, Universidade de São Paulo, São Paulo. p. 26.

[58] LIMA, op. cit., p. 22.

o estudo da estrutura de capital para que se possa estabelecer um nível adequado entre aquelas formas de financiamento.

Por certo, e como bem apontado por José Edson Lara e José Marcos Carvalho Mesquita[59], encontrar um nível ótimo entre o uso de capital próprio e o uso de empréstimos é uma análise de alta complexidade e que necessita uma intensa verificação de fatores como o risco do negócio, a lucratividade e a taxa de retorno. Todavia, além dos motivos financeiros, a verificação do impacto tributário dessas escolhas é um dos fatores de maior importância, segundo aqueles autores.

Mais que isso, é necessário conhecer as práticas de mercado ao redor do mundo e as normas que regem essas operações entre os mais diversos países. Nesse ponto em específico, diz Mariana Miranda Lima que *"regra geral, o tratamento tributário dispensado aos dividendos é mais gravoso do que aquele dispensado aos juros. Aliás, diferentemente do Brasil, muitos países não prevêem a isenção total de carga tributária sobre esses rendimentos no nível do sócio"*[60].

Em outras palavras, a sistemática da estrutura de capital transcende as fronteiras de cada país, uma vez que hoje as empresas já não mais estão contidas dentro delas. Afinal, uma sociedade de caráter multinacional leva em consideração fatores financeiros e jurídicos não apenas adstritos a um determinado local. Sob esse ponto, cabe mencionar a lição do Professor Alberto Xavier[61]:

> [...] podem também influenciar a decisão os ônus fiscais incidentes sobre as modalidades alternativas de financiamento, especialmente em sistemas jurídicos em que os juros têm um tratamento tributário menos oneroso do que os dividendos, considerado o efeito combinado da dedução do imposto sobre o lucro da pessoa pagadora (existente nos juros e não nos dividendos) com os tributos incidentes na fonte e na pessoa jurídica receptora.

Ademais, e como bem evidenciado pela preocupação na criação dos planos de ação do Projeto BEPS, existe hoje a possibilidade para os

---

[59] LARA; MESQUITA, 2008 *apud* VICENTINI, Marcelo Fonseca. **Subcapitalização no direito tributário brasileiro**. 2014. 170 f. Dissertação (Mestrado em Direito) – Faculdade de Direito, Universidade de São Paulo, São Paulo. p. 25.

[60] LIMA, op. cit., p. 72.

[61] XAVIER, Alberto. **Direito Tributário Internacional do Brasil**. 7ª edição. Rio de Janeiro: Forense, 2010. p. 346.

grupos multinacionais de alocarem seus ativos ao redor do mundo, alterando não apenas o local de suas operações, mas também a jurisdição da percepção do resultado financeiro. Assim, a questão da estrutura de capital envolve questões de complexos planejamentos estratégicos internacionais.

Sob esse ângulo, é de extrema necessidade entender não somente como a sistemática atual desenha as operações de financiamento, mas também os efeitos financeiros e tributários incidentes nas decisões das sociedades.

4.1. Dívida *Versus* Patrimônio

Inicialmente, o debate entre a relação perfeita da estrutura de capital revela dois principais fatores que devem ser enfrentados pela gestão de cada sociedade: iniciativa e risco. Na verdade, esses são os principais pontos de toda atividade empresarial, onde o sopesamento entre o objetivo a ser alcançado e o caminho a ser trilhado revelam as estratégias dessas[62]:

> A iniciativa é o poder imputado ao empresário, que permite que esse determine a estrutura da empresa para o exercício da atividade proposta. O risco, por sua vez, consiste na consequente assunção, pelo empresário, de todas as consequências inerentes à organização da empresa, sejam elas favoráveis ou desfavoráveis. Ora, se ao empresário é concedido o direito de organizar a estrutura empresarial, nada mais lógico que seja também imputado a ele o ônus e o bônus resultantes dessa atividade.

Ainda em relação ao risco, José Luiz Bulhões Pedreira[63], um dos autores do projeto que deu origem à Lei das Sociedades por Ações (Lei nº 6.404, de 15 de dezembro de 1976), ensina que a assunção integral dos riscos é consequência da atividade empresária.

Portanto, se de um lado é possível observar o sócio ou acionista como a fonte originária de recursos para uma sociedade, de outro se verifica que este recebe apenas o valor residual após o pagamento de todos os outros credores, por ocasião de sua liquidação. Contabilmente, essa verdade se traduz pela seguinte equação:

---

[62] LIMA, op. cit., p. 17.
[63] PEDREIRA, 1989 *apud* LIMA, 2009, p. 17

Patrimônio Líquido = Ativos – Passivos
Fonte: Do Autor (2017)

A fórmula acima descrita permite que se conclua que a parcela que cabe aos sócios ou acionistas resulta apenas do montante que sobra após os bens e direitos (ativos) da sociedade cobrirem as obrigações (passivos) por ela assumidos com terceiros. Da mesma forma, tal verificação faz surgir a ideia do risco da alavancagem financeira.

A alavancagem financeira se traduz no uso de dívidas na estrutura de capital de uma sociedade[64]. Por certo, quanto maior for a dívida assumida com terceiros, maior será sua possibilidade de retorno financeiro, da mesma forma como maior será a possibilidade de perdas.

Modigliani[65] e Miller[66], explicam que a estrutura de capital de uma sociedade, ou seja, a combinação entre dívida e capital próprio, deve ser guiada pelo benefício fiscal oriundo das dívidas e do custo de dificuldades financeiras. Melhor explicando tal teoria, prossegue Wilson Junior[67]:

> Tal teoria se apoia no fato de que os juros das dívidas são despesas dedutíveis para o cálculo do imposto de renda da pessoa jurídica, ou seja, a despesa com juros reduz o lucro tributável. A redução do lucro tributável reduz o montante de tributo a pagar, exigindo, nesse sentido, uma menor saída de caixa da empresa. Assim, as empresas conseguem uma economia no pagamento de tributos, comparativamente ao caso de quando são financiadas inteiramente com capital próprio. Por este motivo, a empresa conseguiria aumentar seu valor substituindo o capital próprio pelo capital de terceiros.

Todavia, em que pese os benefícios do uso do capital de terceiros, é preciso observar que essa alavancagem culmina em um maior risco de dificuldades financeiras, uma vez que uma sociedade altamente endivi-

---

[64] Ross, Stephen A.; Ross, Stephen A.; Westerfield, Randolph W.; Jordan, Bradford D.; Lamb, Roberto. **Fundamentos de administração financeira**. 9ª edição. São Paulo: Bookman, 2013. p. 28.
[65] Modigliani, 1958 *apud* Tarantin Junior, 2013, p. 20.
[66] Miller, 1963 *apud* Tarantin Junior, 2013, p. 20
[67] Tarantin Junior, Wilson. **Estrutura de capital: o papel das fontes de financiamento nas quais as companhias abertas brasileiras se baseiam**. 2013. 108 f. Dissertação (Mestrado em Contabilidade). Faculdade de Economia, Administração e Contabilidade, Universidade de São Paulo, Ribeirão Preto. p. 20.

dada deverá oferecer um retorno maior tanto para seu acionista quanto para os demais credores, o que poderá aumentar seu custo de capital ao ponto de superar os benefícios fiscais da tomada de empréstimos.

Tal teoria, conhecida como *trade-off*, induz ao pensamento de que existe um nível de endividamento onde as vantagens do uso do capital de terceiros não superaram os seus riscos[68].

Outra teoria desenvolvida para procurar um parâmetro ideal na construção da estrutura de capital é a teoria do *Pecking Order*[69]. O pensamento exprimido por tal teoria é o de que existe uma hierarquia entre as formas de financiamento das sociedades, de modo que essas possuem preferência em financiar suas atividades inicialmente por recursos próprios para, só após, procurarem recursos de terceiros.

Seja por uma teoria ou por outra, a administração das sociedades deve procurar alinhar suas estratégias de negócio e de crescimento com a estrutura de capital adequada ao momento e resultado por ela almejado, fundamentando suas decisões sempre em um intenso estudo financeiro de seus impactos.

4.2. Custo de Oportunidade

No processo de escolha entre as diferentes formas de emprego dos recursos, as sociedades se deparam com a difícil escolha entre as mais variadas formas de investimento de seu excedente financeiro, cada uma com sua implicação em termos de retorno e risco. Nesse ponto surge a avaliação do custo de oportunidade, como forma de orientar a administração das sociedades nesse processo de escolha.

O conceito de custo de oportunidade relaciona-se com a comparação do emprego de um recurso com o seu segundo melhor uso alternativo. Segundo o que define o autor Richar A. Bilas, "*o custo dos fatores para uma empresa é igual aos valores destes mesmos fatores em seus melhores usos alternativos. Esta é a doutrina dos custos alternativos ou de oportunidade e é a que o economista aceita quando fala de custos de produção*"[70].

---

[68] SAITO, André Taue. **Fatores determinantes da disponibilidade de crédito nos países: uma análise de 2004 a 2010**. 2012. 125 f. Tese (Doutorado) – Universidade de São Paulo. p. 28.
[69] Ibid., p. 28.
[70] BILAS, 1976 *apud* BEUREN, 1993, p. 2.

Ao citar Albert L. Meyers, merecem igual destaque as palavras de Ilse Maria Beuren sobre o tema, ao dizer que "[...] *o custo de oportunidade nem sempre se constitui de dinheiro. Por exemplo, se o dono do capital administra o seu empreendimento, ele deverá computar no custo do produto o salário que poderia ganhar como gerente de outra empresa similar*"[71].

O que se denota dessa definição é que o custo de oportunidade pressupõe a comparação de duas ou mais alternativas possíveis para um mesmo investimento. Ademais, dentro dessa comparação existe também a ideia de renuncia de uma ou outra alternativa ou, nas palavras de Spencer e Siegelmann, "*o custo alternativo se refere ao custo das oportunidade a que se renuncia, ou em outras palavras, uma comparação entre a política que se elegeu e a que se abandonou. Por exemplo, o custo de capital investido é o juro que se pode ganhar no melhor uso seguinte* [...]"[72].

Por sua vez, o custo do capital investido é um fator de suma importância que, quando analisado em conjunto ao custo de oportunidade, revela-se como importante ferramenta na tomada de decisões das sociedades. Nesse sentido, cabe trazer à baila as palavras de Ilse Maria Beuren[73]:

> [...] o modo específico pelo qual o custo de capital é usado, geralmente como critério de aceitação, depende do método de avaliação selecionado. No método de taxa de retorno, o custo de capital é, normalmente, utilizado como um ponto – limite ou taxa limite. Todos os projetos com taxas de retorno superiores ao custo de capital são, presumivelmente, aceitáveis, enquanto que os com menores taxas de retorno devem ser rejeitados. No método do valor presente líquido, o custo de capital é utilizado com a taxa de desconto aplicada nos fluxos de caixa do projeto analisado. Se o projeto assim descontado tem um valor presente liquido positivo, ele deve ser aceito. Se seu valor presente liquido for negativo, quando descontado ao custo de capital, isto significa que ele não cobrirá seus custos de financiamento e deve ser rejeitado.

---

[71] Meyers, 1960 apud Beuren, 1993, p. 2.
[72] Spencer, Nattan N.; Siegelmann, Louls, 1967 apud Beuren, 1993, p. 2.
[73] Beuren, Ilsa Maria. Conceituação e Contabilização do Custo de Oportunidade. **Caderno de estudos nº 08 – FIPECAFI**, abril de 1993. Disponível em: <file:///E:/Monografia/Outras%20monografias/ABRIR/Contabiliza%C3%A7%C3%A3o%20do%20Custo%20de%20Oportunidade.pdf>. Acesso em: 20 de agosto de 2017.

No que concerne aos componentes do custo de capital, o custo explícito se revela como um dos elementos principais. Tal componente pode ser considerado como sendo *"a taxa de desconto que iguala o influxo inicial de caixa provindo de uma fonte de fundos ao valor presente dos fluxos de caixa subseqüentes, associados a essa fonte"*[74].

Por sua vez, os custos implícitos de capital, outro componente essencial do custo de capital, tem sua definição como *"a taxa de retorno do melhor projeto da empresa, da melhor oportunidade de investimento do acionista ou da melhor oportunidade de consumo do acionista que seria abandonada, se o projeto, ora em consideração pela firma, fosse aceito"*[75].

Sobre o custo implícito, portanto, podemos aferir que a taxa de retorno desse projeto alternativo seria *"aquela pela qual o dinheiro poderia ser emprestado na região com uma razoável segurança do principal"*[76]. Considerando o baixo risco, a taxa utilizada para a verificação do uso alternativo pode ser aquela obtida em aplicações financeiras em títulos de dívida pública.

Dessa forma, o custo de oportunidade do capital investido deveria, em tese, superar os juros oferecidos por tais títulos, sendo esses a segunda melhor empregabilidade possível dos recursos da sociedade.

Não se pretende nesse trabalho criar uma profunda análise financeira / econômica no tocante à análise das escolhas entre as diversas formas de financiamento que as sociedades possuem. Todavia, o que se pretende nesses capítulos é mostrar que, além de uma análise societária e tributária dessas opções, as empresas também precisam realizar um intenso estudo financeiro para melhor se respaldarem em suas decisões.

---

[74] BEUREN, Ilsa Maria. Conceituação e Contabilização do Custo de Oportunidade. **Caderno de estudos nº 08 – FIPECAFI**, abril de 1993. Disponível em: <file:///E:/Monografia/Outras%20monografias/ABRIR/Contabiliza%C3%A7%C3%A3o%20do%20Custo%20de%20Oportunidade.pdf>. Acesso em: 20 de agosto de 2017.

[75] BEUREN, Ilsa Maria. Conceituação e Contabilização do Custo de Oportunidade. **Caderno de estudos nº 08 – FIPECAFI**, abril de 1993. Disponível em: <file:///E:/Monografia/Outras%20monografias/ABRIR/Contabiliza%C3%A7%C3%A3o%20do%20Custo%20de%20Oportunidade.pdf>. Acesso em: 20 de agosto de 2017.

[76] SCHLATTER, C. F.; SCHLATTER, W. J., 1957 *apud* BEUREN, 1993, p. 6.

5. Consequências Tributárias da Decisão Sobre as Formas de Financiamento

Como foi possível observar nos capítulos anteriores, a globalização permitiu com que as empresas não se constituíssem mais apenas debaixo de uma bandeira, mas sim em intrincadas estruturas multinacionais. Hoje, uma empresa do ramo de tecnologia sediada na Suíça pode construir sua fábrica no Brasil, estabelecer que seu setor de tecnologia da informação ficará na Índia e sua contabilidade na Polônia, tudo isso para atender seu maior cliente, situado nos EUA.

Mais do que uma possibilidade, a segregação das atividades e a expansão da presença em níveis mundiais são uma necessidade.

Não é por outra razão que hoje a estrutura de capital dessas sociedades e suas filiais se tornaram mais complexas. Por óbvio que o atendimento de uma operação de impacto global tem como pressuposto uma profunda análise financeira e contábil para que a atividade de um país possa interagir de maneira eficiente com o negócio de tantos outros países quanto forem possíveis, cada um com sua moeda corrente e com suas legislações.

Apenas para retomar a ideia, as sociedades têm como forma de financiar suas atividades duas ferramentas mais comuns de capitalização, quais sejam, o aumento de capital por parte dos sócios ou acionistas da empresa ou a tomada de empréstimos com os estes ou terceiros não relacionados[77].

---

[77] GUZMAN, Antonio Carlos Marchetti e PENIDO, Tatiana Morais. As regras de Subcapitalização e sua Aplicação no Ordenamento Jurídico Brasileiro. In: MARREY JR., Pedro Luciano et al. **Sinopse Tributária 2010 – 2011**. São Paulo: Impressão Régia, 2010. p. 73.

Não bastasse esse esforço hercúleo das empresas para conseguir dosar de maneira precisa a estrutura de capital que devem possuir, se com mais capital próprio ou mais alavancadas (capital de terceiros), ainda é necessário estudar todo o impacto tributário que essas decisões podem acarretar. Nesse sentido, cabe trazer à análise as palavras de Tadeu Cendón Ferreira[78]:

> Como dito anteriormente, dentre as explicações para a busca comuns para a preocupação dos administradores em ter um instrumento financeiro classificado como um instrumento de dívida ou patrimônio estão o nível de endividamento e a remuneração dos administradores. Mas tem um aspecto também que permeia as discussões em torno desses instrumentos, que é a questão tributária.

O que se almeja estudar nos próximos capítulos é a consequência tributária que o aumento de capital e da tomada de empréstimos pode ter sob o ponto de vista das sociedades.

5.1. Aumento de Capital

Antes que se possa prosseguir com a análise dos impactos tributários do aumento de capital, se faz necessário entender o que é o capital para as empresas e seus sócios ou acionista, bem como a forma com que sua regulamentação está inserida dentro do Ordenamento Jurídico Brasileiro.

O Código Civil, Lei nº 10.406/2002, ao tratar do Direito de Empresa, expressa que uma sociedade é formada pela comunhão de interesses direcionados para a persecução de determinada atividade econômica, tendo como objetivo a partilha dos resultados dessa. É esse o entendimento que se pode depreender da análise do artigo 981 daquele diploma legal[79]:

---

[78] FERREIRA, Tadeu Cendón. **Instrumentos financeiros patrimoniais previstos na legislação societária brasileira à luz das normas internacionais de contabilidade.** 2016. 73 f. Dissertação (Mestrado em Contabilidade) – Faculdade de Economia, Administração e Contabilidade, Universidade de São Paulo, São Paulo. p. 43.

[79] BRASIL. **Lei nº 10.406**, de 10 de janeiro de 2002. Institui o Código Civil. Disponível em: <http://www.planalto.gov.br/ccivil_03/leis/2002/L10406.htm>. Acesso em: 15 de agosto de 2017.

Art. 981. Celebram contrato de sociedade as pessoas que reciprocamente se obrigam a contribuir, com bens ou serviços, para o exercício de atividade econômica e a partilha, entre si, dos resultados.
Parágrafo único. A atividade pode restringir-se à realização de um ou mais negócios determinados.

No que diz respeito ao capital, a Lei das Sociedades por Ações, Lei nº 6.404/1976, estabelece o seu contorno como entendemos atualmente[80]:

Art. 1º A companhia ou sociedade anônima terá o capital dividido em ações, e a responsabilidade dos sócios ou acionistas será limitada ao preço de emissão das ações subscritas ou adquiridas.
[...]
Art. 5º O estatuto da companhia fixará o valor do capital social, expresso em moeda nacional.
[...]
Art. 6º O capital social somente poderá ser modificado com observância dos preceitos desta Lei e do estatuto social (artigos 166 a 174).
Art. 7º O capital social poderá ser formado com contribuições em dinheiro ou em qualquer espécie de bens suscetíveis de avaliação em dinheiro.

Por sua vez, ao detalhar os elementos que compõe o contrato social de uma empresa, o Código Civil estabelece como uma de suas cláusulas a descrição do capital da sociedade, bem como a definição da medida em que o sócio participa e responde por esse. É o que determina o artigo 997, incisos III, IV e VII do Código Civil[81]:

Art. 997. A sociedade constitui-se mediante contrato escrito, particular ou público, que, além de cláusulas estipuladas pelas partes, mencionará:
[...]

---

[80] BRASIL. **Lei n. 6.404/76**, de 15 de dezembro de 1976. Dispõe sobre as sociedades por ações. Disponível em: <http://www.planalto.gov.br/ccivil_03/leis/L6404compilada.htm>. Acesso em: 16 de maio de 2017.
[81] BRASIL. **Lei nº 10.406**, de 10 de janeiro de 2002. Institui o Código Civil. Disponível em: <http://www.planalto.gov.br/ccivil_03/leis/2002/L10406.htm>. Acesso em: 15 de agosto de 2017.

III – capital da sociedade, expresso em moeda corrente, podendo compreender qualquer espécie de bens, suscetíveis de avaliação pecuniária;
IV – a quota de cada sócio no capital social, e o modo de realizá-la;
[...]
VII – a participação de cada sócio nos lucros e nas perdas;

Conforme é possível deduzir das normas acima, o capital corresponde à parcela de contribuição que cada sócio traz consigo na constituição do patrimônio de uma empresa. É a expressão monetária da participação que cada um tem na construção do acervo necessário à consecução dos objetivos estabelecidos para aquela empresa.

De igual modo, pode-se aferir que o capital social de uma sociedade pode ser formado não apenas por contribuições em dinheiro, mas também por qualquer outro bem sujeito à avaliação em moeda. Da mesma forma, é de se entender que o capital dessa mesma sociedade seja representado por quotas ou ações, uma espécie de título que denote a participação de seu detentor no capital daquela empresa.

Uma vez estabelecido que o capital é a parcela de contribuição do sócio para os empreendimentos da empresa, e que essa contribuição tem como contrapartida a emissão de quotas ou ações pela sociedade em valor equivalente, é de se esperar que esse desembolso pressuponha um retorno financeiro. Sobre esse aspecto, pontual é a lição de Marcelo Fonseca Vicentini[82]:

> Tendo em vista que os sócios decidem transferir parte do seu patrimônio ao da pessoa jurídica para a formação do capital, é de se esperar que, da mesma maneira que qualquer investimento no mercado financeiro ou de capitais, os sócios / acionistas visam retorno sobre o capital investido, seja por meio da valorização da companhia para posterior venda, seja por meio da remuneração do capital investido.

No que concerne à definição da extensão do conceito de dividendos, Mariana Miranda Lima entende que esses são *"a remuneração dos sócios pelo capital próprio investido na sociedade, calculada em função dos resultados*

---

[82] VICENTINI, op. cit., p 27.

auferidos"[83]. Arremata a questão Francisco Cavalcanti Pontes de Miranda[84] ao defini-los como sendo *"quociente dos lucros de que se pode deduzir o que se destina aos acionistas pelo número de ações".*

Por certo, o investimento inicial dos sócios ou acionistas não necessariamente será o único a ser efetuado ao logo da vida da empresa. O aumento de capital é um procedimento comumente adotado diante de situações como o crescimento acentuado das atividades da sociedade ou o financiamento de alguma operação de aquisição de uma outra empresa.

A Lei nº 6.404/1976 estabeleceu em seu capítulo XIV os casos de modificação do capital social das companhias, inclusive o aumento de capital, como se pode observar[85]:

> Art. 166. O capital social pode ser aumentado:
> I – por deliberação da assembléia-geral ordinária, para correção da expressão monetária do seu valor (artigo 167);
> II – por deliberação da assembléia-geral ou do conselho de administração, observado o que a respeito dispuser o estatuto, nos casos de emissão de ações dentro do limite autorizado no estatuto (artigo 168);
> III – por conversão, em ações, de debêntures ou parte beneficiárias e pelo exercício de direitos conferidos por bônus de subscrição, ou de opção de compra de ações;
> IV – por deliberação da assembléia-geral extraordinária convocada para decidir sobre reforma do estatuto social, no caso de inexistir autorização de aumento, ou de estar a mesma esgotada.
> § 1º Dentro dos 30 (trinta) dias subseqüentes à efetivação do aumento, a companhia requererá ao registro do comércio a sua averbação, nos casos dos números I a III, ou o arquivamento da ata da assembléia de reforma do estatuto, no caso do número IV.
> § 2º O conselho fiscal, se em funcionamento, deverá, salvo nos casos do número III, ser obrigatoriamente ouvido antes da deliberação sobre o aumento de capital.

---

[83] LIMA, op. cit., p. 35.
[84] MIRANDA, 1984 *apud* LIMA, 2009, p. 35.
[85] BRASIL. **Lei n. 6.404/76**, de 15 de dezembro de 1976. Dispõe sobre as sociedades por ações. Disponível em: <http://www.planalto.gov.br/ccivil_03/leis/L6404compilada.htm>. Acesso em: 16 de maio de 2017.

Mais que apenas a possibilidade de se deliberar em assembleia-geral pelo aumento do capital social, a própria Lei das S.A. permite que o estatuto social autorize o referido aumento sem que haja a necessidade de se reformá-lo[86]:

> Art. 168. O estatuto pode conter autorização para aumento do capital social independentemente de reforma estatutária.
> § 1º A autorização deverá especificar:
> a) o limite de aumento, em valor do capital ou em número de ações, e as espécies e classes das ações que poderão ser emitidas;
> b) o órgão competente para deliberar sobre as emissões, que poderá ser a assembléia-geral ou o conselho de administração;
> c) as condições a que estiverem sujeitas as emissões;
> d) os casos ou as condições em que os acionistas terão direito de preferência para subscrição, ou de inexistência desse direito (artigo 172).
> § 2º O limite de autorização, quando fixado em valor do capital social, será anualmente corrigido pela assembléia-geral ordinária, com base nos mesmos índices adotados na correção do capital social.
> § 3º O estatuto pode prever que a companhia, dentro do limite de capital autorizado, e de acordo com plano aprovado pela assembléia-geral, outorgue opção de compra de ações a seus administradores ou empregados, ou a pessoas naturais que prestem serviços à companhia ou a sociedade sob seu controle.

Como se pode concluir do parágrafo 1º, inciso I do supracitado artigo, o aumento de capital pode se dar de duas maneiras distintas, quais sejam, a subscrição de novas ações pela companhia ou o aumento do valor nominal das ações já existentes.

Ademais, é facultado o aumento do capital social não pelo novo aporte de bens ou dinheiro pelos sócios ou acionistas, mas pelo uso da reserva de lucro apurado após o término do exercício da sociedade, como uma forma de reinvestimento dos resultados alcançados por essa[87]:

---

[86] BRASIL. **Lei nº 6.404/76**, de 15 de dezembro de 1976. Dispõe sobre as sociedades por ações. Disponível em:< http://www.planalto.gov.br/ccivil_03/leis/L6404compilada.htm>. Acesso em: 16 de maio de 2017.

[87] BRASIL. **Lei n. 6.404/76**, de 15 de dezembro de 1976. Dispõe sobre as sociedades por ações. Disponível em: <http://www.planalto.gov.br/ccivil_03/leis/L6404compilada.htm>. Acesso em: 16 de maio de 2017.

Art. 169. O aumento mediante capitalização de lucros ou de reservas importará alteração do valor nominal das ações ou distribuições das ações novas, correspondentes ao aumento, entre acionistas, na proporção do número de ações que possuírem.
[...]
Art. 182. A conta do capital social discriminará o montante subscrito e, por dedução, a parcela ainda não realizada.
§ 1º Serão classificadas como reservas de capital as contas que registrarem:
a) a contribuição do subscritor de ações que ultrapassar o valor nominal e a parte do preço de emissão das ações sem valor nominal que ultrapassar a importância destinada à formação do capital social, inclusive nos casos de conversão em ações de debêntures ou partes beneficiárias;
b) o produto da alienação de partes beneficiárias e bônus de subscrição;
c) (revogada);
d) (revogada).
§ 2° Será ainda registrado como reserva de capital o resultado da correção monetária do capital realizado, enquanto não-capitalizado.
[...]
§ 4º Serão classificados como reservas de lucros as contas constituídas pela apropriação de lucros da companhia.

Igualmente, cabe destacar que os Juros sobre o Capital Próprio também podem incorporar ao capital social como forma de reinvestimento do resultado gerado pela empresa ou serem mantidos em conta de reserva destinada ao futuro aumento do capital social, conforme preleciona o artigo 9º, § 9º da Lei nº 9.249/95[88].

No caso das demais empresas, o Código Civil determina que as modificações do contrato social que venham a alterar o capital social, bem como a participação dos sócios na empresa dependerá do consentimento unânime de todos esses. É o que se verifica do artigo 999 do

---

[88] BRASIL. **Lei nº 9.249**, de 26 de dezembro de 1995. Altera a legislação do imposto de renda das pessoas jurídicas, bem como da contribuição social sobre o lucro líquido, e dá outras providências. Disponível em: <http://www.planalto.gov.br/ccivil_03/LEIS/L9249.htm>. Acesso em: 22 de julho de 2018.

Código Civil, assim como do artigo 1.071, inciso V do mesmo diploma legal, no caso específico das sociedades limitadas[89]:

> Art. 999. As modificações do contrato social, que tenham por objeto matéria indicada no art. 997, dependem do consentimento de todos os sócios; as demais podem ser decididas por maioria absoluta de votos, se o contrato não determinar a necessidade de deliberação unânime.
> Parágrafo único. Qualquer modificação do contrato social será averbada, cumprindo-se as formalidades previstas no artigo antecedente.
> [...]
> Art. 1.071. Dependem da deliberação dos sócios, além de outras matérias indicadas na lei ou no contrato:
> [...]
> V – a modificação do contrato social;

Ainda sobre as sociedades limitadas, o Código Civil reservou um capítulo inteiro para tratar dessa espécie empresarial, normatizando o tema do aumento e redução de capital entre os seus artigos 1.081 a 1.084. No que concerne ao aumento de capital, a norma estabelece que, uma vez integralizada as quotas pelos sócios, torna-se possível a realização de novos aumentos de capital, como se observa[90]:

> Art. 1.081. Ressalvado o disposto em lei especial, integralizadas as quotas, pode ser o capital aumentado, com a correspondente modificação do contrato.
> § 1º Até trinta dias após a deliberação, terão os sócios preferência para participar do aumento, na proporção das quotas de que sejam titulares.
> § 2º À cessão do direito de preferência, aplica-se o disposto no caput do art. 1.057.
> § 3º Decorrido o prazo da preferência, e assumida pelos sócios, ou por terceiros, a totalidade do aumento, haverá reunião ou assembléia dos sócios, para que seja aprovada a modificação do contrato.

---

[89] BRASIL. **Lei nº 10.406**, de 10 de janeiro de 2002. Institui o Código Civil. Disponível em: <http://www.planalto.gov.br/ccivil_03/leis/2002/L10406.htm>. Acesso em: 15 de agosto de 2017.
[90] BRASIL. **Lei nº 10.406**, de 10 de janeiro de 2002. Institui o Código Civil. Disponível em: <http://www.planalto.gov.br/ccivil_03/leis/2002/L10406.htm>. Acesso em: 15 de agosto de 2017.

Consolidando o que foi destacado acima, cabe trazer a seguinte a lição sobre a razão da escolha do financiamento pela via do aumento de capital, bem com suas características[91]:

> O financiamento com origem no capital próprio possui, regra geral, duas principais características: a indeterminação do prazo de concessão do financiamento e a existência da remuneração atrelada aos resultados da empresa investida, sendo que esse tipo de financiamento pode se dar no momento inicial da constituição da sociedade, ou mesmo em momento superveniente, por meio de um aumento de capital social ou retenção autorizada de lucros passíveis de distribuição.

José Luiz Bulhões Pedreira[92] possui uma peculiar visão das vantagens que uma sociedade pode auferir ao financiar suas atividades com um uso mais elevado de capital próprio. Para consolidar seu pensamento, Mariana Miranda Lima lista as vantagens abaixo:

> (i) maior estabilidade financeira, conseguida em virtude do reduzido valor dos passíveis exigíveis da sociedade. A liberdade e consequentemente estabilidade financeira da sociedade decorrem da maior disponibilidade de caixa para assegurar o desenvolvimento das atividades empresariais e o cumprimento das demais obrigações assumidas em virtude do desenvolvimento dessas mesmas atividades;
> (ii) preservação da capacidade futura de endividamento. Na economia de mercado, o limite máximo de endividamento de uma sociedade está diretamente relacionado à proporção entre capital de terceiros e capital próprio aplicado. Esta relação entre passivo exigível e patrimônio líquido [...] é um dos fatores utilizados para a realização de análises de risco de crédito, tendo em vista estar diretamente ligada ao fator de liquidez e solvência dos ativos da sociedade;
> (iii) maior eficiência administrativa, decorrente do reduzido volume de passivo para ser administrado, implicando a concentração dos esforços administrativos no desempenho das atividades negociais.

Como toda escolha implica em uma renúncia, a autora indica que o uso do capital próprio possui como desvantagens: (i) tornar mais diluído

---
[91] LIMA, op. cit., p. 27.
[92] PEDREIRA, 1989 *apud* LIMA, 2009, p.27.

o direito de participação dos sócios (o que pode implicar em maiores dificuldades nas deliberações da sociedade); (ii) diminuição da remuneração por distribuição de lucros ou dividendos; (iii) redução da taxa de rentabilidade do capital próprio; e (iv) indedutibilidade da despesa com pagamento de dividendos[93].

Estabelecida a sistemática legislativa para o aumento de capital, cabe agora verificar as formas pelas quais o sócio ou acionista é remunerado pelo seu investimento.

Em se tratando do aumento de capital, existem duas contrapartidas financeiras esperadas por aquele que aportou dinheiro ou bens na aquisição de uma participação societária: a distribuição de lucros e os juros sobre o capital próprio. Por possuírem tratamentos tributários diferentes, tais formas serão tratadas em itens específicos.

5.1.1. *Distribuição de Lucro e Pagamento de Dividendos*

Por certo, auferir lucros é o objetivo principal de qualquer atividade empresarial, uma vez que os recursos aportados pelo sócio ou acionista na empresa pressupõem que o resultado positivo da performance dessa reverta financeiramente como um ganho.

Ao comentar o objetivo das empresas, Fábio Ulhoa Coelho dispõe que é "[...] da essência de qualquer sociedade empresária a persecução de lucros – inexiste pessoa jurídica dessa categoria com fins filantrópicos ou pios [...]"[94]. Dessa maneira, no que diz respeito ao direito patrimonial do sócio, explica Rubens Requião que esse representa "[...] um direito de crédito consistente em perceber o quinhão de lucros durante a existência social e em particular na partilha da massa residual, depois de liquidada a sociedade"[95]. Aliás, o recebimento da parcela de lucros relativa a cada sócio é algo que o próprio Código Civil defende em seu artigo 1.008, como se observa[96]:

---

[93] Ibid., p. 29.
[94] COELHO, Fábio Ulhoa. **Manual de direito comercial**: direito de empresa. 27ª ed. São Paulo: Saraiva, 2015. p. 138.
[95] REQUIÃO, Rubens. **Curso de direito comercial**, 1º volume. 29ª ed. São Paulo: Saraiva, 2010. p. 456.
[96] BRASIL. **Lei nº 10.406**, de 10 de janeiro de 2002. Institui o Código Civil. Disponível em: <http://www.planalto.gov.br/ccivil_03/leis/2002/L10406.htm>. Acesso em: 19 de agosto de 2017.

Art. 1.008. É nula a estipulação contratual que exclua qualquer sócio de participar dos lucros e das perdas.

Portanto, o recebimento de parte dos lucros alcançados pela sociedade é uma das formas de remuneração do sócio ou acionista em decorrência de sua participação. Além disso, essa remuneração leva em consideração o resultado que a sociedade obteve, de modo que o que é distribuído é o lucro auferido, o que fica claro quando da leitura da Lei das Sociedades por Ações[97]:

Art. 201. A companhia somente pode pagar dividendos à conta de lucro líquido do exercício, de lucros acumulados e de reserva de lucros; e à conta de reserva de capital, no caso das ações preferenciais de que trata o § 5º do artigo 17.
I – metade do lucro líquido do exercício diminuído ou acrescido dos seguintes valores:
a) importância destinada à constituição da reserva legal (art. 193); e
b) importância destinada à formação da reserva para contingências (art. 195) e reversão da mesma reserva formada em exercícios anteriores;
II – o pagamento do dividendo determinado nos termos do inciso I poderá ser limitado ao montante do lucro líquido do exercício que tiver sido realizado, desde que a diferença seja registrada como reserva de lucros a realizar (art. 197);
III – os lucros registrados na reserva de lucros a realizar, quando realizados e se não tiverem sido absorvidos por prejuízos em exercícios subseqüentes, deverão ser acrescidos ao primeiro dividendo declarado após a realização.

Como é possível deduzir do dispositivo acima, o pagamento de dividendos não é mera benesse, mas sim uma obrigação que a companhia tem com o seu acionista, raciocínio que também se pode estender ao lucro distribuído para os sócios das demais espécies de empresa. No caso específico das companhias, cabe trazer à colação as palavras de Fábio Ulhoa Coelho no que concerne à distribuição obrigatória de dividendos[98]:

---

[97] Brasil. **Lei nº 6.404**, de 15 de dezembro de 1976. Dispõe sobre as sociedades por ações. Disponível em: <http://www.planalto.gov.br/ccivil_03/leis/L6404compilada.htm>. Acesso em: 17 de maio de 2017.
[98] Coelho, op. cit., p. 254.

O resultado do exercício, revelado na respectiva demonstração financeira, tem a sua destinação em parte definida pela lei. Desse modo, após a absorção de prejuízos acumulados, a provisão para o Imposto de Renda (LSA, art. 189) e o pagamento das participações estatutárias de empregados, administradores e partes beneficiárias (LSA, art. 190), o lucro líquido gerado pela empresa durante o último exercício terá dois possíveis destinos: ficará em mãos da própria sociedade ou será distribuído entre os acionistas, a título de dividendo. Aliás, uma parcela dos lucros permanecerá obrigatoriamente na companhia (por meio da reserva legal) e outra será necessariamente distribuída aos acionistas (dividendo obrigatório), restando à Assembleia Geral Ordinária deliberar quanto à destinação do restante do resultado, aprovando ou rejeitando a proposta da diretoria (LSA, art 192). Para tanto, abrem-se três alternativas: constituição de reserva de lucros, distribuição de dividendos ou capitalização (aumento ao Capital social).

Ademais, Roberto Quiroga Mosquera e Matheus Berthiolo Piconez[99], identificam quatro características dos dividendos dentro da seara do direito societário[100]:

a) são rendimentos pagos de forma variável ou fixa, conforme deliberação da assembleia;
b) são rendimentos juridicamente incertos quanto à possibilidade de pagamento, uma vez que dependem da existência de lucros sociais ou reserva de capitais;
c) decorrem de uma operação de participação societária e;
d) ainda que existam reservas de capitais previamente ao lançamento das ações ou em data posterior à emissão, o pagamento de dividendos ao acionista será incerto, uma vez que os prejuízos acumulados poderão consumir as respectivas reservas.

O lucro atribuído aos sócios ou acionistas corresponde à diferença positiva entre as receitas auferidas no período e as despesas incorridas em tal consecução, incluída nessas as despesas com o pagamento de tributos. Em outras palavras, o lucro distribuído é o excedente operacional

---

[99] MOSQUERA; PICONEZ, 2011 *apud* VICENTINI, 2014, p. 28.
[100] VICENTINI, op. cit., p. 28.

positivo após a tributação. Sérgio de Iudícibus, Eliseu Martins e Ernesto Gelbcke[101] definem o lucro líquido apurado da seguinte forma:

> [...] é o que se pode chamar de lucro dos acionistas pois, além dos itens normais já se deduzem despesas como o Imposto sobre a Renda e as participações sobre os lucros a outros que não os acionistas, de forma que o lucro líquido demonstrado é o valor final a ser adicionado ao patrimônio líquido da empresa que, em última análise, pertence aos acionistas, ou é distribuído como dividendo.

No que concerne especificamente aos lançamentos contábeis realizados pelas sociedades anônimas até o ato do pagamento dos seus dividendos, é necessário diferenciar dois momentos dessa distribuição de lucro, quais sejam, os dividendos que são propostos antes de se realizar a Assembleia Geral Ordinária e aqueles que foram efetivamente aprovados por essa e se tornaram exigíveis perante a sociedade. Sobre essa questão, cabe trazer à colação a seguinte lição:

> Do ponto de vista da fonte pagadora, os dividendos podem ser contabilizados como uma provisão (dividendos propostos) ou como uma obrigação exigível (dividendos a pagar). No primeiro caso, a distribuição de dividendos ainda não foi aprovada pela assembleia e existe apenas como uma proposta da administração da sociedade. Enquanto o valor dos dividendos a serem distribuídos não for aprovado pela assembleia, o valor proposto pela administração deverá ser contabilizado como provisão.

Uma vez aprovada a distribuição dos dividendos e o seu valor, o seu registro deve ser transferido para a conta denominada dividendos a pagar, constante do passivo circulante da sociedade. Na prática, apesar de essa conta representar valores devidos aos sócios, muitas vezes o valor dos dividendos já foi até mesmo creditado em seu benefício.

Com respeito ao aspecto tributário da distribuição de lucros e dividendos, cabe mencionar que na metade do século XX foi desenvolvida a teoria do *separate entity approach* nos Estados Unidos, Europa e Canadá[102]. De acordo com o raciocínio desenvolvido por essa teoria, a

---

[101] IUDÍCIBUS ; MARTINS; GELBCKE, 2007 *apud* LIMA, 2009, p. 42.
[102] LIMA, op. cit., p. 41.

tributação deveria ocorrer apenas no nível da empresa que gerou o lucro, como se essa fosse uma espécie de contribuinte autônomo, isentando de tributação o beneficiário da distribuição de lucros ou dividendos, seja pessoa física ou jurídica.

Como consequência dessa teoria, é importante destacar que desde 1996 os valores pagos relativos a essa figura são isentos, segundo o ponto de vista fiscal. Nesse ponto, cabe trazer à colação a redação do artigo 10 da Lei nº 9.249/1995[103]:

> Art. 10. Os lucros ou dividendos calculados com base nos resultados apurados a partir do mês de janeiro de 1996, pagos ou creditados pelas pessoas jurídicas tributadas com base no lucro real, presumido ou arbitrado, *não ficarão sujeitos à incidência do imposto de renda na fonte, nem integrarão a base de cálculo do imposto de renda do beneficiário, pessoa física ou jurídica, domiciliado no País ou no exterior.*
>
> § 1º No caso de quotas ou ações distribuídas em decorrência de aumento de capital por incorporação de lucros apurados, a partir do mês de janeiro de 1996, ou de reservas constituídas com esses lucros, o custo de aquisição será igual à parcela do lucro ou reserva capitalizado, que corresponder ao sócio ou acionista.
>
> § 2º *A não incidência prevista no caput inclui os lucros ou dividendos pagos ou creditados a beneficiários de todas as espécies de ações* previstas no art. 15 da Lei nº 6.404, de 15 de dezembro de 1976, ainda que a ação seja classificada em conta de passivo ou que a remuneração seja classificada como despesa financeira na escrituração comercial.
>
> § 3º Não são dedutíveis na apuração do lucro real e da base de cálculo da CSLL os lucros ou dividendos pagos ou creditados a beneficiários de qualquer espécie de ação prevista no art. 15 da Lei nº 6.404, de 15 de dezembro de 1976, ainda que classificados como despesa financeira na escrituração comercial. (g.n.)

Conforme determina essa disposição legal, independentemente do tipo societário, da forma de tributação da empresa, do tipo de ação

---

[103] BRASIL. **Lei nº 9.249**, de 26 de dezembro de 1995. Altera a legislação do imposto de renda das pessoas jurídicas, bem como da contribuição social sobre o lucro líquido, e dá outras providências. Disponível em: <http://www.planalto.gov.br/ccivil_03/LEIS/L9249.htm>. Acesso em: 17 de maio de 2017.

(caso se trade de sociedade anônima), domicílio do seu beneficiário, se no Brasil ou no Exterior, ou mesmo natureza desse, se pessoa física ou jurídica, a distribuição de lucros ou dividendos não sofrerá retenção na fonte ou tributação pelo imposto de renda no Brasil.

Ademais, é importante salientar que a isenção abrange inclusive a parcela de lucros ou dividendos que superam o valor da base de cálculo, seja real, presumida ou arbitrada, subtraída do IRPJ, CSLL, PIS e COFINS a que estiver sujeita a empresa, de acordo com o que dispõe o artigo 238, parágrafo 2º, inciso II da Instrução Normativa RFB nº 1.700/2017:

> Art. 238. Não estão sujeitos ao imposto sobre a renda os lucros e dividendos pagos ou creditados a sócios, acionistas ou titular de empresa individual, observado o disposto no Capítulo III da Instrução Normativa RFB nº 1.397, de 16 de setembro de 2013.
> § 1º O disposto neste artigo abrange inclusive os lucros e dividendos atribuídos a sócios ou acionistas residentes ou domiciliados no exterior.
> § 2º No caso de pessoa jurídica tributada com base no lucro presumido ou arbitrado, poderão ser pagos ou creditados sem incidência do IRRF:
> I – o valor da base de cálculo do imposto, diminuído do IRPJ, da CSLL, da Contribuição para o PIS/Pasep e da Cofins a que estiver sujeita a pessoa jurídica;
> II – a parcela de lucros ou dividendos excedentes ao valor determinado no inciso I, desde que a empresa demonstre, com base em escrituração contábil feita com observância da lei comercial, que o lucro efetivo é maior que o determinado segundo as normas para apuração da base de cálculo do imposto pela qual houver optado.

Assim, desde que a empresa consiga demonstrar de forma idônea que seu lucro efetivo foi maior do que aquele verificado de acordo com as regras de apuração da base de cálculo do IRPJ e da CSLL, a benesse da isenção da tributação vista acima continuará sendo aplicada à distribuição de lucros ou dividendos da empresa.

É possível apreender dessa sistemática um cenário onde a tributação ocorre unicamente sobre as atividades da sociedade que geraram lucro, deixando esse resultado econômico livre de novas tributações no seu recebimento e evitando, portanto, a dupla tributação dos lucros. Em outras palavras, a carga fiscal é suportada apenas por quem produziu a riqueza e não por aquele que investiu dinheiro ou bens na sociedade[104]:

> Sob o ponto de vista tributário, a legislação vigente prevê que os dividendos distribuídos deverão ser excluídos do lucro líquido para efeito de determinar o lucro real, nas hipóteses em que estiverem sujeitos à tributação nas sociedades que os distribuíram. Em outras palavras, esses rendimentos não estarão sujeitos à tributação pelo Imposto sobre a Renda quando estiverem sujeitos à tributação por esse imposto nas sociedades de que provêm. Essa regra pode ser vista como uma tentativa de se evitar a dupla tributação dos lucros auferidos em relação a investimentos societários [...]

Sobre o âmago dessa disposição legal, cabe trazer a lição de Flavio Mifano e José Maurício Carvalho Abreu, explicada por Marcelo Fonseca Vicentini[105]:

> Nesta mesma esteira, observam Flavio Mifano e José Maurício Carvalho Abreu que o legislador ordinário, ao exercer sua competência tributária (de forma impositiva-negativa), pretendeu que os lucros e dividendos distribuídos aos sócios ou acionistas ficassem isentos de tributação pelo Imposto de Renda, visando evitar aquilo que a literatura internacional convencionou chamar de *double level of taxation*, desta forma, os rendimentos já tributados em uma sociedade não são novamente onerados quando de sua percepção pelo titular da participação societária que deu causa ao pagamento, ou seja, o próprio sócio ou acionista.

Um ponto que merece destaque é a existência da mesma isenção quanto ao pagamento de imposto de renda para os lucros e dividendos percebidos por residente no exterior. A inexistência de retenção na fonte, por certo, denota um caráter indutivo da norma, tornando o investimento direto por parte daquele residente no exterior mais atraente em termos de retorno financeiro[106].

É de se notar que a sistemática desenhada para que a distribuição de lucros e dividendos alcançasse a neutralidade fiscal foi um dos grandes

---

[104] LIMA, op. cit., p. 62.
[105] MIFANO; ABREU, 2010 *apud* VICENTINI, 2014, p. 29.
[106] XAVIER, op. cit., p. 485.

objetivos do Legislador, posto que com ela se estimularia o investimento nas atividades produtivas no país. Pedro Malan, o então Ministro da Fazenda que assinou a exposição de motivos da Lei nº 9.249/1995, confirma esse entendimento ao dizer nesse documento que[107]:

> Com relação à tributação dos lucros e dividendos, estabelece-se a completa integração entre a pessoa física e a pessoa jurídica, tributando-se esses rendimentos exclusivamente na empresa e isentando-se quando do recebimento pelos beneficiários. Além de simplificar os controles e inibir a evasão, esse procedimento estimula, em razão da equiparação de tratamento e das alíquotas aplicáveis, o investimento nas atividades produtivas.

Em arremate, Heleno Taveira Tôrres[108] explica sobre a neutralidade fiscal da distribuição de lucros ou dividendos, mostrando que a Lei nº 9.249/1995 procurou adotar um sistema onde houvesse a integração entre as duas pontas da operação, quais sejam, a empresa pagadora e o beneficiário daqueles, de modo a não existir retenção no momento da distribuição desses ou carga fiscal sobre o seu efetivo recebimento:

> Como no nosso sistema de tributação dos atos de distribuição dos lucros ou dividendos não há incidência, pelo art. 10, da Lei nº 9.249/95, bem como nos atos de percepção pelo acionista ou quotista, confirma-se uma perfeita neutralidade fiscal às distribuições de lucros e adoção ao modelo de integração total.

Em que pese a existência dessa benesse, é necessário ter em mente que o pagamento de lucros ou dividendos não permite um tratamento tributário diferenciado no nível da sociedade que os distribui. Em outras palavras, diferentemente do que ocorre com o financiamento com dívida, o pagamento de lucros ou dividendos não é dedutível da base de cálculo das empresas, o que torna aquela outra forma de financiamento vantajosa em algumas situações. Sobre o tema, destaca-se o trecho abaixo[109]:

---

[107] CÂMARA DOS DEPUTADOS. **Exposição de motivos da Lei nº 9.249**, de 26 de dezembro de 1995. Disponível em: <http://www2.camara.leg.br/legin/fed/lei/1995/lei-9249-26-dezembro-1995-349062-exposicaodemotivos-149781-pl.html>. Acesso em: 07 de julho de 2017.
[108] TÔRRES, 2007 apud LIMA, 2009, p. 63.
[109] LIMA, op. cit., p. 60.

A legislação vigente não prevê qualquer tipo de implicação benéfica para a sociedade em relação à distribuição de dividendos e esse é o aspecto que pode tornar o financiamento da sociedade por meio de capital de terceiros mais atraente. Isso porque as despesas com o pagamento de juros remuneratórios de empréstimos concedidos à sociedade são dedutíveis para fins de cálculo do Imposto sobre a Renda e da Contribuição Social sobre o Lucro Líquido, o que não ocorre em relação ao pagamento de dividendos.

Portanto, conclui-se que a sistemática tributária brasileira possui um tratamento mais vantajoso para a distribuição de lucros ou dividendos ao nível do beneficiário, independentemente na natureza desse, posto que sua percepção não constitui fato gerador do pagamento do Imposto sobre a Renda.

5.1.2. *Pagamento de Juros sobre Capital Próprio*

Ainda em relação às maneiras com que se pode remunerar o aporte de capital em uma sociedade, houve por bem o Legislador criar outra forma de retorno financeiro ao sócio ou acionista, além da já analisada distribuição de lucros e dividendos. Mais do que uma forma de remuneração, os Juros sobre o Capital Próprio (JCP) podem trazer vantagens econômicas para as sociedades cujo lucro é tributado em bases reais, como será visto adiante.

Os JCP são uma figura atualmente regrada pela Lei nº 9.249/1995[110] e pelo Decreto nº 3.000/1999[111] (Regulamento do Imposto de Renda, RIR/99). Tal figura prevê a remuneração do sócio ou acionista por meio do pagamento de juros sobre o capital investido na sociedade, sendo esses juros dedutíveis na apuração do Imposto de Renda da Pessoa Jurídica (IRPJ) e Contribuição Social sobre o Lucro Líquido (CSLL), calculados em bases reais, como se pode aferir:

---

[110] BRASIL. **Lei nº 9.249**, de 26 de dezembro de 1995. Altera a legislação do imposto de renda das pessoas jurídicas, bem como da contribuição social sobre o lucro líquido, e dá outras providências. Disponível em: <http://www.planalto.gov.br/ccivil_03/LEIS/L9249.htm>. Acesso em: 17 de maio de 2017.

[111] BRASIL. **Decreto nº 3.000**, de 26 de março de 1999. Regulamenta a tributação, fiscalização, arrecadação e administração do Imposto sobre a Renda e Proventos de Qualquer Natureza. Disponível em: <http://www.planalto.gov.br/ccivil_03/decreto/d3000.htm>. Acesso em: 17 de maio de 2017.

Art. 9º A pessoa jurídica poderá deduzir, para efeitos da apuração do lucro real, os juros pagos ou creditados individualizadamente a titular, sócios ou acionistas, a título de remuneração do capital próprio, calculados sobre as contas do patrimônio líquido e limitados à variação, pro rata dia, da Taxa de Juros de Longo Prazo – TJLP.

§ 1º O efetivo pagamento ou crédito dos juros fica condicionado à existência de lucros, computados antes da dedução dos juros, ou de lucros acumulados e reservas de lucros, em montante igual ou superior ao valor de duas vezes os juros a serem pagos ou creditados.

§ 2º Os juros ficarão sujeitos à incidência do imposto de renda na fonte à alíquota de quinze por cento, na data do pagamento ou crédito ao beneficiário.

§ 3º O imposto retido na fonte será considerado:
I – antecipação do devido na declaração de rendimentos, no caso de beneficiário pessoa jurídica tributada com base no lucro real;
II – tributação definitiva, no caso de beneficiário pessoa física ou pessoa jurídica não tributada com base no lucro real, inclusive isenta, ressalvado o disposto no § 4º;
[...]
§ 11. O disposto neste artigo aplica-se à Contribuição Social sobre o Lucro Líquido.

Retomando os conceitos relativos à apuração do IRPJ, nos termos do artigo 46 do Código Tributário Nacional, a base de cálculo do IRPJ "[...] é o montante real, arbitrado ou presumido, da renda ou dos proventos tributáveis"[112], renda real esta que corresponde à definição de lucro real, uma das bases de cálculo do IRPJ, conforme os artigos 219 e 247 do RIR/99[113]:

---

[112] BRASIL. **Lei nº 5.172**, de 25 de outubro de 1966. Dispõe sobre o Sistema Tributário Nacional e institui normas gerais de direito tributário aplicáveis à União, Estados e Municípios. Disponível em: <http://www.planalto.gov.br/ccivil_03/leis/L5172.htm>. Acesso em: 13 de agosto de 2017.

[113] BRASIL. **Decreto nº 3.000**, de 26 de março de 1999. Regulamenta a tributação, fiscalização, arrecadação e administração do Imposto sobre a Renda e Proventos de Qualquer Natureza. Disponível em: <http://www.planalto.gov.br/ccivil_03/decreto/d3000.htm>. Acesso em: 17 de maio de 2017.

Art. 219. A base de cálculo do imposto, determinada segundo a lei vigente na data de ocorrência do fato gerador, é o lucro real (Subtítulo III), presumido (Subtítulo IV) ou arbitrado (Subtítulo V), correspondente ao período de apuração.

Parágrafo único. Integram a base de cálculo todos os ganhos e rendimentos de capital, qualquer que seja a denominação que lhes seja dada, independentemente da natureza, da espécie ou da existência de título ou contrato escrito, bastando que decorram de ato ou negócio que, pela sua finalidade, tenha os mesmos efeitos do previsto na norma específica de incidência do imposto.

Art. 247. Lucro real é o lucro líquido do período de apuração ajustado pelas adições, exclusões ou compensações prescritas ou autorizadas por este Decreto.

§ 1º A determinação do lucro real será precedida da apuração do lucro líquido de cada período de apuração com observância das disposições das leis comerciais.

§ 2º Os valores que, por competirem a outro período de apuração, forem, para efeito de determinação do lucro real, adicionados ao lucro líquido do período de apuração, ou dele excluídos, serão, na determinação do lucro real do período de apuração competente, excluídos do lucro líquido ou a ele adicionados, respectivamente, observado o disposto no parágrafo seguinte.

§ 3º Os valores controlados na parte "B" do Livro de Apuração do Lucro Real – LALUR, existentes em 31 de dezembro de 1995, somente serão atualizados monetariamente até essa data, observada a legislação então vigente, ainda que venham a ser adicionados, excluídos ou compensados em períodos de apuração posteriores.

No que concerne à CSLL calculada em bases reais (em contraposição às bases presumida ou arbitrada, previstas no artigo 20 da Lei nº 9.249/95), esta corresponte ao "[...] *valor do resultado do exercício, antes da provisão para o imposto de renda* [artigo 187, inciso V da Lei nº 6.404/76]"[114], ajustado pelas adições, exclusões e compensações previstas na lei em questão e em alterações posteriores.

---

[114] Nos termos do artigo 2º da Lei nº 7.689/88.

Em que pese a Lei nº 9.249/1995 aparentemente se revestir de um aspecto de novidade ao estabelecer as diretrizes dos Juros sobre o Capital Próprio, o pagamento de juros aos sócios de uma empresa já era permitido desde 1940 na Lei do Anonimato (Decreto-Lei nº 2.627/1940). Antes de ser revogado pela Lei nº 6.404/1976, o referido Decreto-Lei permitia a consideração como despesa dos juros pagos aos acionistas da sociedade enquanto essa se encontrava em seu período pré-operacional, sendo que tais juros poderiam chegar a um limite de 6% ao ano[115].

Sobre tal antigo dispositivo, Trajano de Miranda Valverde[116] ensina que a intenção do Legislador era atrair *"pequenos capitais para as empresas, [...] que precisam de certo tempo para a produção de lucro. [...] a necessidade de um rendimento constante e regular é o motivo que afasta a grande massa dos pequenos detentores de capitais da colaboração nas empresas"*.

Na exposição de motivos da Lei nº 9.249/1995, o então Ministro da Fazenda, Pedro Malan, deixou claro que sua intenção ao introduzir expressamente a figura dos Juros Sobre o Capital Próprio era de equiparar o tratamento do capital próprio com o concedido ao capital de terceiros, como se observa abaixo[117]:

> Com vistas a equiparar a tributação dos diversos tipos de rendimentos do capital, o Projeto introduz a possibilidade de remuneração do capital próprio investido na atividade produtiva, permitindo a dedução dos juros pagos aos acionistas, até o limite da variação da Taxa de Juros de Longo prazo – TJLP

---

[115] BRASIL. **Decreto-Lei nº 2.627**, de 26 de setembro de 1940. Dispõe sobre as sociedades por ações. Disponível em: < http://www.planalto.gov.br/ccivil_03/decreto-lei/Del2627.htm>. Acesso em: 11 de julho de 2017. Texto da norma:
Art. 129. No fim de cada ano ou exercício social, proceder-se-á a balanço geral, para a verificação dos lucros ou prejuízos.
[...]
e) nas despesas de instalação deverão ser incluidos os juros pagos aos acionistas durante o período que anteceder o início das operações sociais. Os estatutos fixarão a taxa de juro, que não poderá exceder de 6 % (seis por cento) ao ano, e o prazo para a amortização.
[116] VALVERDE, 1941 *apud* LIMA, 2009, p. 79
[117] CÂMARA DOS DEPUTADOS. **Exposição de motivos da Lei nº 9.249**, de 26 de dezembro de 1995. Disponível em: <http://www2.camara.leg.br/legin/fed/lei/1995/lei-9249-26-dezembro-1995-349062-exposicaodemotivos-149781-pl.html>. Acesso em: 07 de julho de 2017.

Portanto, é de se notar que os JCP foram criados como uma forma de se estimular o investimento de longo prazo, uma vez que tornam o investimento em capital mais atrativo. Mais do que isso, tal instituto também foi criado como um mecanismo de diminuir a alavancagem das empresas, diminuindo a exposição dessas aos riscos dos empréstimos.

No que concerne à natureza dos Juros sobre o Capital Próprio, anota Marcos Ricardo Cruz da Silva que[118]:

> [...] trata-se, na verdade, de um instituto jurídico *sui generis*, visto que alguns o atribuem a natureza de dividendo, uma vez que remuneram os sócios pelo seu investimento e as autoridades fiscais o consideram como juros, uma vez que remuneram o capital investido de acordo com a TJLP.
> [...]
> Parece-nos claro, nestes termos, que a despeito de aproximar-se tanto da figura dos dividendos, como da figura dos juros, os JCP são institutos diversos, possuindo contornos próprios e características específicas que o distingue dos demais.

Não obstante o autor procurar identificar os JCP como uma figura intermediária entre os dividendos e os juros, a interpretação da Lei das Sociedades por Ações leva-nos à conclusão de que essa figura corresponde a uma forma especial de dividendos. Isso porque o artigo 202, parágrafo 1º da Lei nº 6.404/1976 expressamente dispõe que o estatuto poderá estabelecer o dividendo como porcentagem do lucro ou do capital, bem como outra forma, desde que devidamente regulada[119]:

> Art. 202. Os acionistas têm direito de receber como dividendo obrigatório, em cada exercício, a parcela dos lucros estabelecida no estatuto ou, se este for omisso, a importância determinada de acordo com as seguintes normas:
> [...]

---

[118] SILVA, Marcos Ricardo Cruz da. **Ponderações sobre os juros sobre capital próprio e seus contornos fiscais e jurídicos.** Disponível em:< http://www.fiscosoft.com.br/main_online_frame.php?page=/index.php?PID=273740&key=RzNNVGd4TVRNd05qSTJOVGcyTXpjM09URTJNakV5TmpFd05UQT1DOQ>. Acesso em: 22 de maio de 2017.

[119] BRASIL. **Lei n. 6.404/76**, de 15 de dezembro de 1976. Dispõe sobre as sociedades por ações. Disponível em: <http://www.planalto.gov.br/ccivil_03/leis/L6404compilada.htm>. Acesso em: 16 de maio de 2017.

§ 1º O estatuto poderá estabelecer o dividendo como porcentagem do lucro ou do capital social, ou fixar outros critérios para determiná-lo, desde que sejam regulados com precisão e minúcia e não sujeitem os acionistas minoritários ao arbítrio dos órgãos de administração ou da maioria.

Dessa forma, é possível observar que os juros sobre o capital próprio possuem natureza de dividendos, garantindo ainda a benesse de permitirem a sua dedução dos tributos incidentes sobre o lucro das empresas tributado pelo IRPJ e pela CSLL calculados em bases reais, uma vez que os juros são entendidos como despesa financeira para a sociedade pagadora.

Apesar de a Lei das Sociedades por Ações indicar sua natureza, os JCP podem ser entendidos como um instituto *sui generis* ou, como descrito pelo Plano de Ação nº 02 do BEPS, um instrumento híbrido.

Melhor explicando, não obstante usualmente a classificação de um instrumento financeiro como instrumento de patrimônio líquido ou dívida determinar a forma com que tal ativo será remunerado, se com dividendos ou juros, de acordo com o que dispõe o Pronunciamento Técnico CPC nº 39[120], os Juros Sobre o Capital Próprio apresentam-se como uma exceção a essa regra, pois tratam-se de figura intermediária entre os dividendos e os juros. Corroborando tal pensamento, Galhardo, Figueirêdo e Asseis[121] explicam que "*o pagamento de JCP já nasceu como uma figura híbrida, na medida em que sua natureza jurídica se aproxima à da distribuição de dividendos, mas, ao mesmo tempo, goza de tratamento fiscal semelhante ao do pagamento de juros*".

A classificação dos JCP como um instrumento híbrido tem relação com o fato de que tal instrumento é entendido sob naturezas distintas de acordo com os países que figuram na operação.

Em outras palavras, enquanto no Brasil a sua remuneração por juros é dedutível do cálculo real dos tributos incidentes sobre o lucro, em outros países eles podem ser encarados como dividendos isentos, o que cria uma enorme distorção em termos de arrecadação fiscal entre os

---

[120] Comitê De Pronunciamentos Contábeis. **CPC 39**, 19 de novembro de 2009. Instrumentos Financeiros: Apresentação. Disponível em: <http://static.cpc.mediagroup.com.br/Documentos/410_CPC_39_rev%2009.pdf>. Acesso em: 03 de julho de 2017.
[121] Galhardo, Figueirêdo e Asseis, 2014 *apud* Ferreira, 2016, p. 41

países envolvidos. Resumindo, no Brasil os JCP ensejariam uma despesa dedutível e em outro país eles poderiam ser uma receita não tributável.

No que concerne ao seu âmago, esconde-se por de trás dessa norma a indução de investimentos de longo prazo ao invés de investimentos meramente especulativos.

Isso porque essa forma de remuneração permite um aproveitamento fiscal para aqueles que aportarem dinheiro nas sociedades em forma de capital. Ou seja, o Estado criou uma norma de indução à adesão de um certo planejamento tributário, ainda que este deva ser estudado quando aos seus benefícios fiscais dentro da estrutura de cada grupo societário.

Cabe nesse ponto analisar os limites tanto de distribuição quanto de dedução dos JCP das bases de cálculo reais dos tributos sobre o lucro.

Salienta-se que, em que pese o estudo focar nos impactos fiscais, existem casos onde o limite de distribuição será menor do que o estabelecido para a dedução desses juros, de modo que, entre esses dois limites, o menor deverá ser respeitado pelas sociedades, sob uma perspectiva conservadora.

5.1.2.1. *Limite de Distribuição dos JCP*

De acordo com o artigo 9º, parágrafo 1º da Lei nº 9.249/1995, para que o pagamento dos JCP seja dedutível das bases de cálculo reais dos tributos incidentes sobre o lucro, é necessário que a sociedade tenha auferido lucro no período ou possua lucros ainda não distribuídos, contabilizados sob a forma de reserva de lucros ou de lucros acumulados[122]:

> § 1º O efetivo pagamento ou crédito dos juros fica condicionado à existência de lucros, computados antes da dedução dos juros, ou de lucros acumulados e reservas de lucros, em montante igual ou superior ao valor de duas vezes os juros a serem pagos ou creditados.

Tal imposição não surpreende, uma vez que o pagamento dos juros sobre o capital próprio, assim como o pagamento de dividendos, está intimamente ligado ao resultado econômico positivo das operações da so-

---

[122] BRASIL. **Lei nº 9.249**, de 26 de dezembro de 1995. Altera a legislação do imposto de renda das pessoas jurídicas, bem como da contribuição social sobre o lucro líquido, e dá outras providências. Disponível em:< http://www.planalto.gov.br/ccivil_03/LEIS/L9249.htm>. Acesso em: 17 de maio de 2017.

ciedade. Deste modo, o retorno financeiro para o sócio ou acionista que aportou seu dinheiro ou bens na sociedade na forma de capital pressupõe o risco do negócio, ou seja, o sócio ou acionista apenas terá seu retorno caso a sociedade opere de forma lucrativa em sua atividade.

Ademais, de acordo com o dispositivo, a distribuição dos Juros sobre o Capital Próprio está limitada a 50% (cinquenta por cento) dos lucros acumulados e reservas de lucros ou a 50% (cinquenta por cento) dos lucros do exercício.

Merece uma especial atenção o fato de que o Legislador deixou a cargo do contribuinte a escolha entre esses dois limites. A consequência dessa liberdade é a possiblidade da opção pelo método que máxime a efetiva distribuição dos JCP para os sócios ou acionistas[123].

Quanto ao cálculo da remuneração, esse tem como base o montante formado por determinadas contas do patrimônio líquido da sociedade, limitado à variação da Taxa de Juros de Longo Prazo (TJLP), *pro rata* dia, como se verifica[124]:

> Art. 9º A pessoa jurídica poderá deduzir, para efeitos da apuração do lucro real, os juros pagos ou creditados individualizadamente a titular, sócios ou acionistas, a título de remuneração do capital próprio, calculados sobre as contas do patrimônio líquido e limitados à variação, pro rata dia, da Taxa de Juros de Longo Prazo – TJLP.

No que concerne às contas do patrimônio líquido a serem considerada pela sociedade na determinação do cálculo, é de se destacar que nem todas classificadas sob aquele padrão contábil são utilizadas para a aferição do montante a ser utilizado naquele cômputo, como se observa abaixo[125]:

---

[123] LIMA, op. cit., p. 90.
[124] BRASIL. **Lei nº 9.249**, de 26 de dezembro de 1995. Altera a legislação do imposto de renda das pessoas jurídicas, bem como da contribuição social sobre o lucro líquido, e dá outras providências. Disponível em: <http://www.planalto.gov.br/ccivil_03/LEIS/L9249.htm>. Acesso em: 20 de maio de 2017.
[125] BRASIL. **Lei nº 9.249**, de 26 de dezembro de 1995. Altera a legislação do imposto de renda das pessoas jurídicas, bem como da contribuição social sobre o lucro líquido, e dá outras providências. Disponível em: <http://www.planalto.gov.br/ccivil_03/LEIS/L9249.htm>. Acesso em: 20 de maio de 2017.

§ 8º Para fins de cálculo da remuneração prevista neste artigo, serão consideradas exclusivamente as seguintes contas do patrimônio líquido:
I – capital social;
II – reservas de capital;
III – reservas de lucros;
IV – ações em tesouraria; e
V – prejuízos acumulados.

Não bastasse a expressa indicação feita pela norma acima, a Instrução Normativa da Secretaria da Receita Federal nº 11, de 21 de fevereiro de 1996 (INSRF nº 11/1996), veio trazer diretrizes quanto às contas que, ainda que sejam do patrimônio líquido da empresa, devem ser excluídas para o cálculo aqui descrito. Assim, trazendo um complemento à regra estabelecida quanto ao cálculo do pagamento, a referida instrução estabelece o seguinte[126]:

> Art. 29. Para efeito de apuração do lucro real [da base de cálculo do imposto de renda], observado o regime de competência, poderão ser deduzidos os juros pagos ou creditados individualizadamente a titular, sócios ou acionistas, a
> [...]
> § 2º Para os fins do cálculo da remuneração prevista neste artigo, não será considerado, salvo se adicionado ao lucro líquido para determinação do lucro real e da base de cálculo da contribuição social sobre o lucro, valor:
> a) da reserva de reavaliação de bens e direitos da pessoa jurídica;
> b) da reserva especial de trata o art. 428 do RIR/94;
> c) da reserva de reavaliação capitalizada nos termos dos arts. 384 e 385 do RIR/94, em relação às parcelas não realizadas.

A regra insculpida no artigo 428 do antigo Regulamento do Imposto de Renda (Decreto nº 1.041/1994) diz respeito à correção especial do ativo permanente, regra essa que consta em idêntica redação

---

[126] BRASIL. **Instrução Normativa SRF nº 11**, de 21 de fevereiro de 1996. Dispõe sobre a apuração do imposto de renda e da contribuição social sobre o lucro das pessoas jurídicas a partir do ano-calendário de 1996. Disponível em: <http://normas.receita.fazenda.gov.br/sijut2consulta/link.action?visao=anotado&idAto=13034>. Acesso em: 20 de maio de 2017.

no artigo 460 do Decreto nº 3.000/1999[127], atual Regulamento do Imposto de Renda.

Igualmente, os artigos 384 e 385 do antigo RIR/94 possuem igual correspondência nos artigos 436 e 437 do Decreto nº 3.000/1999[128], onde dispõe sobre a forma de reavaliação de bens imóveis e de patentes.

---

[127] BRASIL. **Decreto nº 3.000**, de 26 de março de 1999. Regulamenta a tributação, fiscalização, arrecadação e administração do Imposto sobre a Renda e Proventos de Qualquer Natureza. Disponível em: <http://www.planalto.gov.br/ccivil_03/decreto/d3000.htm>. Acesso em: 216 de agosto de 2017. Texto do decreto: "Art. 460. A diferença relativa à correção monetária especial das contas do ativo permanente, apurada na forma dos arts. 45 e 46 do Decreto nº 332, de 1991, poderá ser deduzida para efeito do lucro real mediante alienação, depreciação, amortização, exaustão ou baixa a qualquer título do bem ou direito (Lei nº 8.200, de 1991, art. 2º, §§ 4º e 5º). § 1º O valor da reserva especial, mesmo que incorporado ao capital, será adicionado ao lucro líquido, na determinação do lucro real, proporcionalmente à realização dos bens ou direitos mediante alienação, depreciação, amortização, exaustão ou baixa a qualquer título (Lei nº 8.200, de 1991, art. 2º, §§ 3º e 5º). § 2º A capitalização da reserva especial não implicará a sua realização para efeitos fiscais".

[128] BRASIL. **Decreto nº 3.000**, de 26 de março de 1999. Regulamenta a tributação, fiscalização, arrecadação e administração do Imposto sobre a Renda e Proventos de Qualquer Natureza. Disponível em: <http://www.planalto.gov.br/ccivil_03/decreto/d3000.htm>. Acesso em: 216 de agosto de 2017. Texto do decreto: "Art. 384. Serão avaliados pelo valor de patrimônio líquido os investimentos relevantes da pessoa jurídica: I – em sociedades controladas; e II – em sociedades coligadas sobre cuja administração tenha influência, ou de que participe com vinte por cento ou mais do capital social. § 1º São coligadas as sociedades quando uma participa, com dez por cento ou mais, do capital da outra, sem controlá-la. § 2º Considera-se controlada a sociedade na qual a controladora, diretamente ou através de outras controladas, é titular de direitos de sócio que lhe assegurem, de modo permanente, preponderância nas deliberações sociais e o poder de eleger a maioria dos administradores. § 3º Considera-se relevante o investimento: I – em cada sociedade coligada ou controlada, se o valor contábil é igual ou superior a dez por cento do valor do patrimônio líquido da pessoa jurídica investidora; II – no conjunto das sociedades coligadas e controladas, se o valor contábil é igual ou superior a quinze por cento do valor do patrimônio líquido da pessoa jurídica investidora. Art. 385. O contribuinte que avaliar investimento em sociedade coligada ou controlada pelo valor de patrimônio líquido deverá, por ocasião da aquisição da participação, desdobrar o custo de aquisição em: I – valor de patrimônio líquido na época da aquisição, determinado de acordo com o disposto no artigo seguinte; e II – ágio ou deságio na aquisição, que será a diferença entre o custo de aquisição do investimento e o valor de que trata o inciso anterior. § 1º O valor de patrimônio líquido e o ágio ou deságio serão registrados em subcontas distintas do custo de aquisição do investimento. § 2º O lançamento do ágio ou deságio deverá indicar, dentre os seguintes, seu fundamento econômico: I – valor de mercado de bens do ativo da coligada ou controlada superior ou inferior ao custo registrado na sua contabilidade; II – valor de rentabilidade da coligada ou controlada, com base em previsão dos resultados nos exercícios futuros; III – fundo de comércio, intangíveis e outras

Em consonância com o supracitado dispositivo da instrução normativa, o atual Regulamento do Imposto de Renda (Decreto nº 3.000/1999) estabelece em seu artigo 347, parágrafo 4º, que[129]:

> § 4º Para os fins de cálculo da remuneração prevista neste artigo, não será considerado o valor de reserva de reavaliação de bens ou direitos da pessoa jurídica, exceto se esta for adicionada na determinação da base de cálculo [real] do imposto de renda [IRPJ] e da contribuição social sobre o lucro líquido [CSLL].

Dessa maneira, estabelecidas as contas do patrimônio líquido que serão utilizadas para a base do cálculo da remuneração dos juros, deverá ser encontrada a taxa *pro rata* dia da TJLP, que será utilizada como limite de pagamento.

Importante questão surge no que diz respeito à possibilidade da distribuição superior ao limite estabelecido na norma. Sobre essa questão da sistemática dos JCP, cabe trazer à baila a lição de Mariana Miranda Lima[130]:

> Entretanto, é importante mencionar que, diante do fato de a criação dessa figura no Direito Positivo Brasileiro buscar conceder a dedutibilidade fiscal ao pagamento de remuneração aos sócios, existem autores que defendem que esses limites legais se aplicam unicamente para fins de dedutibilidade de valores quando do cálculo do Imposto sobre a Renda devido pela sociedade investida, fonte pagadora do benefício.

Corrobora tal pensamento Edmar Oliveira Andrade Filho[131] ao dizer que "os citados critérios dizem respeito, exclusivamente, à dedução da despesa correspondente e, em princípio, não impedem que uma socie-

---

razões econômicas. § 3º O lançamento com os fundamentos de que tratam os incisos I e II do parágrafo anterior deverá ser baseado em demonstração que o contribuinte arquivará como comprovante da escrituração".

[129] BRASIL. **Decreto nº 3.000**, de 26 de março de 1999. Regulamenta a tributação, fiscalização, arrecadação e administração do Imposto sobre a Renda e Proventos de Qualquer Natureza. Disponível em: <http://www.planalto.gov.br/ccivil_03/decreto/d3000.htm>. Acesso em: 20 de maio de 2017.

[130] LIMA, op. cit., p. 91.

[131] ANDRADE FILHO, 2006 *apud* LIMA, p. 91.

dade remunere, da forma como melhor lhe aprouver, o capital de seus sócios ou acionistas".

Aparentemente a norma faz parecer que a distribuição de JCP não possui um limite fixo na lei, apenas existindo o limite para a dedução da despesa de juros, como se verá no próximo tópico. Afinal, respeitada a existência de uma operação legítima e a aferição concreta de lucros, a remuneração daqueles que detém o risco do capital deve ser uma prerrogativa das sociedades e não do Legislador.

5.1.2.2. *Limite de Dedução dos JCP*

Em se tratando do limite em que pode ser deduzida a quantia paga sob a figura dos Juros Sobre o Capital Próprio, é necessário a observância do parágrafo 1º do artigo 9º da Lei nº 9.249/1995[132]:

> Art. 9º A pessoa jurídica poderá deduzir, para efeitos da apuração do lucro real, os juros pagos ou creditados individualizadamente a titular, sócios ou acionistas, a título de remuneração do capital próprio, calculados sobre as contas do patrimônio líquido e limitados à variação, pro rata dia, da Taxa de Juros de Longo Prazo – TJLP.
>
> § 1º O efetivo pagamento ou crédito dos juros fica condicionado à existência de lucros, computados antes da dedução dos juros, ou de lucros acumulados e reservas de lucros, em montante igual ou superior ao valor de duas vezes os juros a serem pagos ou creditados.

Como permite aferir a leitura do dispositivo, para que a despesa com os JCP seja passível de dedução do lucro líquido para fins de apuração do lucro real (IRPJ) e da base de cálculo real da CSLL, os juros pagos não poderão superar 50% do lucro líquido apurado antes da dedução dos JCP ou 50% do saldo de lucros acumulados e reservas de lucros.

Tendo em mente o que foi dito no capítulo passado sobre o limite de distribuição dos JCP, é possível apreender que o limite dos JCP compreende duas barreiras distintas, quais sejam, (i) a aplicação da Taxa de Juros de Longo Prazo (TJLP) sobre as contas especificadas do patrimô-

---

[132] BRASIL. **Lei nº 9.249**, de 26 de dezembro de 1995. Altera a legislação do imposto de renda das pessoas jurídicas, bem como da contribuição social sobre o lucro líquido, e dá outras providências. Disponível em: <http://www.planalto.gov.br/ccivil_03/LEIS/L9249.htm>. Acesso em: 10 de agosto de 2017.

nio líquido e (ii) 50% dos lucros acumulados e das reservas de lucros ou 50% do lucro do exercício.

É de se destacar que os valores resultantes da verificação desses dois limites não têm porque coincidirem, ou seja, o limite de dedução pode ser maior ou menor que o valor passível de distribuição. Tendo isso em mente e por uma questão de conservadorismo, a fronteira máxima que deveria ser levada em consideração quando da análise da dedução da despesa de juros é o menor dos dois valores, ainda que se tratem de cálculos com finalidades distintas (distribuição e dedução).

5.1.2.3. *Efeito Tributário*

Considerando que os limites quanto à distribuição e dedutibilidade dos juros tenham sido respeitados, os JCP tornam-se uma despesa dedutível na determinação das bases de cálculo do Imposto de Renda e da Contribuição Social sobre o Lucro Líquido, como foi possível observar alhures.

Todavia, em razão de o Legislador ter procurado equalizar o tratamento entre a remuneração do uso de capital de terceiro e do capital próprio, o pagamento desses juros sujeita-se ao recolhimento do imposto de renda na fonte, sob a alíquota de 15%, sejam seus beneficiários pessoas físicas ou jurídicas, como se verifica nos parágrafos 2º e 3º do artigo 9º da Lei nº 9.249/1995[133]:

> Art. 9º A pessoa jurídica poderá deduzir, para efeitos da apuração do lucro real, os juros pagos ou creditados individualizadamente a titular, sócios ou acionistas, a título de remuneração do capital próprio, calculados sobre as contas do patrimônio líquido e limitados à variação, pro rata dia, da Taxa de Juros de Longo Prazo – TJLP.
>
> [...]
>
> § 2º Os juros ficarão sujeitos à incidência do imposto de renda na fonte à alíquota de quinze por cento, na data do pagamento ou crédito ao beneficiário.
>
> § 3º O imposto retido na fonte será considerado:

---

[133] BRASIL. **Lei nº 9.249**, de 26 de dezembro de 1995. Altera a legislação do imposto de renda das pessoas jurídicas, bem como da contribuição social sobre o lucro líquido, e dá outras providências. Disponível em:< http://www.planalto.gov.br/ccivil_03/LEIS/L9249.htm>. Acesso em: 20 de maio de 2017.

I – antecipação do devido na declaração de rendimentos, no caso de beneficiário pessoa jurídica tributada com base no lucro real;
II – tributação definitiva, no caso de beneficiário pessoa física ou pessoa jurídica não tributada com base no lucro real, inclusive isenta, ressalvado o disposto no § 4º;

Como é possível verificar da norma, ainda que a incidência na fonte seja a mesma, a forma de tributação pelo IRRF está vinculada à natureza de seu beneficiário, ou seja, se esse é pessoa física ou jurídica, bem como a maneira de tributar o lucro, no caso desse último.

Portanto, caso beneficiário seja pessoa física ou pessoa jurídica não tributada com base no lucro real, o Imposto de Renda Retido na Fonte será considerado como tributação definitiva, ao passo que caso aquele seja pessoa jurídica tributada com base no lucro real, a tributação será considerada como antecipação do Imposto de Renda devido no final do exercício.

É de se salientar que neste último caso, qual seja, beneficiário pessoa jurídica tributado com base no lucro real, o referido artigo 9º da Lei nº 9.249/1995 ainda permite que o montante de IRRF seja compensado com o valor que esse beneficiário irá reter na fonte caso venha a pagar JCP para seu sócio ou acionista[134]:

Art. 9º A pessoa jurídica poderá deduzir, para efeitos da apuração do lucro real, os juros pagos ou creditados individualizadamente a titular, sócios ou acionistas, a título de remuneração do capital próprio, calculados sobre as contas do patrimônio líquido e limitados à variação, pro rata dia, da Taxa de Juros de Longo Prazo – TJLP.
[...]
§ 6º No caso de beneficiário pessoa jurídica tributada com base no lucro real, o imposto de que trata o § 2º poderá ainda ser compensado com o retido por ocasião do pagamento ou crédito de juros, a título de remuneração de capital próprio, a seu titular, sócios ou acionistas.

---

[134] BRASIL. **Lei nº 9.249**, de 26 de dezembro de 1995. Altera a legislação do imposto de renda das pessoas jurídicas, bem como da contribuição social sobre o lucro líquido, e dá outras providências. Disponível em: <http://www.planalto.gov.br/ccivil_03/LEIS/L9249.htm>. Acesso em: 20 de maio de 2017.

Nesse sentido, a doutrina ensina que a norma deixa claro que o verdadeiro beneficiário dos JCP é o sócio (ainda que indireto) da sociedade pagadora[135]:

> Essa regra, ao nosso ver, deixa clara a ideia de que os reais beneficiários dos rendimentos auferidos por meio da sociedade são os sócios. Isso porque o valor do Imposto sobre a Renda retido na Fonte no momento do pagamento dos JSCP é, na realidade, devido pelos sócios da sociedade pagadora. Assim, ao possibilitar essa compensação, a legislação permite que os JCP sejam considerados rendimentos do sócio indireto da sociedade pagadora.

Não bastasse essa benesse, a Instrução Normativa SRF nº 41/1998 ainda criou um dispositivo que permite ao beneficiário dos JCP capitalizar tal montante no aumento de capital da sociedade que os pagou, sem que isso implique em prejuízo para a dedutibilidade dessa despesa, nos termos da Lei nº 9.249/1995[136]:

> Art. 1º Para efeito do disposto no art. 9o da Lei Nº 9.249, de 26 de dezembro de 1995, considera-se creditado, individualizadamente, o valor dos juros sobre o capital próprio, quando a despesa for registrada, na escrituração contábil da pessoa jurídica, em contrapartida a conta ou subconta de seu passivo exigível, representativa de direito de crédito do sócio ou acionista da sociedade ou do titular da empresa individual.
> Parágrafo único. A utilização do valor creditado, líquido do imposto incidente na fonte, para integralização de aumento de capital na empresa, não prejudica o direito a dedutibilidade da despesa, tanto para efeito do lucro real quanto da base de cálculo da contribuição social sobre o lucro líquido.

De acordo com o que dispõe a norma, no momento em que os JCP forem classificados contabilmente como um passivo exigível, ao invés de sua baixa contábil ser realizada contra a conta caixa da empresa, onde seu montante seria distribuído aos beneficiários, é possível que esse mesmo valor, uma vez líquido do IRRF, seja utilizado para a integralização de aumento de capital da empresa pagadora. Nas palavras de

---

[135] LIMA, op. cit., p. 85.
[136] BRASIL. **Instrução Normativa SRF nº 41**, de 22 de abril de 1998. Dispõe sobre os juros remuneratórios do capital próprio. Disponível em: <http://normas.receita.fazenda.gov.br/sijut2consulta/link.action?idAto=13711&visao=anotado>. Acesso em: 13 de julho de 2017.

Mariana Miranda Lima, "*o valor passível de capitalização, segundo a referida instrução normativa, corresponde a 85% (oitenta e cinco por cento) do valor bruto dos JSCP deviso aos sócios*"[137].

No que concerne à utilização da despesa com o pagamento dos JCP para benefícios fiscais, para uma sociedade tributada com base no lucro real e não enquadrada nas hipóteses dos incisos I e II do artigo 3º da Lei nº 7.689/1988[138], o efeito final desse uso será uma economia de 19% sobre o montante pago.

Explica-se.

De acordo com o que dispõe a Lei nº 9.249/1995, o lucro das sociedades sujeita-se a uma incidência de IRPJ a uma alíquota de 15%, bem como a um adicional de 10% para o lucro que exceder a R$ 20.000,00 multiplicado pelo número de meses do período de apuração, como se observa[139]:

Art. 3º A alíquota do imposto de renda das pessoas jurídicas é de quinze por cento.

§ 1º A parcela do lucro real, presumido ou arbitrado, que exceder o valor resultante da multiplicação de R$ 20.000,00 (vinte mil reais) pelo número de meses do respectivo período de apuração, sujeita-se à incidência de adicional de imposto de renda à alíquota de dez por cento.

---

[137] LIMA, op. cit., p. 85.

[138] BRASIL. **Lei nº 7.689**, de 15 de dezembro de 1988. Institui contribuição social sobre o lucro das pessoas jurídicas e dá outras providências. Disponível em: <http://www.planalto.gov.br/ccivil_03/leis/L7689.htm>. Acesso em: 12 de agosto de 2017. Texto da lei: "Art. 3º A alíquota da contribuição é de: I – 20% (vinte por cento), no período compreendido entre 1o de setembro de 2015 e 31 de dezembro de 2018, e 15% (quinze por cento) a partir de 1o de janeiro de 2019, no caso das pessoas jurídicas de seguros privados, das de capitalização e das referidas nos incisos I a VII e X do § 1o do art. 1o da Lei Complementar no 105, de 10 de janeiro de 2001; II – 17% (dezessete por cento), no período compreendido entre 1o de outubro de 2015 e 31 de dezembro de 2018, e 15% (quinze por cento) a partir de 1o de janeiro de 2019, no caso das pessoas jurídicas referidas no inciso IX do § 1º do art. 1º da Lei Complementar nº 105, de 10 de janeiro de 2001".

[139] BRASIL. **Lei nº 9.249**, de 26 de dezembro de 1995. Altera a legislação do imposto de renda das pessoas jurídicas, bem como da contribuição social sobre o lucro líquido, e dá outras providências. Disponível em:<http://www.planalto.gov.br/ccivil_03/LEIS/L9249.htm>. Acesso em: 17 de agosto de 2017.

Quanto à CSLL, excetuados os referidos casos dos incisos I e II do artigo 3º da Lei nº 7.689/1988, determina tal diploma legal que essa contribuição incidirá a uma alíquota de 9% sobre o lucro das sociedades[140]:

Art. 3º A alíquota da contribuição é de:
[...]
III – 9% (nove por cento), no caso das demais pessoas jurídicas.

Uma vez verificadas as alíquotas individuais dos tributos incidentes sobre o lucro, é possível aferir que a combinação das alíquotas do IRPJ e da CSLL ensejará uma carga de 34% na apuração da base de cálculo real desses tributos (15% do IRPJ + 10% do adicional do IRPJ + 9% de CSLL = 34%).

Para uma sociedade sobmetida ao cálculo real dos tributos sobre o lucro, a despesa com os JCP, respeitada a verificação dos limites, permitirá um aproveitamento de 34% do seu valor. Entretanto, conforme visto na leitura do artigo 9º, parágrafo 2º da Lei nº 9.249/1995, sobre o pagamento dos JCP incide o IRRF à alíquota de 15%, de modo que o efeito final será uma economia de 19% sobre o montante pago (34% – 15% = 19%), posto que plenamente dedutível da base de cálculo real do IRPJ e da CSLL.

Igualmente, levando em consideração que o recebimento de JCP por beneficiário pessoa física ou pessoa jurídica não tributada com base no lucro real é submetido à tributação na fonte sob a alíquota de 15% de forma definitiva, é possível aferir que o benefício fiscal da operação será de 19% sobre o valor pago, considerando que a sociedade que os pagou seja tributada conforme o cálculo real do IRPJ e da CSLL, bem como se submeta à referida alíquota combinada de 34% para IRPJ e CSLL.

Em que pese o primeiro cenário acima exposto, para as sociedades sujeitas à tributação pelo lucro real e, portanto, submetidas ao regime de apuração não-cumulativo para a contribuição ao Programa de Integração Social / Programa de Formação do Patrimônio do Servidor Público (PIS/PASEP) e Contribuição para o Financiamento da Seguri-

---

[140] BRASIL. **Lei nº 7.689**, de 15 de dezembro de 1988. Institui contribuição social sobre o lucro das pessoas jurídicas e dá outras providências. Disponível em: <http://www.planalto.gov.br/ccivil_03/leis/L7689.htm>. Acesso em: 17 de agosto de 2017.

dade Social (COFINS)[141], o recebimento dos JCP ensejarão a tributação por tais contribuições sob uma alíquota combinada de 9,25%, como se observa da interpretação combinada do artigo 29, parágrafo 4º, "a" da Instrução Normativa SRF nº 11/1996[142] e do artigo 1º, parágrafo 2º do Decreto nº 8.426, de 1º de abril de 2015[143]:

> Instrução Normativa nº 11/1996
> § 4º Os juros a que se refere este artigo, inclusive quando exercida a opção de que trata o § 1º ou quando imputados aos dividendos, auferidos por beneficiário pessoa jurídica submetida ao regime de tributação com base no:
> a) lucro real, serão registrados em conta de receita financeira e integrarão lucro real e a base de cálculo da contribuição social sobre o lucro;
> Decreto nº 8.426/2015
> Art. 1º Ficam restabelecidas para 0,65% (sessenta e cinco centésimos por cento) e 4% (quatro por cento), respectivamente, as alíquotas da Contribuição para os Programas de Integração Social e de Formação do Patrimônio do Servidor Público – PIS/PASEP e da Contribuição para o Financiamento da Seguridade Social – COFINS incidentes sobre receitas financeiras, inclusive decorrentes de operações realizadas para fins de hedge, auferidas pelas pessoas jurídicas sujeitas ao regime de apuração não-cumulativa das referidas contribuições.
> [...]
> *§ 2º Ficam mantidas em 1,65% (um inteiro e sessenta e cinco centésimos por cento) e 7,6% (sete inteiros e seis décimos por cento), respectivamente, as alíquotas da Contribuição para o PIS/PASEP e da COFINS aplicáveis aos juros sobre o capital próprio.*
> (g.n.)

---

[141] De acordo com o artigo 8º, II da Lei nº 10.637/02 e o artigo 10 da Lei nº 10.833/03, as pessoas jurídicas tributadas pelo imposto de renda com base no lucro presumido ou arbitrado permanecem sujeitas ao regime de apuração cumulativo para PIS e COFINS insculpido na Lei n. 9.718/98.

[142] BRASIL. **Instrução Normativa SRF nº 11**, de 21 de fevereiro de 1996. Dispõe sobre a apuração do imposto de renda e da contribuição social sobre o lucro das pessoas jurídicas a partir do ano-calendário de 1996. Disponível em: <http://normas.receita.fazenda.gov.br/sijut-2consulta/link.action?visao=anotado&idAto=13034>. Acesso em: 22 de maio de 2017.

[143] BRASIL. **Decreto nº 8.426**, de 1º de abril de 2015. Restabelece as alíquotas da Contribuição para o PIS/PASEP e da COFINS incidentes sobre receitas financeiras auferidas pelas pessoas jurídicas sujeitas ao regime de apuração não-cumulativa das referidas contribuições. Disponível em: <http://www.planalto.gov.br/ccivil_03/_Ato2015-2018/2015/Decreto/D8426.htm>. Acesso em: 21 de maio de 2017.

Apenas para contextualizar brevemente, estão sujeitas à apuração pelo regime não cumulativo às sociedades que não se submetem à apuração pelo regime cumulativo, dentre as quais aquelas que tributam o lucro em bases reais, conforme determinam os artigos 8º da Lei nº 10.637, de 30 de dezembro de 2002[144] e 10 da Lei nº 10.833, de 29 de dezembro de 2003[145].

Ademais, de acordo com o regime de apuração não cumulativo, a base de cálculo das contribuições ao PIS/PASEP e a COFINS será o total de receitas auferidas no mês pela sociedade, ajustada por exclusões e deduções, conforme se depreende do artigo 1º da Lei nº 10.637/2002, cujo redação é idêntica ao arigo 1º da Lei nº 10.833/2003:

> Art. 1º A Contribuição para o PIS/Pasep, com a incidência não cumulativa, incide sobre o total das receitas auferidas no mês pela pessoa jurídica, independentemente de sua denominação ou classificação contábil.
>
> § 1º Para efeito do disposto neste artigo, o total das receitas compreende a receita bruta de que trata o art. 12 do Decreto-Lei no 1.598, de 26 de dezembro de 1977, e todas as demais receitas auferidas pela pessoa jurídica com os respectivos valores decorrentes do ajuste a valor presente de que trata o inciso VIII do caput do art. 183 da Lei no 6.404, de 15 de dezembro de 1976.
>
> § 2º A base de cálculo da Contribuição para o PIS/Pasep é o total das receitas auferidas pela pessoa jurídica, conforme definido no caput e no § 1o.
>
> § 3º Não integram a base de cálculo a que se refere este artigo, as receitas:
> I – decorrentes de saídas isentas da contribuição ou sujeitas à alíquota zero;
> II – (Vetado)
> III – auferidas pela pessoa jurídica revendedora, na revenda de mercadorias em relação às quais a contribuição seja exigida da empresa vendedora, na condição de substituta tributária;

---

[144] BRASIL. **Lei nº 10.637**, de 30 de dezembro de 2002. Dispõe sobre a não-cumulatividade na cobrança da contribuição para os Programas de Integração Social (PIS) e de Formação do Patrimônio do Servidor Público (Pasep), nos casos que especifica; sobre o pagamento e o parcelamento de débitos tributários federais, a compensação de créditos fiscais, a declaração de inaptidão de inscrição de pessoas jurídicas, a legislação aduaneira, e dá outras providências. Disponível em: <http://www.planalto.gov.br/ccivil_03/leis/2002/L10637.htm>. Acesso em: 18 de agosto de 2017.

[145] BRASIL. **Lei nº 10.833**, de 29 de dezembro de 2003. Altera a Legislação Tributária Federal e dá outras providências. Disponível em: <http://www.planalto.gov.br/ccivil_03/leis/2003/L10.833.htm>. Acesso em: 18 de agosto de 2017.

IV – Revogado

V – referentes a:

a) vendas canceladas e aos descontos incondicionais concedidos;

b) reversões de provisões e recuperações de créditos baixados como perda, que não representem ingresso de novas receitas, o resultado positivo da avaliação de investimentos pelo valor do patrimônio líquido e os lucros e dividendos derivados de participações societárias, que tenham sido computados como receita;

VI – de que trata o inciso IV do caput do art. 187 da Lei nº 6.404, de 15 de dezembro de 1976, decorrentes da venda de bens do ativo não circulante, classificado como investimento, imobilizado ou intangível;

VII – decorrentes de transferência onerosa a outros contribuintes do Imposto sobre Operações relativas à Circulação de Mercadorias e sobre Prestações de Serviços de Transporte Interestadual e Intermunicipal e de Comunicação – ICMS de créditos de ICMS originados de operações de exportação, conforme o disposto no inciso II do § 1º do art. 25 da Lei Complementar nº 87, de 13 de setembro de 1996.

VIII – financeiras decorrentes do ajuste a valor presente de que trata o inciso VIII do caput do art. 183 da Lei nº 6.404, de 15 de dezembro de 1976, referentes a receitas excluídas da base de cálculo da Contribuição para o PIS/Pasep;

IX – relativas aos ganhos decorrentes de avaliação de ativo e passivo com base no valor justo;

X – de subvenções para investimento, inclusive mediante isenção ou redução de impostos, concedidas como estímulo à implantação ou expansão de empreendimentos econômicos e de doações feitas pelo poder público;

XI – reconhecidas pela construção, recuperação, reforma, ampliação ou melhoramento da infraestrutura, cuja contrapartida seja ativo intangível representativo de direito de exploração, no caso de contratos de concessão de serviços públicos;

XII – relativas ao valor do imposto que deixar de ser pago em virtude das isenções e reduções de que tratam as alíneas "a", "b", "c" e "e" do § 1º do art. 19 do Decreto-Lei nº 1.598, de 26 de dezembro de 1977; e

XIII – relativas ao prêmio na emissão de debêntures.

Ainda em relação às referidas contribuições, cabe salientar que, em regra, as alíquotas aplicáveis ao PIS/PASEP e à COFINS são 1,65% e

7,6%, conforme descrito no artigo 2º da Lei nº 10.637/2002[146] e artigo 2º da Lei nº 10.833/2003[147]:

[Lei nº 10.637/2002]
Art. 2º Para determinação do valor da contribuição para o PIS/Pasep aplicar-se-á, sobre a base de cálculo apurada conforme o disposto no art. 1º, a alíquota de 1,65% (um inteiro e sessenta e cinco centésimos por cento).

[Lei nº 10.833/2003]
Art. 2º Para determinação do valor da COFINS aplicar-se-á, sobre a base de cálculo apurada conforme o disposto no art. 1º, a alíquota de 7,6% (sete inteiros e seis décimos por cento).

Dessarte, para uma sociedade tributada pelo lucro real, sua economia fiscal continuará sendo de 34% sobre o valor pago a título de JCP. Todavia, para a sociedade beneficiária submetida ao regime de apuração não-cumulativo, além do pagamento de 15% de IRRF, haverá a incidência de PIS e COFINS a uma alíquota combinada de 9,25% sobre essa receita financeira (1,65% de PIS/PASEP + 7,6% de COFINS = 9,25%), o que diminuirá a economia fiscal da estrutura para 9,75% sobre o valor pago sob a figura dos JCP.

Sob o mesmo ângulo, caso haja o pagamento de JCP para uma segunda sociedade igualmente tributada pelo IRPJ e pela CSLL em bases reais, a economia fiscal tenderá a desaparecer em função de uma nova incidência das contribuições ao PIS/PASEP e COFINS (mais uma incidência conjunta de 9,25% sobre o valor dos JCP por ela recebidos), mostrando uma ineficiência fiscal no repasse desses juros dentro de uma longa cadeia societária.

---

[146] BRASIL. **Lei nº 10.637**, de 30 de dezembro de 2002. Dispõe sobre a não-cumulatividade na cobrança da contribuição para os Programas de Integração Social (PIS) e de Formação do Patrimônio do Servidor Público (Pasep), nos casos que especifica; sobre o pagamento e o parcelamento de débitos tributários federais, a compensação de créditos fiscais, a declaração de inaptidão de inscrição de pessoas jurídicas, a legislação aduaneira, e dá outras providências. Disponível em: <http://www.planalto.gov.br/ccivil_03/leis/2002/L10637.htm>. Acesso em: 18 de agosto de 2017.

[147] BRASIL. **Lei nº 10.833**, de 29 de dezembro de 2003. Altera a Legislação Tributária Federal e dá outras providências. Disponível em: <http://www.planalto.gov.br/ccivil_03/leis/2003/L10.833.htm>. Acesso em: 18 de agosto de 2017.

Por fim, verifica-se que o parágrafo 7º do artigo 9º da Lei nº 9.249/1995 ainda permite à sociedade que paga os JCP imputar seu valor ao montante dos dividendos obrigatórios, sem que isso ocasione prejuízo ao mecanimo da dedutibilidade dessa despesa[148].

5.1.3. *Imposto Sobre Operações Financeiras – Aumento de Capital*

Além do estudo sobre os tributos incidentes sobre o lucro, o Imposto sobre Operações Financeiras (IOF) se mostra como um fator que merece ser entendido em suas consequências nas operações de aumento de capital. O referido imposto tem sua estrutura desenhada pela Constituição Federal de 1988, tendo essa deixado o IOF a cargo da União, como se pode observar[149]:

> Art. 153. Compete à União instituir impostos sobre:
> [...]
> V – operações de crédito, câmbio e seguro, ou relativas a títulos ou valores mobiliários;

Deste modo, é possível depreender que a União ganhou a competência constitucional para tributar sob a figura de um mesmo imposto diferentes situações financeiras, quais sejam, operações de crédito, operações de câmbio, seguro ou mesmo operações relacionadas a títulos ou valores mobiliários.

Além da função arrecadatória desempenhada pelo Imposto sobre Operações Financeiras, esse possui ainda uma função extrafiscal conhecida por "Efeito Indutor".

O efeito indutor é uma qualidade de um número restrito de tributos e se relaciona com o fato de que tais tributos, entre eles o IOF, podem

---

[148] BRASIL. **Lei nº 9.249**, de 26 de dezembro de 1995. Altera a legislação do imposto de renda das pessoas jurídicas, bem como da contribuição social sobre o lucro líquido, e dá outras providências. Disponível em:<http://www.planalto.gov.br/ccivil_03/LEIS/L9249.htm>. Acesso em: 20 de maio de 2017. Texto da lei:
§ 7º O valor dos juros pagos ou creditados pela pessoa jurídica, a título de remuneração do capital próprio, poderá ser imputado ao valor dos dividendos de que trata o art. 202 da Lei nº 6.404, de 15 de dezembro de 1976, sem prejuízo do disposto no § 2º.
[149] BRASIL. **Constituição da República Federativa do Brasil de 1988**. Estabelece a Constituição Federal. Disponível em: < http://www.planalto.gov.br/ccivil_03/constituicao/constituicao.htm>. Acesso em: 17 de junho de 2017.

ser utilizados para tornar determinadas atividades desempenhadas pelos contribuintes mais ou menos atrativas. No caso específico do IOF, pode-se verificar que sua qualidade indutora tem fundamento nos artigos 150 e 153 da Constituição Federal[150]:

> Art. 150. Sem prejuízo de outras garantias asseguradas ao contribuinte, é vedado à União, aos Estados, ao Distrito Federal e aos Municípios:
> [...]
> III – cobrar tributos:
> [...]
> b) no mesmo exercício financeiro em que haja sido publicada a lei que os instituiu ou aumentou;
> c) antes de decorridos noventa dias da data em que haja sido publicada a lei que os instituiu ou aumentou, observado o disposto na alínea b;
> [...]
> § 1º A vedação do inciso III, b, não se aplica aos tributos previstos nos arts. 148, I, 153, I, II, IV e V; e 154, II; e a vedação do inciso III, c, não se aplica aos tributos previstos nos arts. 148, I, 153, I, II, III e V; e 154, II, nem à fixação da base de cálculo dos impostos previstos nos arts. 155, III, e 156, I.
>
> Art. 153. Compete à União instituir impostos sobre:
> [...]
> V – operações de crédito, câmbio e seguro, ou relativas a títulos ou valores mobiliários;
> § 1º É facultado ao Poder Executivo, atendidas as condições e os limites estabelecidos em lei, alterar as alíquotas dos impostos enumerados nos incisos I, II, IV e V. (g.n.)

Como se nota, o Poder Executivo tem a prerrogativa de alterar as alíquotas do IOF por meio de Decreto, assim como tal alteração não necessita respeitar os princípios da anterioridade geral e da anterioridade nonagesimal. Ou seja, a União, por meio do Poder Executivo, pode legislar de modo a aumentar ou diminuir a voracidade das alíquotas desse imposto.

---

[150] BRASIL. **Constituição da República Federativa do Brasil de 1988**. Estabelece a Constituição Federal. Disponível em: < http://www.planalto.gov.br/ccivil_03/constituicao/constituicao.htm>. Acesso em: 17 de junho de 2017.

Por certo, caso o contribuinte encontre alíquotas mais baixas (ou incentivadas) para determinadas atividades, a tendência será um aumento na utilização dessas atividades em detrimento de outras cuja carga tributária seja mais elevada.

Feita essa digressão para explicar a estrutura do Imposto sobre Operações Financeiras, se faz necessário entender em qual momento esse incidiria sobre o aumento de capital.

Do que se pôde ver até agora, o IOF incide sobre operações de crédito, câmbio e seguro, bem como operações com títulos ou valores mobiliários. Nesse ponto, ao imaginar o aumento de capital de uma empresa domiciliada no Brasil por outra empresa ou por pessoa física também domiciliada nesse país, não é factível verificar o fato gerador do IOF na operação. Todavia, caso o aporte financeiro para o aumento de capital tenha origem no exterior, o câmbio realizado na operação ensejará a incidência do IOF[151].

Assim como estabelece o artigo 11 do Decreto nº 6.306, de 14 de dezembro de 2007, o fato gerador do imposto é *"a entrega de moeda nacional ou estrangeira, ou de documento que a represente, ou sua colocação à disposição do interessado, em montante equivalente à moeda estrangeira ou nacional entregue ou posta à disposição por este"*[152]. Ademais, o momento de sua ocorrência é o ato da liquidação da operação de câmbio.

No que concerne à apuração do tributo, a base de cálculo do IOF em sua modalidade câmbio é o montante em moeda nacional, recebido, entregue ou posto à disposição, correspondente ao valor, em moeda estrangeira, da operação de câmbio. A alíquota incidente, por sua vez, é de 0,38% sobre tal montante, de acordo com o que dispõe o *caput* do artigo 15-B do referido decreto.

---

[151] "Art. 2º O IOF incide sobre: [...] II – operações de câmbio". BRASIL. **Decreto n. 6.306, de 14 de dezembro de 2007**. Regulamenta o Imposto sobre Operações de Crédito, Câmbio e Seguro, ou relativas a Títulos ou Valores Mobiliários – IOF. Disponível em:< http://www.planalto.gov.br/ccivil_03/_ato2007-2010/2007/decreto/d6306.htm>. Acesso em: 17 de junho de 2017.

[152] BRASIL. **Decreto n. 6.306, de 14 de dezembro de 2007**. Regulamenta o Imposto sobre Operações de Crédito, Câmbio e Seguro, ou relativas a Títulos ou Valores Mobiliários – IOF. Disponível em:< http://www.planalto.gov.br/ccivil_03/_ato2007-2010/2007/decreto/d6306.htm>. Acesso em: 17 de junho de 2017.

Ainda em relação à incidência do IOF sobre a operação de aumento de capital, cabe destacar que esse imposto incide a uma alíquota de 0% sobre a remessa de Juros sobre Capital Próprio e de dividendos recebidos por investidor estrangeiro, de acordo com o que estabelece o artigo 15-B do Decreto nº 6.306/2007.

5.2. Tomada de Dívida

Como já foi estabelecido anteriormente, além da possibilidade de as empresas terem suas atividades financiadas pelo aporte de capital, outra opção viável para dar prosseguimento aos objetivos dessas sociedades é a tomada de dívida com os próprios sócios ou acionistas ou com terceiros não relacionados. Nesse sentido, ensina Rogério Garcia Peres[153]:

> Em princípio, não é razoável exigir que o contribuinte, em toda e qualquer situação, capte recursos financeiros de partes relacionadas por meio de aumento de capital ao invés de tomar empréstimos, que, em certas situações, notadamente quando mantida a independência entre as partes contratantes (*arm's length principle*), pode ser uma escolha abrigada pelo constitucional princípio da livre iniciativa, por dispor, por exemplo, o mútuo, de maior flexibilidade operacional, circunstância que, desassociada de abusos, pode atribuir fundamento econômico e negocial legítimos à contratação.

Sobre o financiamento por meio de empréstimos, ensina a doutrina acerca das razões e características que levam a administração das empresas a adotar tal posicionamento[154]:

> Diferentemente, os financiamentos realizados por meio de capital de terceiros são concedidos, regra geral, por prazo e remuneração determinados no momento de sua concessão à sociedade beneficiária e, em sua maioria, são financiamentos realizados após a constituição da sociedade, destinados a assegurar o incremento ou a manutenção das suas atividades.

---

[153] PERES, Rogério Garcia. Subcapitalização – Regras de Determinação do Excesso de Juros Pagos ou Creditados a Pessoas Residentes ou Domiciliadas no Exterior. In: MOSQUERA, Roberto Quiroga et al. **O Direito tributário e o mercado financeiro e de capitais**. 2º volume. São Paulo: Dialética, 2010. p 334.
[154] LIMA, op. cit., p. 28.

Sobre a utilização dessa forma de financiamento, Mariana Miranda Lima expõe as seguintes vantagens apontadas por José Luiz Bulhões Pedreira[155] e Heleno Taveira Tôrres[156]:

(i) dedutibilidade das despesas financeiras;
(ii) preservação dos direitos de participação e não-interferência na direção e administração da sociedade. Em outras palavras, não há qualquer diluição dos direitos de voto e de dividendos dos então sócios. Isso porque os direitos de voto e de dividendos são essencialmentes atrelados ao capital social da sociedade;
(iii) aumento da rentabilidade do capital próprio. A utilização de capital de terceiros para financiar as atividades da sociedade pode gerar o chamando "efeito de alavancagem da dívida". Sobre esse assunto Modigliani e Miller porpõe que o retorno ao acionista aumenta em função do endividamento da sociedade;
(iv) maior disponibilidade de recursos para aplicação no financiamento. Independentemente da análise de risco de crédito atrelada à concessão de financiamentos mediante capital de terceiros, o volume de capital de terceiros disponível no mercado é infinitamente maior do que aquele dos sócios das empresas.

Igualmente com o que ocorre com a utilização do financiamento com aumento de capital, o uso de dívidas implica em algumas desvantagens. A citada autora enumera as seguintes questões: (i) diminuição da estabilidade financeira da sociedade; (ii) diminuição da capacidade de contrair dívidas no futuro; (iii) redução da eficiência administrativa; e (iv) risco de perda do controle em razão de insolvência[157].

As operações de empréstimo são tratadas sob a figura do mútuo na sistemática criada pelo Código Civil, sendo esse definido como o empréstimo de coisa fungível, como se verifica[158]:

---

[155] PEDREIRA, 1989 apud Lima, 2009, p.28.
[156] TÔRRES, 2007, apud Lima, 2009, p.28.
[157] Ibid., p. 29.
[158] BRASIL. **Lei nº 10.406**, de 10 de janeiro de 2002. Institui o Código Civil. Disponível em: <http://www.planalto.gov.br/ccivil_03/leis/2002/L10406.htm>. Acesso em: 19 de maio de 2017.

Art. 586. O mútuo é o empréstimo de coisas fungíveis. O mutuário é obrigado a restituir ao mutuante o que dele recebeu em coisa do mesmo gênero, qualidade e quantidade.

Prosseguindo no desenho legislativo da estrutura do mútuo, o Código Civil brasileiro estabelece que a transferência da coisa (no caso, dinheiro) implica na responsabilidade do mutuário em relação ao contrato assumido. Por essa razão, o referido contrato cria uma responsabilidade em termos da correta aplicação dos recursos com vistas à geração de riqueza.

Art. 587. Este empréstimo transfere o domínio da coisa emprestada ao mutuário, por cuja conta correm todos os riscos dela desde a tradição.

Resumindo, a tomada de dívida pode ser entendida como o contrato de mútuo entre a empresa e seus sócios ou acionistas ou terceiros não vinculados, nesses incluídos as instituições financeiras, com vistas à tomada de recursos para o financiamento de suas atividades.

Sobre as características do contrato de mútuo, explica Eduardo Salomão Neto[159]:

[...] o contrato de mútuo é contrato de empréstimo de coisa fungível e trata-se de um contrato real, isto é, o contrato só se aperfeiçoa pela entrega pelo mutuante da coisa emprestada ao mutuário, sendo que, sem tal entrega, não há o que se falar na existência de um contrato de mútuo.

Por certo, da mesma forma que o investimento em capital pressupõe a remuneração por meio de dividendos ou juros sobre o capital próprio, um empréstimo precisa ter uma contrapartida econômica para o mutuante. Nesse ponto, cabe a leitura do artigo 591 do Código Civil[160]:

Art. 591. Destinando-se o mútuo a fins econômicos, presumem-se devidos juros, os quais, sob pena de redução, não poderão exceder a taxa a que se refere o art. 406, permitida a capitalização anual.

---

[159] SALOMÃO NETO, 2005 apud VICENTINI, 2014, p. 30.
[160] BRASIL. **Lei nº 10.406**, de 10 de janeiro de 2002. Institui o Código Civil. Disponível em: < http://www.planalto.gov.br/ccivil_03/leis/2002/L10406.htm>. Acesso em: 19 de maio de 2017.

A contrapartida financeira da remuneração do mútuo é o pagamento de juros ao mutuante. A ideia dessa remuneração tem por base o fato de que o mutuante deixou de possuir a disponibilidade do dinheiro ao emprestá-lo, de modo que esse empréstimo deve pressupor uma contrapartida que englobe uma remuneração compatível com a perda da possibilidade do uso do recurso e o risco de insolvência do mutuário. Sobre essa questão, cabe salientar o seguinte trecho[161]:

> Decorrente do fator risco, intrínseco ao mútuo, está a ideia de remuneração do mutuante no caso de empréstimo em dinheiro. Se ao mutuário é imputado o risco pela devolução da quantia emprestada, é possível que seja devida remuneração ao mutuante pelo risco a que está sujeito pelo não-cumprimento da obrigação de devolução pelo mutuário. Ademais, durante o prazo do mútuo, o mutuante deixa de aplicar a quantia objeto do contrato em outras atividades ou investimentos, o que também justifica o recebimento de determinada remuneração. A essa consequência do mútuo, Pontes de Miranda dá o nome de investibildiade da quantia cedida.

Por se tratar de despesa dedutível, o pagamento de juros pode trazer benefícios fiscais, como salientam Antônio Carlos Marchetti Guzman e Tatiana Morais Penido[162]:

> [...] ainda que o processo decisório pertinente à escolha entre financiamento via aporte de capital ou endividamento leve em considerações outros fatores que não puramente conexos a potencial economia tributária, a opção pelo financiamento via endividamento pode revelar-se especialmente vantajosa, tendo em vista a possibilidade de dedução dos juros do cálculo do imposto de renda da pessoa jurídica e da contribuição social sobre o lucro líquido, ao passo que despesas com pagamento de dividendos são neutras do ponto de vista tributário.

No que diz respeito à tributação, se faz necessário distingui-la em duas etapas, quais sejam, a tributação do mutuante e a tributação do mutuário.

---

[161] LIMA, op. cit., p. 67.
[162] GUZMAN; PENIDO, 2010 *apud* VICENTINI, 2014, p 39

Sobre a perspectiva do mutuante, ou seja, aquele que recebe os juros do empréstimo, o Regulamento do Imposto de Renda (Decreto nº 3.000/1999) estabelece de forma expressa que sua remuneração será tributada na forma de uma aplicação financeira de renda fixa, como se verifica[163]:

> Art. 729. Está sujeito ao imposto, à alíquota de vinte por cento, o rendimento produzido, a partir de 1º de janeiro de 1998, por aplicação financeira de renda fixa, auferido por qualquer beneficiário, inclusive pessoa jurídica imune ou isenta
> [...]
> Art. 730. O disposto no artigo anterior aplica-se também:
> [...]
> III – aos rendimentos auferidos pela entrega de recursos a pessoa jurídica, sob qualquer forma e a qualquer título, independentemente de ser ou não a fonte pagadora instituição autorizada a funcionar pelo Banco Central do Brasil e em operações de empréstimos em ações;

No que concerne às alíquotas aplicáveis sobre os montantes pagos a título de juros, essas são regradas pela Lei nº 11.033/2004. Segundo consta nesse diploma legal, a tributação será efetuada sob alíquotas regressivas em relação ao tempo da operação, como é possível aferir do seu artigo 1º[164]:

> Art. 1º Os rendimentos de que trata o art. 5o da Lei no 9.779, de 19 de janeiro de 1999, relativamente às aplicações e operações realizadas a partir de 1o de janeiro de 2005, sujeitam-se à incidência do imposto de renda na fonte, às seguintes alíquotas:

---

[163] BRASIL. **Decreto nº 3.000**, de 26 de março de 1999. Regulamenta a tributação, fiscalização, arrecadação e administração do Imposto sobre a Renda e Proventos de Qualquer Natureza. Disponível em: <http://www.planalto.gov.br/ccivil_03/decreto/d3000.htm>. Acesso em: 07 de julho de 2017.

[164] BRASIL. **Lei nº 11.033**, de 21 de dezembro de 2004. Altera a tributação do mercado financeiro e de capitais; institui o Regime Tributário para Incentivo à Modernização e à Ampliação da Estrutura Portuária – REPORTO; altera as Leis nos 10.865, de 30 de abril de 2004, 8.850, de 28 de janeiro de 1994, 8.383, de 30 de dezembro de 1991, 10.522, de 19 de julho de 2002, 9.430, de 27 de dezembro de 1996, e 10.925, de 23 de julho de 2004; e dá outras providências. Disponível em: <http://www.planalto.gov.br/ccivil_03/_ato2004-2006/2004/lei/l11033.htm>. Acesso em: 07 de julho de 2017.

I – 22,5% (vinte e dois inteiros e cinco décimos por cento), em aplicações com prazo de até 180 (cento e oitenta) dias;
II – 20% (vinte por cento), em aplicações com prazo de 181 (cento e oitenta e um) dias até 360 (trezentos e sessenta) dias;
III – 17,5% (dezessete inteiros e cinco décimos por cento), em aplicações com prazo de 361 (trezentos e sessenta e um) dias até 720 (setecentos e vinte) dias;
IV – 15% (quinze por cento), em aplicações com prazo acima de 720 (setecentos e vinte) dias.

Conforme dispõe a Lei nº 9.779/1999[165], tal tributo incidirá na fonte, sendo que nos casos onde o mutuante é pessoa física ou jurídica tributada com base no regime do lucro presumido, este será entendido como definitivo. Nos demais casos onde o mutuante for pessoa jurídica tributada sob o regime do lucro real, a tributação na fonte será considerada como forma de antecipação do imposto devido no final do exercício. Isso é o que estabelece o artigo 76 da Lei nº 8.981/1995, como se pode verificar[166]:

---

[165] BRASIL. **Lei nº 9.779**, de 19 de janeiro de 1999. Altera a legislação do Imposto sobre a Renda, relativamente à tributação dos Fundos de Investimento Imobiliário e dos rendimentos auferidos em aplicação ou operação financeira de renda fixa ou variável, ao Sistema Integrado de Pagamento de Impostos e Contribuições das Microempresas e das Empresas de Pequeno Porte – SIMPLES, à incidência sobre rendimentos de beneficiários no exterior, bem assim a legislação do Imposto sobre Produtos Industrializados – IPI, relativamente ao aproveitamento de créditos e à equiparação de atacadista a estabelecimento industrial, do Imposto sobre Operações de Crédito, Câmbio e Seguros ou Relativas a Títulos e Valores Mobiliários – IOF, relativamente às operações de mútuo, e da Contribuição Social sobre o Lucro Líquido, relativamente às despesas financeiras, e dá outras providências. Disponível em: <http://www.planalto.gov.br/ccivil_03/LEIS/L9779.htm#art5>. Acesso em: 07 de julho de 2017. Texto da lei:
Art. 5º Os rendimentos auferidos em qualquer aplicação ou operação financeira de renda fixa ou de renda variável sujeitam-se à incidência do imposto de renda na fonte, mesmo no caso das operações de cobertura (hedge), realizadas por meio de operações de swap e outras, nos mercados de derivativos.
[166] BRASIL. **Lei nº 8.981**, de 20 de janeiro de 1995. Altera a legislação tributária Federal e dá outras providências. Disponível em: < http://www.planalto.gov.br/ccivil_03/leis/L8981.htm>. Acesso em: 07 de julho de 2017.

Art. 76. O imposto de renda retido na fonte sobre os rendimentos de aplicações financeiras de renda fixa e de renda variável, ou pago sobre os ganhos líquidos mensais, será:
I – deduzido do apurado no encerramento do período ou na data da extinção, no caso de pessoa jurídica submetida ao regime de tributação com base no lucro real;
II – definitivo, no caso de pessoa jurídica não submetida ao regime de tributação com base no lucro real, inclusive isenta, e de pessoa física.

No que diz respeito ao pagamento de juros por empresa brasileira para mutuante residente ou domiciliado no exterior, o artigo 702 do Regulamento do Imposto de Renda (Decreto nº 3.000/1999) determina a incidência do IRRF a uma alíquota de 15%[167]:

Art. 702. Estão sujeitas à incidência do imposto na fonte, à alíquota de quinze por cento, as importâncias pagas, creditadas, entregues, empregadas ou remetidas a beneficiários residentes ou domiciliados no exterior, por fonte situada no País, a título de juros, comissões, descontos, despesas financeiras e assemelhadas

Em que pese o dispositivo acima, em sendo o mutuante residente ou domiciliado em país considerado como de tributação favorecida, a alíquota do Imposto de Renda Retido na Fonte será majorada para 25%, conforme prevê o artigo 685, II, "b" do Decreto nº 3.000/99[168]:

Art. 685. Os rendimentos, ganhos de capital e demais proventos pagos, creditados, entregues, empregados ou remetidos, por fonte situada no País, a pessoa física ou jurídica residente no exterior, estão sujeitos à incidência na fonte
[...]

---

[167] BRASIL. **Decreto nº 3.000**, de 26 de março de 1999. Regulamenta a tributação, fiscalização, arrecadação e administração do Imposto sobre a Renda e Proventos de Qualquer Natureza. Disponível em: <http://www.planalto.gov.br/ccivil_03/decreto/d3000.htm>. Acesso em: 30 de maio de 2017.

[168] BRASIL. **Decreto nº 3.000**, de 26 de março de 1999. Regulamenta a tributação, fiscalização, arrecadação e administração do Imposto sobre a Renda e Proventos de Qualquer Natureza. Disponível em: <http://www.planalto.gov.br/ccivil_03/decreto/d3000.htm>. Acesso em: 30 de maio de 2017.

II – à alíquota de vinte e cinco por cento:
[...]
b) ressalvadas as hipóteses a que se referem os incisos V, VIII, IX, X e XI do art. 691, os rendimentos decorrentes de qualquer operação, em que o beneficiário seja residente ou domiciliado em país que não tribute a renda ou que a tribute à alíquota máxima inferior a vinte por cento, a que se refere o art. 245.

A questão que se coloca é a incorporação dessa despesa com o pagamento de juros como forma de planejamento tributário.

Em se tratando do pagamento de juros por empresa brasileira para credor estrangeiro, o artigo 685 do Regulamento do Imposto de Renda (Decreto nº 3.000/1999) determina a incidência do IRRF a uma alíquota de 15%[169]:

> Art. 685. Os rendimentos, ganhos de capital e demais proventos pagos, creditados, entregues, empregados ou remetidos, por fonte situada no País, a pessoa física ou jurídica residente no exterior, estão sujeitos à incidência na fonte (Decreto-Lei nº 5.844, de 1943, art. 100, Lei nº 3.470, de 1958, art. 77, Lei nº 9.249, de 1995, art. 23, e Lei nº 9.779, de 1999, arts. 7º e 8º):
> I – à alíquota de quinze por cento, quando não tiverem tributação específica neste Capítulo, inclusive:
> a) os ganhos de capital relativos a investimentos em moeda estrangeira;
> b) os ganhos de capital auferidos na alienação de bens ou direitos;
> c) as pensões alimentícias e os pecúlios;
> d) os prêmios conquistados em concursos ou competições

Não obstante tal incidência na fonte, excetuadas os casos referidos nos incisos I e II do artigo 3º da Lei nº 7.689/1988, as pessoas jurídicas que pagarem esses juros terão a possibilidade da dedução de 34% do valor dessa despesa (15% de IRPJ + 10% de adicional do IRPJ + 9% de CSLL).

Deste modo, da mesma forma que ocorre com os planejamentos que utilizam o pagamento de Juros Sobre o Capital Próprio, o pagamento de

---

[169] BRASIL. **Decreto nº 3.000**, de 26 de março de 1999. Regulamenta a tributação, fiscalização, arrecadação e administração do Imposto sobre a Renda e Proventos de Qualquer Natureza. Disponível em: <http://www.planalto.gov.br/ccivil_03/decreto/d3000.htm>. Acesso em: 30 de maio de 2017.

juros à pessoa vinculada no exterior pode ensejar uma economia fiscal de 19% sobre tal despesa[170].

Dessarte, o estudo dos limites de dedução merece uma especial atenção, o que será dispendida nos próximos capítulos.

5.2.1. *Dedutibilidade das Despesas*

Antes que se possa adentrar às regras específicas de dedutibilidade dos juros, é necessário entender as regras gerais que devem ser atendidas para que uma despesa possa ser dedutível da base de cálculo do Imposto de Renda.

Via de regra, tal dedutibilidade possui aplicação apenas no caso do IRPJ calculado em bases reais, posto que a legislação de regência da CSLL não contempla nenhuma regra geral de dedutibilidade.

Dito isso, em se tratando da dedutibilidade de uma despesa, é necessário observar o que dispõe o artigo 299 do Regulamento do Imposto de Renda (Decreto nº 3.000/1999)[171]:

> Art. 299. São operacionais as despesas não computadas nos custos, necessárias à atividade da empresa e à manutenção da respectiva fonte produtora.
>
> § 1º São necessárias as despesas pagas ou incorridas para a realização das transações ou operações exigidas pela atividade da empresa.
>
> § 2º As despesas operacionais admitidas são as usuais ou normais no tipo de transações, operações ou atividades da empresa.
>
> § 3º O disposto neste artigo aplica-se também às gratificações pagas aos empregados, seja qual for a designação que tiverem.

Como se pode observar, para ser uma despesa necessária é imprescindível que esse dispêndio seja relacionado com as operações da empresa, bem como que seja usual para o tipo de atividade por ela

---

[170] GALHARDO, Luciana Rosanova; LOPES JR, Jorge Ney de Figueirêdo Lopes. As Regras de Subcapitalização e a Atuação de Bancos Nacionais e Estrangeiros na Estruturação de Operações de Financiamento Externo de Empresas Nacionais. In: MOSQUERA, Roberto Quiroga et al. **O Direito tributário e o mercado financeiro e de capitais**. 2º volume. São Paulo: Dialética, 2010. p 215.

[171] BRASIL. **Decreto nº 3.000**, de 26 de março de 1999. Regulamenta a tributação, fiscalização, arrecadação e administração do Imposto sobre a Renda e Proventos de Qualquer Natureza. Disponível em: <http://www.planalto.gov.br/ccivil_03/decreto/d3000.htm>. Acesso em: 30 de maio de 2017.

desenvolvida. Portanto, para ser dedutível a despesa de juros deve ter conexão com as operações da sociedade, sendo necessária para a consecução do objeto social dessa. Nesse ponto, cabe trazer à tona a lição de Rogério Garcia Peres[172]:

> O que se nota é que o legislador federal afirmou a questão da necessidade do mútuo com propósitos educativos, aproveitando a experiência dos julgados das instâncias administrativas federais de julgamento para deixa-la mais clara no plano da literalidade da lei. Em princípio, esse critério preexistia à lei no que tange ao lucro real, de forma que, em casos de evidente abuso, a ser apurado caso a caso, a glosa dos juros já era autorizada pela legislação federal.

Ricardo Mariz de Oliveira, ao estudar a dedutibilidade tanto das despesas operacionais quanto daquelas não operacionais, indica a existência de quatro pontos fundamentais que tornam qualquer despesa dedutível para fins da apuração do Imposto de Renda, quais sejam: (i) a despesa não deve ser custo; (ii) a despesa deve ser necessária; (iii) a despesa deve ser efetivamente comprovada e escriturada; e (iv) a despesa deve respeitar o princípio contábil da competência[173].

Em relação ao primeiro ponto levantado por Ricardo Mariz de Oliveira, explica Marcelo Fonseca Vicentini que "[...] a distinção entre custo e despesa é estabelecida a partir do emprego dos recursos despendidos (ou a serem despendidos) pela pessoa jurídica"[174]. Destarte, caso o empréstimo se destine à atividade fim da sociedade, tratar-se-á de um custo; entretanto, caso esse tenha sido contraído para financiar outra atividade, os juros pagos serão considerados como uma despesa.

A segunda regra, como já discutida anteriormente quando da análise do artigo 299 do RIR/99, remete à necessidade da despesa. Nessa seara, pode-se aferir que uma despesa poderá ser tida como necessária caso seja relacionada intrinsecamente com a atividade fim da sociedade. Nesse ponto, cabe mencionar a seguinte passagem[175]:

---

[172] PERES, op. cit., p. 342.
[173] OLIVEIRA, op. cit., pp. 685 a 723.
[174] VICENTINI, op. cit., p. 36.
[175] Ibid., p. 37.

[...] o pagamento de juros só é necessário para a empresa pela carência de recursos próprios ou porque interessa à empresa contrair empréstimos por razões de crédito ou de política financeira. Mas em qualquer dessas hipóteses, a despesa é sempre necessária porque decorre da atividade da empresa.

Sobre o terceiro e o quarto ponto, quais sejam, a comprovação da despesa e o respeito ao período de competência, ambos parecem ser relacionados com os princípios contábeis que regem as empresas.

A comprovação da despesa, por certo, reflete a obrigação das empresas manterem uma correspondência precisa entre o que é lançado em suas contabilidades e os fatos que os originaram. Deste modo, o reconhecimento da despesa pressupõe o documento tal como o contrato de mútuo, nota fiscal ou fatura, documentos esses que servem para comprovar a operação, o valor transacionado e as partes envolvidas.

Sobre o princípio da competência, esse é a imposição que existe para as empresas de que sua contabilidade reflita a ocorrência das suas operações, ainda que os efeitos econômicos não tenham ocorrido. É o que se verifica do Pronunciamento Conceitual Básico emitido pelo Comitê de Pronunciamentos Contábeis[176]:

> O regime de competência retrata com propriedade os efeitos de transações e outros eventos e circunstâncias sobre os recursos econômicos e reivindicações da entidade que reporta a informação nos períodos em que ditos efeitos são produzidos, ainda que os recebimentos e pagamentos em caixa derivados ocorram em períodos distintos. Isso é importante em função de a informação sobre os recursos econômicos e reivindicações da entidade que reporta a informação, e sobre as mudanças nesses recursos econômicos e reivindicações ao longo de um período, fornecer melhor base de avaliação da performance passada e futura da entidade do que a informação puramente baseada em recebimentos e pagamentos em caixa ao longo desse mesmo período.

---

[176] COMITÊ DE PRONUNCIAMENTOS CONTÁBEIS. **CPC 00 (R1)**, 15 de dezembro de 2011. Estrutura conceitual para elaboração e divulgação de relatório contábil-financeiro. Disponível em: <http://www.cpc.org.br/CPC/Documentos-Emitidos/Pronunciamentos/Pronunciamento?Id=80>. Acesso em: 22 de maio de 2017.

Não bastasse tais regras gerais, ainda existem dispositivos específicos na legislação que vinculam a dedutibilidade dos juros com outros requisitos. Nesse ponto, o artigo 374 do Regulamento do Imposto de Renda (Decreto nº 3.000/1999) estabelece três situações distintas onde tal dedutibilidade deve obedecer a outras formalidades[177]:

> Art. 374. Os juros pagos ou incorridos pelo contribuinte são dedutíveis, como custo ou despesa operacional, observadas as seguintes normas
> I – os juros pagos antecipadamente, os descontos de títulos de crédito, e o deságio concedido na colocação de debêntures ou títulos de crédito deverão ser apropriados, pro rata temporis, nos períodos de apuração a que competirem;
> II – os juros de empréstimos contraídos para financiar a aquisição ou construção de bens do ativo permanente, incorridos durante as fases de construção e pré-operacional, podem ser registrados no ativo diferido, para serem amortizados.
> Parágrafo único. Não serão dedutíveis na determinação do lucro real, os juros, pagos ou creditados a empresas controladas ou coligadas, domiciliadas no exterior, relativos a empréstimos contraídos, quando, no balanço da coligada ou controlada, constar a existência de lucros não disponibilizados para a controladora ou coligada no Brasil

Determinam os incisos do artigo acima colacionado que os juros pagos antecipadamente deverão ser apropriados proporcionalmente ao tempo transcorrido, de acordo com o período de apuração, bem como que os juros de empréstimos contratados para financiar a construção de bens do ativo permanente poderão ser registrados no ativo diferido para que se possa proceder com sua amortização.

No que se relaciona com o parágrafo único do mencionado artigo 674 do Decreto nº 3.000/1999, é possível verificar um instrumento criado pelo Legislador para mitigar a existência de empréstimos entre partes vinculadas no exterior. Dessa forma, caso exista lucros não disponibilizados para a pessoa vinculada no Brasil, essa não poderá contrair

---

[177] BRASIL. **Decreto nº 3.000**, de 26 de março de 1999. Regulamenta a tributação, fiscalização, arrecadação e administração do Imposto sobre a Renda e Proventos de Qualquer Natureza. Disponível em: <http://www.planalto.gov.br/ccivil_03/decreto/d3000.htm>. Acesso em: 09 de julho de 2017.

empréstimo com controlada ou coligada domiciliada ou residente no exterior. Sobre esse aspecto da norma, cabe expor o seguinte raciocínio da doutrina[178]:

> Especialmente em relação aos juros devidos em virtude de empréstimos contraídos com sociedade controladas ou coligadas domiciliadas ou residentes no exterior, a dedutibilidade para fins de cálculo do Imposto sobre a Renda está condicionada à inexistência de lucros não disponibilizados para a controladora residente no Brasil. Essa regra, apesar de não tratar de empréstimos concedidos por sócios, mas por sociedades controladas ou coligadas, pode ser vista como uma tentatia de desencorajar a prática de empréstimos excessivos entre partes vinculadas [...]

Apenas para finalizar esses breves comentários acerca da tributação do mútuo, a devolução da quantia emprestada ao mutuante não configura fato gerador do Imposto sobre a Renda ou do IRRF. O que é tributado é apenas os juros cobrados como forma de remuneração do mútuo, uma vez que a transferência desse recurso não configura aumento do patrimônio do mutuário ou mutuante. Ademais, a despesa financeira do mutuário refere-se apenas aos encargos com os juros pagos, não alcançando os valores tidos como devolução do principal.

Vencida essa etapa de descrição dos contornos gerais da dedução de uma despesa para as empresas, é premente o estudo dos limites de pagamento e dedução dos juros e o limite de endividamento das empresas, regras essas contidas na sistemática criada pelas normas de preço de transferência e subcapitalização, respectivamente.

Antes, porém, se faz necessário elucidar alguns temas comuns para tais figuras, quais sejam, o cerne do princípio *arm's length*, o alcance da figura da pessoa vinculada, e o entendimento sobre o que envolve a classificação de um país como de tributação favorecida ou de regime fiscal privilegiado.

5.2.1.1. *O Princípio Arm's Length*

---

[178] LIMA, op. cit., p. 70.

Previamente ao estudo das regras de preço de transferência e de subcapitalização, é crucial fazer uma pequena exposição sobre um princípio que une essas duas matrizes antielisivas: o princípio *arm's length*.

Arm's length é um princípio do Direito Internacional que procura transmitir a ideia de que as relações entre partes relacionadas devem respeitar as mesmas condições de mercado que qualquer outra transação comercial com terceiros não relacionados. De uma outra forma, é o princípio que impõe que nas relações entre empresas do mesmo grupo seja sempre respeitada a "distância de um braço", ou seja, os preços e termos praticados devem ser similares aos que seriam praticadas caso a operação envolvesse uma parte não relacionada. Nesse ponto, cabe trazer à colação o que ensina Luís Eduardo Schoueri[179]:

> [...] o referido princípio possibilita a conversão, para os níveis usuais de mercado, das demonstrações financeiras de empresas que transacionam fora do mercado, i.e. que negociam com outras empresas de seu próprio grupo econômico. Convertem-se valores estipulados pela política interna de cada grupo ("reais de grupo") em "reais de mercado", que correspondem à moeda em que se expressa o resultado entre terceiros independentes. A partir de tal conversão, passam as demonstrações financeiras de tais empresas a se expressar em níveis de mercado, o que possibilita sua comparação com os resultados obtidos pelas demais empresas que atuam no mesmo mercado, concretizando-se, daí o princípio da igualdade.
> Desta forma, o princípio *arm's length* privilegia os preços de mercado, de modo a apurar de maneira exata a renda tributável auferida em cada transação entre empresas ligadas.

Sob esse parâmetro, Marcelo Fonseca Vicentini faz uma importante observação[180]:

> Importante esclarecer uma confusão algumas vezes observada, no sentido de que o padrão *arm's length* nem sempre exigirá que as empresas vinculadas pratiquem preços nos níveis observados no mercado, pois, em certas ocasiões, mesmo empresas independentes não praticam os preços ou margens

---

[179] SCHOUERI, Luís Eduardo. Considerações sobre o princípio *arm's length* e os *secret comparables*. In: SCHOUERI, Luís Eduardo (coord.). **Direito Tributário – Homenagem a Paulo de Barros Carvalho**. São Paulo: Quartier Latin, 2008. p. 834.
[180] VICENTINI, op. cit., p. 21.

de mercado, justamente porque querem aumentar sua participação nesse mercado.

Resumindo o alcance desse conceito, o princípio arm's length procura "tratar os membros de um grupo multinacional como se eles atuassem como entidades separadas, não como partes inseparáveis de um negócio único [separate entity approach]"[181].

O fundamento desse princípio parte do artigo 9º da Convenção Modelo da Organização para a Cooperação e Desenvolvimento Econômico (OCDE)[182]:

1. Where
a) an enterprise of a Contracting State participates directly or indirectly in the management, control or capital of an enterprise of the other Contracting State, or
b) the same persons participate directly or indirectly in the management, control or capital of an enterprise of a Contracting State and an enterprise of the other Contracting State,
and in either case conditions are made or imposed between the two enterprises in their commercial or financial relations which differ from those which would be made between independent enterprises, than any profits which would, but for those conditions, have accrued to one of the enterprises, but, by reason of those conditions, have not so accrued, may be included in the profits of that enterprise and taxed accordingly.

---

[181] SCHOUERI, op. cit., p. 835.
[182] OCDE. **Model Tax Convention on Income and on Capital**. Disponível em: <http://www.keepeek.com/Digital-Asset-Management/oecd/taxation/model-tax-convention-on--income-and-on-capital-2015-full-version_9789264239081-en#.WSXIvuvyvIU#page1>. Acesso em: 24 de maio de 2017. Tradução livre: "Onde a) uma empresa de um País Contratante participe direta ou indiretamente na gestão, controle ou capital de uma empresa de um outro País Contratante, ou b) as mesmas pessoas participem direta ou indiretamente na gestão, controle ou capital de uma empresa de um País Contratante e uma empresa de um outro País Contratante, e em ambos os casos as condição são feitas ou impostas entre essas duas empresas em suas relações comerciais ou financeiras de modo diferente daquelas que seriam realizadas entre empresas independentes, então os lucros que poderiam, por ocasião dessas condições, serem apurados em uma dessas empresas, mas que em razão dessas condições não foram apurados, poderão ser incluídos nos lucros daquela empresa e serem consequentemente tributados".

A OCDE não se omitiu em relação à percepção do uso de juros para criar distorções fiscais, expressamente estabelecendo no artigo 11 daquele mesmo documento[183]:

> 6. Where, by reason of a special relationship between the payer and the beneficial owner or between both of them and some other person, the amount of interest, having regard to the debt-claim for which it is paid, exceeds the amount which would have been agreed upon by the payer and the beneficial owner in the absence of such relationship, the provisions of this Article shall apply only to the last-mentioned amount. In such case, the excess part of the payment shall remain taxable accordingly to the laws of each Contracting State, due regard being had to the other provisions of this Convention.

Sobre tal previsão, ensina o Professor Luís Eduardo Schoueri[184]:

> A OCDE reafirma o princípio geral de que empréstimos efetuados entre partes relacionadas devem ser remunerados por taxas que teriam sido cobradas em circunstâncias similares, em uma transação entre partes independentes (*arm's length*), considerando, outrossim, situações especiais que devem ser reconhecidas
> [...]
> No que tange à taxa de juros *arm's length*, a aplicação do princípio exigiria que, em cada caso, a taxa fosse determinada de acordo com as condições vigentes no mercado financeiro para empréstimos semelhantes, tendo em vista os valores e seus vencimentos; a espécie de empréstimo (crédito comercial, capital de giro, crédito hipotecário, etc.); as moedas envolvidas;

---

[183] OCDE. **Model Tax Convention on Income and on Capital**. Disponível em: <http://www.keepeek.com/Digital-Asset-Management/oecd/taxation/model-tax-convention-on--income-and-on-capital-2015-full-version_9789264239081-en#.WSXIvuvyvIU#page1>. Acesso em: 24 de maio de 2017. Tradução livre: "Onde, por razão de relação especial entre o pagador e o beneficiário ou ambos e terceiro, a quantia de juros, tendo em conta o débito relacionado, que exceder a quantia que seria acordada pelo pagador e o beneficiário na inexistência dessa relação, o disposto nesse Artigo apenas será aplicável a está última quantia. Nesse caso, a parte em excesso do pagamento restará tributável de acordo com a Lei de cada Estado Contratante, sem prejuízo as outras disposições da presente Convenção".
[184] SCHOUERI, Luís Eduardo. **Preço de transferência no direito tributário brasileiro**. 3ª ed. São Paulo: Dialética, 2013. p. 338.

os riscos cambiais do mutuante e o do mutuário; o título de crédito envolvido e a situação creditícia do mutuário.

A previsão de que as relações comerciais entre partes relacionadas respeitem um limite quantitativo e qualitativo asseguram tanto às empresas que operam em um ambiente doméstico quanto aos Fiscos que multinacionais de complexas estrutura societária não se valham de seu tamanho para se furtarem de suas obrigações fiscais ou mesmo para eliminarem a concorrência.

Por certo, o princípio *arm's length* é um importante conceito que deve ser respeitado na produção de normas de impacto em operações internacionais, tais como as regras de preço de transferência e de subcapitalização, posto que nele se assenta o equilíbrio das relações multilaterais entre nações e sociedades empresariais.

5.2.1.2. *Pessoa Vinculada*

Em respeito com o que dispõe o princípio *arm's length*, é necessário que se conceitue o termo pessoa vinculada, delimitando o seu alcance e efeito. Nesse sentido, cabe trazer à colação o artigo 23 da Lei nº 9.430, de 27 de janeiro de 1996[185]:

> Art. 23. Para efeito dos arts. 18 a 22, será considerada vinculada à pessoa jurídica domiciliada no Brasil:
> I – a matriz desta, quando domiciliada no exterior;
> II – a sua filial ou sucursal, domiciliada no exterior;
> III – a pessoa física ou jurídica, residente ou domiciliada no exterior, cuja participação societária no seu capital social a caracterize como sua controladora ou coligada, na forma definida nos §§ 1º e 2º do art. 243 da Lei nº 6.404, de 15 de dezembro de 1976;
> IV – a pessoa jurídica domiciliada no exterior que seja caracterizada como sua controlada ou coligada, na forma definida nos §§ 1º e 2º do art. 243 da Lei nº 6.404, de 15 de dezembro de 1976;

---

[185] BRASIL. **Lei nº 9.430**, de 27 de janeiro de 1996. Dispõe sobre a legislação tributária federal, as contribuições para a seguridade social, o processo administrativo de consulta e dá outras providências. Disponível em:< http://www.planalto.gov.br/ccivil_03/leis/L9430.htm>. Acesso em: 24 de maio de 2017.

V – a pessoa jurídica domiciliada no exterior, quando esta e a empresa domiciliada no Brasil estiverem sob controle societário ou administrativo comum ou quando pelo menos dez por cento do capital social de cada uma pertencer a uma mesma pessoa física ou jurídica;

VI – a pessoa física ou jurídica, residente ou domiciliada no exterior, que, em conjunto com a pessoa jurídica domiciliada no Brasil, tiver participação societária no capital social de uma terceira pessoa jurídica, cuja soma as caracterizem como controladoras ou coligadas desta, na forma definida nos §§ 1º e 2º do art. 243 da Lei nº 6.404, de 15 de dezembro de 1976;

VII – a pessoa física ou jurídica, residente ou domiciliada no exterior, que seja sua associada, na forma de consórcio ou condomínio, conforme definido na legislação brasileira, em qualquer empreendimento;

VIII – a pessoa física residente no exterior que for parente ou afim até o terceiro grau, cônjuge ou companheiro de qualquer de seus diretores ou de seu sócio ou acionista controlador em participação direta ou indireta;

IX – a pessoa física ou jurídica, residente ou domiciliada no exterior, que goze de exclusividade, como seu agente, distribuidor ou concessionário, para a compra e venda de bens, serviços ou direitos;

X – a pessoa física ou jurídica, residente ou domiciliada no exterior, em relação à qual a pessoa jurídica domiciliada no Brasil goze de exclusividade, como agente, distribuidora ou concessionária, para a compra e venda de bens, serviços ou direitos.

Sobre o alcance do conceito referido acima, esclarece Rogério Garcia Peres[186]:

Para definir partes vinculadas, a lei remete-se ao conceito firmado no artigo 23 da Lei nº 9.430/96, que, ao tratar de partes residentes ou domiciliadas no exterior, faz menção a matriz, filial, sucursal, controladora, coligada, controladora, empresa sob ou com controle societário ou administrativo comum, empresas com pelo menos 10% do capital social pertencente à mesma pessoa física ou jurídica, consorciados ou condôminos, dentre outras espécies mais de pessoas físicas e jurídicas.

De acordo com o dispositivo legal supramencionado, é possível depreender que a norma entende como pessoa vinculada aquela que de

---

[186] PERES, op. cit., p. 335.

alguma forma estiver no mesmo organograma societário que a pessoa jurídica localizada no Brasil.

5.2.1.3. *Países com Tributação Favorecida*

Paraíso fiscal (*Tax Heaven*, em inglês) é um conceito criado para denominar países ou sistemas criados para atrair, de algum modo, o investimento estrangeiro. Tais sistemas fiscais oferecem benesses em relação a uma baixa carga tributária, menor burocracia para a implementação de atividades econômicas ou mesmo sigilo quanto à estrutura societária montada sob suas jurisdições.

Por certo, a existência de países com essas características culminou em ações por parte de outras nações no que concerne ao agravamento fiscal para operações com paraísos fiscais. Sobre esse assunto, pontual é a lição de José Henrique Longo[187]:

> Essa Resistência Fiscal se apresenta com aplicação na fonte de alíquotas mais gravosas de tributos incidentes nas operações, com impossibilidade de dedução de despesas, ou mesmo com a incidência de tributo na fonte em operações não tributadas quando praticadas com pessoas com sede ou residência em país não considerado Paraíso Fiscal.

Ainda sobre a questão, Simone Dias Musa indica uma premente necessidade de se legislar sobre o tema, posto que a utilização dos chamados paraísos fiscais muitas vezes ocorre em situações de planejamento tributário abusivo por parte de organizações multinacionais[188]:

> Sem menosprezo da legalidade da competição entre os países e da liberdade de cada jurisdição estabelecer suas próprias políticas tributárias, deve-se reconhecer que operações que envolvem a intermediação dos conhecidos paraísos fiscais são tradicionais instrumentos de planejamento abusivo de multinacionais, prejudicando tanto o Estado de residência como o de

---

[187] LONGO, José Henrique. Paraíso Fiscal. In: MOSQUERA, Roberto Quiroga et al. **O Direito tributário e o mercado financeiro e de capitais**. 2º volume. São Paulo: Dialética, 2010. p. 190.

[188] MUSA, Simone Dias. A normatização das Operações com Jurisdições com Tributação Favorecida e Regimes Fiscais Privilegiados – uma Evolução da Legislação Tributária Brasileira. In: MOSQUERA, Roberto Quiroga et al. **O Direito tributário e o mercado financeiro e de capitais**. 2º volume. São Paulo: Dialética, 2010. p. 356.

fonte. Nesse sentido, e guardadas as devidas proporções – pois é comum ocorrerem exageros na remediação, muitas vezes com o afã de simplificar a fiscalização –, é necessário às nações impor limites às operações com paraísos fiscais, através de uma política fiscal apropriada.

Em se tratando da definição de país com tributação favorecida, conceito esse utilizado para agravar as regras de tributação em vários sistemas jurídicos, inclusive o brasileiro, cabe trazer à luz os artigos 24 e 25 da Lei nº 9.430/1996[189]:

> Art. 24. As disposições relativas a preços, custos e taxas de juros, constantes dos arts. 18 a 22, aplicam-se, também, às operações efetuadas por pessoa física ou jurídica residente ou domiciliada no Brasil, com qualquer pessoa física ou jurídica, ainda que não vinculada, residente ou domiciliada em país que não tribute a renda ou que a tribute a alíquota máxima inferior a vinte por cento.
> § 1º Para efeito do disposto na parte final deste artigo, será considerada a legislação tributária do referido país, aplicável às pessoas físicas ou às pessoas jurídicas, conforme a natureza do ente com o qual houver sido praticada a operação.
> (...)
> § 4º Considera-se também país ou dependência com tributação favorecida aquele cuja legislação não permita o acesso a informações relativas à composição societária de pessoas jurídicas, à sua titularidade ou à identificação do beneficiário efetivo de rendimentos atribuídos a não residentes.
> Art. 24-A. Aplicam-se às operações realizadas em regime fiscal privilegiado as disposições relativas a preços, custos e taxas de juros constantes dos arts. 18 a 22 desta Lei, nas transações entre pessoas físicas ou jurídicas residentes e domiciliadas no País com qualquer pessoa física ou jurídica, ainda que não vinculada, residente ou domiciliada no exterior.
> Parágrafo único. Para os efeitos deste artigo, considera-se regime fiscal privilegiado aquele que apresentar uma ou mais das seguintes características:

---

[189] BRASIL. **Lei nº 9.430**, de 27 de janeiro de 1996. Dispõe sobre a legislação tributária federal, as contribuições para a seguridade social, o processo administrativo de consulta e dá outras providências. Disponível em:< http://www.planalto.gov.br/ccivil_03/leis/L9430.htm>. Acesso em: 24 de maio de 2017.

I – não tribute a renda ou a tribute à alíquota máxima inferior a 20% (vinte por cento);
II – conceda vantagem de natureza fiscal a pessoa física ou jurídica não residente:
a) sem exigência de realização de atividade econômica substantiva no país ou dependência;
b) condicionada ao não exercício de atividade econômica substantiva no país ou dependência;
III – não tribute, ou o faça em alíquota máxima inferior a 20% (vinte por cento), os rendimentos auferidos fora de seu território;
IV – não permita o acesso a informações relativas à composição societária, titularidade de bens ou direitos ou às operações econômicas realizadas.

Tal dispositivo veio em atendimento a inúmeros trabalhos de organismos internacionais, entre os quais diversos documentos publicados pela OCDE, onde se mencionam os chamados *harmful tax regimes*[190], ou seja, países que possuem um regime tributário onde é possível a criação de distorções quanto à tributação da renda ou a circulação de informações.

No que concerne aos trabalhos da OCDE, é de se destacar o primeiro documento que serviu para endereçar a questão da competição fiscal nociva, qual seja, o relatório *Harmful Tax Competition – an Emerging Global Issue*[191]. Emitido em abril de 1998, o relatório permitiu não apenas a identificação de paraísos fiscais, mas também indicou recomendações práticas para combater tais distorções.

Nota-se que, apesar de que na época da promulgação da Lei nº 9.430/1996 o Brasil não fazer parte da OCDE como membro, o Legislador brasileiro procurou se aproximar das recomendações feitas por tal organização, como bem aponta Simone Dias Musa[192]:

Cabe aqui um parênteses para observar que, embora o Brasil não seja membro efetivo da Organização para Cooperação e Desenvolvimento Econô-

---

[190] Tradução livre: "Regimes tributários nocivos".
[191] OCDE. **Harmful Tax Competition – An Emerging Global Issue**. Disponível em: <http://www.oecd-ilibrary.org/taxation/harmful-tax-competition_9789264162945-en>. Acesso em: 30 de maio de 2017. Tradução livre: "Competição tributária nociva – um problema emergente global".
[192] Musa, op. cit., p. 353.

mico (OCDE), as alterações na definição de JTFs ocorridas em 2002 e, posteriormente, em 2008, aproximam o conceito brasileiro de JTF aos objetivos da OCDE, cujo foco, nos últimos anos, foi o de requerer dos paraísos fiscais total transparência do sistema tributário e a troca de informações.

Em que pese o supramencionado artigo criar o contorno das regras para a determinação de um país como de tributação favorecida, é necessário destacar que a Receita Federal do Brasil criou a chamada *Black List*[193], ou seja, uma lista onde elenca os países considerados como paraísos fiscais ou regimes fiscais privilegiados. Sobre o tema, salienta José Henrique Longo[194]:

> Em 2001, a Secretaria da Receita Federal emitiu a Instrução Normativa 188 com a lista dos Países com Tributação Favorecida, também conhecida como Lista dos Paraísos Fiscais ou *Black List*, que na prática passou a ser adotada como relação *numerus clausus* dos países, inobstante a lei (anterior e a atual) não possuir esse caráter exaustivo, mas apenas critério para definir o perfil do país assim considerado.

Deste modo, a Instrução Normativa da Receita Federal do Brasil nº 1.037, de 04 de junho de 2010, possui uma lista com a relação dos países que se encaixam no conceito de "paraísos fiscais". Salienta-se que tal lista é taxativa, como se pode depreender de manifestações já realizadas pela própria Receita Federal do Brasil[195].

5.2.2. *Limite de Endividamento por Operação: Transfer Pricing*

As primeiras regras de preço de transferência surgiram do trabalho realizado pela OCDE em 1979, trabalho que foi intitulado de *Transfer Pricing and Multinational Enterprises*[196]. Inúmeras alterações surgiram desde

---

[193] Tradução livre: "Lista negra".
[194] LONGO, op. cit., p. 196.
[195] Vide artigo 43, § 1º da já revogada Instrução Normativa da Secretaria da Receita Federal nº 25/01.
[196] OCDE. **Transfer Pricing Guidelines for Multinational Enterprises and Tax Administrations**. Disponível em:< http://www.oecd.org/publications/oecd-transfer-pricing-guidelines-for-multinational-enterprises-and-tax-administrations-20769717.htm>. Acesso em: 04 de junho de 2017.

então, mas a percepção continua a mesma: em um cenário comercial dominado por multinacionais, as normas devem transcender fronteiras.

As regras de preço de transferência (*transfer pricing*, em inglês), referem-se ao limite de pagamento por cada operação realizada entre uma empresa e sua pessoa vinculada no exterior. A Receita Federal do Brasil procurou estabelecer, em seu sítio na internet, o significado do termo preço de transferência[197]:

> O termo "preço de transferência" tem sido utilizado para identificar os controles a que estão sujeitas as operações comerciais ou financeiras realizadas entre pessoas vinculadas, sediadas em diferentes jurisdições tributárias, ou quando uma das partes está sediada em país ou dependência com tributação favorecida ou goze de regime fiscal privilegiado.
> Em razão das circunstâncias peculiares existentes nas operações realizadas entre essas pessoas, o preço praticado nessas operações pode ser artificialmente estipulado e, consequentemente, divergir do preço de mercado negociado por empresas independentes, em condições análogas – preço com base no princípio arm's length.

Do ponto de vista das sociedadess, a determinação dos preços praticados em transações internas é de suma importância, o que denota um estudo estratégico por parte daquelas. Desta forma, Alex Augusto Timm Rathke procurou formar um conceito sobre o termo preço de transferência em sua dissertação[198]:

> A condição de descentralização organizacional, contudo, não inibiu a interdependência entre seus estabelecimentos, pois as empresas continuam a realizar transações internas com bem e serviços intermediários ou finais, sendo uma ferramenta para o aumento da eficiência e redução dos custos. Nesses casos, a determinação dos preços a serem praticados nas operações intra-group assume elevada importância. As firmas multinacionais passaram a desenvolver políticas internas e sistemas de precificação com a fina-

---

[197] BRASIL. **Perguntas e Respostas: Capítulo XIX – IRPJ e CSLL – Operações Internacionais 2016.** Disponível em: <http://idg.receita.fazenda.gov.br/orientacao/tributaria/declaracoes-e-demonstrativos/ecf-escrituracao-contabil-fiscal/perguntas-e-respostas-pessoa--juridica-2016-arquivos/capitulo-xix-irpj-e-csll-operacoes-internacionais-2016.pdf/view>. Acesso em: 26 de maio de 2017.
[198] RATHKE, op. cit., p. 13.

lidade de coordenar e controlar a alocação dos recursos econômicos entre suas diversas divisões, de modo que seus objetivos globais sejam alcançados (Swieringa & Waterhouse, 1982; Spicer, 1988; Cools, Emmanuel, & Jorissen, 2008).

Por sua vez, define Luís Eduardo Schoueri o alcance do termo preço de transferência[199]:

> Por preço de transferência entende-se o valor cobrado por uma empresa na venda ou transferência de bens, serviços ou propriedade intangível, a empresa a ela relacionada. Tratando-se de preços que não se negociaram em um mercado livre e aberto, podem eles se desviar daqueles que teriam sido acertados entre parceiros comerciais não relacionados, em transações comparáveis nas mesmas circunstâncias.

Em se tratando de operações envolvendo o pagamento ou o recebimento de juros, as regras de preço de transferência visam evitar duas situações distintas, quais sejam, (i) pessoa jurídica no Brasil contraindo empréstimo com pessoa vinculada no exterior, pagando uma taxa de juros efetivamente maior do que poderia obter no mercado, com o intuito de erodir a base tributável por meio dessa despesa financeira; ou (ii) pessoa jurídica no Brasil emprestando dinheiro à pessoa vinculada no exterior, cobrando uma taxa menor do que a sua vinculada pagaria se contraísse a dívida com outrem, com a intenção de diminuir sua base tributável por meio do recebimento de uma receita financeira defasada.

A utilização de estruturas societárias para erodir a base tributável ou para transferir lucros por meio do pagamento ou o recebimento de juros fez com que o Legislador se atentasse ao dever de estabelecer regras que impusessem limites compatíveis para todos no mercado.

No que concerne ao arcabouço normativo criado em atenção a esses limites, cabe trazer à leitura o artigo 22 da Lei nº 9.430/1996[200]:

> Art. 22. Os juros pagos ou creditados a pessoa vinculada somente serão dedutíveis para fins de determinação do lucro real até o montante que não

---

[199] SCHOUERI, op. cit., p. 11.
[200] BRASIL. **Lei nº 9.430**, de 27 de janeiro de 1996. Dispõe sobre a legislação tributária federal, as contribuições para a seguridade social, o processo administrativo de consulta e dá outras providências. Disponível em: <http://www.planalto.gov.br/ccivil_03/leis/L9430.htm>. Acesso em: 26 de maio de 2017.

exceda ao valor calculado com base em taxa determinada conforme este artigo acrescida de margem percentual a título de spread, a ser definida por ato do Ministro de Estado da Fazenda com base na média de mercado, proporcionalizados em função do período a que se referirem os juros.

§ 1º No caso de mútuo com pessoa vinculada, a pessoa jurídica mutuante, domiciliada no Brasil, deverá reconhecer, como receita financeira correspondente à operação, no mínimo o valor apurado segundo o disposto neste artigo.

§ 2º Para efeito do limite a que se refere este artigo, os juros serão calculados com base no valor da obrigação ou do direito, expresso na moeda objeto do contrato e convertida em reais pela taxa de câmbio, divulgada pelo Banco Central do Brasil, para a data do termo final do cálculo dos juros.

§ 3º O valor dos encargos que exceder o limite referido no caput e a diferença de receita apurada na forma do parágrafo anterior serão adicionados à base de cálculo do imposto de renda devido pela empresa no Brasil, inclusive ao lucro presumido ou arbitrado.

§ 4º Revogado

§ 5º Revogado

§ 6º A taxa de que trata o caput será a taxa:

I – de mercado dos títulos soberanos da República Federativa do Brasil emitidos no mercado externo em dólares dos Estados Unidos da América, na hipótese de operações em dólares dos Estados Unidos da América com taxa prefixada;

II – de mercado dos títulos soberanos da República Federativa do Brasil emitidos no mercado externo em reais, na hipótese de operações em reais no exterior com taxa prefixada; e

III – London Interbank Offered Rate – LIBOR pelo prazo de 6 (seis) meses, nos demais casos.

§ 7º O Ministro de Estado da Fazenda poderá fixar a taxa de que trata o caput na hipótese de operações em reais no exterior com taxa flutuante.

§ 8º Na hipótese do inciso III do § 6º, para as operações efetuadas em outras moedas nas quais não seja divulgada taxa Libor própria, deverá ser utilizado o valor da taxa Libor para depósitos em dólares dos Estados Unidos da América.

§ 9º A verificação de que trata este artigo deve ser efetuada na data da contratação da operação e será aplicada aos contratos celebrados a partir de 1o de janeiro de 2013.

§ 10. Para fins do disposto no § 9º, a novação e a repactuação são consideradas novos contratos.

§ 11. O disposto neste artigo será disciplinado pela Secretaria da Receita Federal do Brasil, inclusive quanto às especificações e condições de utilização das taxas previstas no caput e no § 6º.

Como se pode observar do disposto no parágrafo 11 do mencionado artigo, o Legislador passou o dever de especificar as condições com que o cálculo do limite de pagamento dos juros deve ser efetuado para a Receita Federal do Brasil que, em atendimento, editou a Instrução Normativa da Receita Federal do Brasil nº 1.312, de 28 de dezembro de 2012[201]:

> Art. 38-A. A partir de 1º de janeiro de 2013, os juros pagos ou creditados a pessoa vinculada somente serão dedutíveis para fins de determinação do lucro real até o montante que não exceda ao valor calculado com base em taxa determinada conforme este artigo acrescida de margem percentual a título de spread, a ser definida por ato do Ministro de Estado da Fazenda com base na média de mercado, proporcionalizados em função do período a que se referirem os juros.
> § 1º No caso de mútuo com pessoa vinculada, a pessoa jurídica mutuante, domiciliada no Brasil, deverá reconhecer, como receita financeira correspondente à operação, no mínimo o valor apurado segundo o disposto neste artigo.
> § 2º Para efeito do limite a que se refere este artigo, os juros serão calculados com base no valor da obrigação ou do direito, expresso na moeda objeto do contrato, e convertidos em reais pela taxa de câmbio, divulgada pelo Banco Central do Brasil, para a data do termo final do cálculo dos juros.
> § 3º O valor dos encargos que exceder o limite referido no caput será adicionado ao lucro real e à base de cálculo da CSLL.
> § 4º A diferença de receita apurada na forma do § 2º será adicionada ao lucro real, presumido ou arbitrado e à base de cálculo da CSLL.

---

[201] BRASIL. **Instrução Normativa RFB nº 1.312**, de 28 de dezembro de 2012. Dispõe sobre os preços a serem praticados nas operações de compra e de venda de bens, serviços ou direitos efetuadas por pessoa física ou jurídica residente ou domiciliada no Brasil, com pessoa física ou jurídica residente ou domiciliada no exterior, consideradas vinculadas. Disponível em:< http://normas.receita.fazenda.gov.br/sijut2consulta/link.action?visao=anotado&idAto=39257>. Acesso em: 26 de maio de 2017.

§ 5º Nos pagamentos de juros em que a pessoa física ou jurídica remetente assuma o ônus do imposto, o valor deste não será considerado para efeito do limite de dedutibilidade.

§ 6º O cálculo dos juros a que se refere o caput poderá ser efetuado por contrato ou conjunto de operações financeiras com datas, taxas e prazos idênticos.

§ 7º Para efeito do disposto neste artigo, são consideradas operações financeiras aquelas decorrentes de contratos, inclusive os de aplicação de recursos e os de capitalização de linha de crédito, celebrados com pessoa física ou jurídica residente ou domiciliada no exterior, cuja remessa ou ingresso de principal tenha sido conduzido em moeda estrangeira ou por meio de transferência internacional em moeda nacional.

§ 8º A taxa de que trata o caput será a taxa:

I – de mercado dos títulos soberanos da República Federativa do Brasil emitidos no mercado externo em dólares dos Estados Unidos da América, na hipótese de operações em dólares dos Estados Unidos da América com taxa prefixada;

II – de mercado dos títulos soberanos da República Federativa do Brasil emitidos no mercado externo em reais, na hipótese de operações em reais no exterior com taxa prefixada; e

III – Libor pelo prazo de 6 (seis) meses, nos demais casos.

§ 9º Na hipótese do inciso III do § 8º, para as operações efetuadas em outras moedas nas quais não seja divulgada taxa Libor própria, deverá ser utilizado o valor da taxa Libor para depósitos em dólares dos Estados Unidos da América.

§ 10. A verificação de que trata este artigo deve ser efetuada na data da contratação da operação e será aplicada aos contratos celebrados a partir de 1º de janeiro de 2013.

§ 11. Para fins do disposto no § 10, a novação e a repactuação são consideradas novos contratos.

§ 12. Na hipótese de operações contratadas antes de 31 de dezembro de 2012, a comprovação da data de contratação deverá ser realizada com a demonstração do contrato registrado no Banco Central.

§ 13. Na falta da comprovação do registro, mencionada no § 12, a pessoa jurídica deverá observar o limite de juros, para a despesa ou receita, calculado com base na taxa Libor, para depósitos em dólares dos Estados Unidos da América pelo prazo de 6 (seis) meses, acrescida de 3% (três por cento) anuais a título de spread, conforme disposto no art. 58.

Uma vez especificada a forma de cálculo, cabia ao Ministro da Fazenda indicar a margem percentual a título de *spread* que deveria ser acrescida ao cálculo. Assim, foi publicada no Diário Oficial da União em 02 de agosto de 2013 a Portaria do Ministério da Fazenda nº 427, de 30 de julho de 2013, que dispôs o seguinte[202]:

> Art. 1º A partir de 1º de janeiro de 2013, as margens percentuais a título de spread a serem acrescidas às taxas de juros para fins de dedutibilidade de despesas financeiras na determinação do lucro real e da base de cálculo da CSLL, em operações com vinculadas ou em operações com residentes ou domiciliadas em país com tributação favorecida, será de 3,5% (três e meio por cento).
> Art. 2º As margens percentuais a título de spread a serem acrescidas às taxas de juros para fins de reconhecimento de valor mínimo de receita financeira, na determinação do lucro real e da base de cálculo da CSLL, em operações com vinculadas ou em operações com residentes ou domiciliadas em país com tributação favorecida, será de 2,5% (dois e meio por cento), independentemente da operação.
> Parágrafo único. As margens percentuais a título de spread de que trata o caput será de zero por cento para as operações ocorridas entre 1º de janeiro de 2013 e a data da publicação desta Portaria.

Da conciliação entre todas as normas é possível entender que a sistemática criada para a avaliação do limite do cálculo do preço de transferência tem por base a análise da remuneração do contrato de empréstimo, se pré ou pós-fixado, bem como a verificação da moeda utilizada nesse contrato.

Dessarte, cabe o estudo dos impactos para o caso onde a pessoa jurídica brasileira deve pagar os juros para sua vinculada, ou seja, o máximo que poderá ser pago para que a despesa financeira seja dedutível do IRPJ e da CSLL, calculados em bases reais.

---

[202] BRASIL. **Portaria do Ministério da Fazenda nº 427**, de 02 de agosto de 2013. Dispõe sobre a dedutibilidade e o reconhecimento de receita financeira de juros, em operações com pessoas vinculadas, para fins de apuração do lucro real, conforme as regras de preços de transferência. Disponível em: <http://www.fazenda.gov.br/acesso-a-informacao/institucional/legislacao/portarias-ministerial/2013/portaria-no.-427-de-30-de-julho-de-2013>. Acesso em: 26 de maio de 2017.

Caso o contrato firmado em reais seja remunerado por uma taxa pré-fixada, o cálculo do limite deverá levar em consideração a taxa de mercado dos títulos soberanos brasileiros emitidos em reais, acrescido do *spread* de 3,5%. Sendo pré-fixado, mas firmado em dólar, esse limite será a soma da taxa de mercado dos títulos soberanos brasileiros emitidos em dólar com o *spread* de 3,5%.

Em qualquer outro cenário, ou seja, caso o contrato seja firmado em qualquer outra moeda que não o real ou o dólar, assim como nos casos de a remuneração ser realizada por uma taxa pós-fixada, o cálculo se baseará na taxa LIBOR[203] pelo prazo de seis meses, acrescido do *spread* de 3,5%.

Por sua vez, o cálculo do mínimo que a pessoa jurídica brasileira pode receber a título de renumeração de sua vinculada no exterior tem por diferença à taxa de *spread*.

Desse modo, em se tratando de contrato em reais com taxa de remuneração pré-fixada, o limite será a soma da taxa de mercado dos títulos soberanos brasileiros emitidos em reais com um acrescido do spread de 2,5%. Caso esse contrato seja em dólar com taxa pré-fixada, o limite será da taxa de mercado dos títulos soberanos brasileiros emitidos em dólar, acrescido do *spread* de 2,5%.

Qualquer outro cenário (contratos pré-fixados em outra moeda ou contratos pós-fixados), o limite será a taxa LIBOR pelo prazo de seis meses, acrescido do *spread* de 2,5%.

5.2.3. *Limite Global de Endividamento de Uma Empresa: Thin Capitalization*

As regras de *thin captalization*, ou subcapitalização, são reflexo de uma preocupação com a deterioração da base fiscal há muito tempo observada por diversos países, como por exemplo o Reino Unido, que implementou tais regras em 1995, e a Argentina, em 1998[204].

---

[203] *London Interbank Offered Rate* ou taxa interbancária do mercado de Londres (tradução livre).
[204] VICENTINI, Marcelo Fonseca. Thin Captalization e seus Impactos para Bancos. In: MOSQUERA, Roberto Quiroga et al. **O Direito tributário e o mercado financeiro e de capitais.** 2º volume. São Paulo: Dialética, 2010. p. 247.

Sobre a existência das regras de subcapitalização ao redor do mundo, ensinam Luciana Rosanova Galhardo e Jorge Ney de Figuerêdo Lopes Junior[205]:

> Tais regras existem em diversas jurisdições do mundo com diferentes variações mas, de forma geral, todas buscam o objetivo comum de evitar que empresas locais se financiem com partes relacionadas estrangeiras em proporções de endividamento que sejam consideradas excessivas em relação ao seu nível de capitalização própria.

No que se refere ao alcance dessas regras, Nereida de Miranda Finamore Horta destaca que essas se relacionam com a proporção entre a estrutura de capital das empresas, tendo em vista a dedutibilidade da despesa de juros da base dos impostos corporativos[206]:

> A expressão *thin capitalization* comumente identifica o conjunto de normas de um dado ordenamento jurídico que dispõe sobre a proporção máxima permitida para composição de dívida e capital, para fins de imposto de renda da pessoa jurídica. Ou seja, tal expressão é internacionalmente reconhecida como o conjunto de regras tributárias que definem a composição de capital e dívida para fins dedutibilidade das despesas de juros na determinação da base de cálculo do imposto de renda.

Em arremate à questão enfrentada pela sistemática criada pelas normas de subcapitalização, importante trazer à baila a lição de Rogério Garcia Peres[207]:

> A subcapitalização (*thin capitalization*) tornar-se-á um problema tributariamente relevante quando a tomada de despesas com juros por conta de empréstimos assumir um nível comparativamente elevado em relação ao capital social do tomador. Daí a utilidade das "diversas técnicas pelas quais podem ser evitadas práticas tendentes a ampliar artificialmente as despesas

---

[205] GALHARDO e LOPES JR, op. cit. p. 208.
[206] HORTA, Nereida de Miranda Finamore. As Regras de *Thin Capitalization* e a Exclusão das Operações de Repasse Realizadas pelas Instituições Financeiras. In: MOSQUERA, Roberto Quiroga et al. **O Direito tributário e o mercado financeiro e de capitais**. 2º volume. São Paulo: Dialética, 2010. P. 286.
[207] PERES, op. cit., p. 334.

relativas a juros, de modo a que estes se beneficiem de tratamento fiscal mais favorecido quando comparado com o dos lucros distribuídos".

Em seu processo de maturação do sistema tributário frente às mudanças mundiais, o Brasil introduziu em seu ordenamento jurídico as regras de subcapitalização por meio da Medida Provisória nº 472, de 15 de dezembro de 2009, convertida na Lei nº 12.249, de 11 de junho de 2010. Tal norma procurou contornar a erosão da base fiscal por meio de operações de endividamento abusivo entre empresas do mesmo grupo, como se observa na exposição de motivos da medida supramencionada[208]:

> 29. O art. 24 visa evitar a erosão da base de cálculo do IRPJ e da CSLL mediante o endividamento abusivo realizado da seguinte forma: a pessoa jurídica domiciliada no exterior, ao constituir subsidiária no País, efetua uma capitalização de valor irrisório, substituindo o capital social necessário à sua constituição e atuação por um empréstimo, que gera, artificialmente, juros que reduzem os resultados da subsidiária brasileira.
> 29.1. A dedução desses juros da base de cálculo do IRPJ (alíquota de 15% mais adicional de 10%) e da CSLL (alíquota de 9%) gera uma economia tributária de 34% do seu valor. Mesmo considerando que as remessas para pagamento de juros são tributadas pelo Imposto sobre a Renda Retido na Fonte (IRRF) à alíquota de 15%, resta uma economia tributária de 19%.
> 29.2. A medida torna os juros considerados excessivos indedutíveis, segundo critérios e parâmetros legais. O objetivo é controlar o endividamento abusivo junto a pessoa vinculada no exterior, efetuado exclusivamente para fins fiscais

De acordo com Luciana Rosanova Galhardo e Jorge Ney de Figueirêdo Lopes Junior, as normas de subcapitalização tem por base o risco da erosão fiscal por parte de operações que utilizam instrumentos de dívida em detrimento de investimento em capital[209]:

> O raciocínio que embasa essa preocupação por parte dos diferentes países que adotam esse tipo de legislação é o que, via de regra, a remuneração do

---

[208] BRASIL. **EM Interministerial nº 00180/2009 – MF/MDIC**. Exposição de motivos da Medida Provisória nº 472/09. Disponível em:< http://www.planalto.gov.br/ccivil_03/_ato2007-2010/2009/Exm/EMI-00180-MF-MDIC-09-Mpv-472.htm>. Acesso em: 22 de maio de 2017.
[209] GALHARDO e LOPES JR, op. cit., p. 208.

capital investido por não residentes em determinadas jurisdições é feita por meio de dividendos, que não são dedutíveis, enquanto que o pagamento de juros em operações de dívida normalmente constitui despesa dedutível para a empresa pagadora.

Dessarte, as regras de subcapitalização foram criadas com a expectativa de evitar abusos quanto à captação de recursos no exterior, de modo a erodir a base fiscal brasileira. Suas regras, como se verá abaixo, se relacionam com o limite global de endividamento que uma empresa brasileira deve possuir.

Para que seja possível compreender a sistemática desenhada pelo Ordenamento Jurídico brasileiro quanto à subcapitalização, cabe a análise dos artigos 24 e 25 da Lei nº 12.249/2010[210]:

Art. 24. Sem prejuízo do disposto no art. 22 da Lei nº 9.430, de 27 de dezembro de 1996, os juros pagos ou creditados por fonte situada no Brasil à pessoa física ou jurídica, vinculada nos termos do art. 23 da Lei nº 9.430, de

---

[210] BRASIL. **Lei nº 12.249,** de 11 de junho de 2010. Institui o Regime Especial de Incentivos para o Desenvolvimento de Infraestrutura da Indústria Petrolífera nas Regiões Norte, Nordeste e Centro-Oeste – REPENEC; cria o Programa Um Computador por Aluno – PROUCA e institui o Regime Especial de Aquisição de Computadores para Uso Educacional – RECOMPE; prorroga benefícios fiscais; constitui fonte de recursos adicional aos agentes financeiros do Fundo da Marinha Mercante – FMM para financiamentos de projetos aprovados pelo Conselho Diretor do Fundo da Marinha Mercante – CDFMM; institui o Regime Especial para a Indústria Aeronáutica Brasileira – RETAERO; dispõe sobre a Letra Financeira e o Certificado de Operações Estruturadas; ajusta o Programa Minha Casa Minha Vida – PMCMV; altera as Leis nos 8.248, de 23 de outubro de 1991, 8.387, de 30 de dezembro de 1991, 11.196, de 21 de novembro de 2005, 10.865, de 30 de abril de 2004, 11.484, de 31 de maio de 2007, 11.488, de 15 de junho de 2007, 9.718, de 27 de novembro de 1998, 9.430, de 27 de dezembro de 1996, 11.948, de 16 de junho de 2009, 11.977, de 7 de julho de 2009, 11.326, de 24 de julho de 2006, 11.941, de 27 de maio de 2009, 5.615, de 13 de outubro de 1970, 9.126, de 10 de novembro de 1995, 11.110, de 25 de abril de 2005, 7.940, de 20 de dezembro de 1989, 9.469, de 10 de julho de 1997, 12.029, de 15 de setembro de 2009, 12.189, de 12 de janeiro de 2010, 11.442, de 5 de janeiro de 2007, 11.775, de 17 de setembro de 2008, os Decretos-Leis nos 9.295, de 27 de maio de 1946, 1.040, de 21 de outubro de 1969, e a Medida Provisória no 2.158-35, de 24 de agosto de 2001; revoga as Leis nos 7.944, de 20 de dezembro de 1989, 10.829, de 23 de dezembro de 2003, o Decreto-Lei no 423, de 21 de janeiro de 1969; revoga dispositivos das Leis nos 8.003, de 14 de março de 1990, 8.981, de 20 de janeiro de 1995, 5.025, de 10 de junho de 1966, 6.704, de 26 de outubro de 1979, 9.503, de 23 de setembro de 1997; e dá outras providências. Disponível em: <http://www.planalto.gov.br/ccivil_03/_ato2007-2010/2010/lei/l12249.htm>. Acesso em: 24 de maio de 2017.

27 de dezembro de 1996, residente ou domiciliada no exterior, não constituída em país ou dependência com tributação favorecida ou sob regime fiscal privilegiado, somente serão dedutíveis, para fins de determinação do lucro real e da base de cálculo da Contribuição Social sobre o Lucro Líquido, quando se verifique constituírem despesa necessária à atividade, conforme definido pelo art. 47 da Lei no 4.506, de 30 de novembro de 1964, no período de apuração, atendendo aos seguintes requisitos:

I – no caso de endividamento com pessoa jurídica vinculada no exterior que tenha participação societária na pessoa jurídica residente no Brasil, o valor do endividamento com a pessoa vinculada no exterior, verificado por ocasião da apropriação dos juros, não seja superior a 2 (duas) vezes o valor da participação da vinculada no patrimônio líquido da pessoa jurídica residente no Brasil;

II – no caso de endividamento com pessoa jurídica vinculada no exterior que não tenha participação societária na pessoa jurídica residente no Brasil, o valor do endividamento com a pessoa vinculada no exterior, verificado por ocasião da apropriação dos juros, não seja superior a 2 (duas) vezes o valor do patrimônio líquido da pessoa jurídica residente no Brasil;

III – em qualquer dos casos previstos nos incisos I e II, o valor do somatório dos endividamentos com pessoas vinculadas no exterior, verificado por ocasião da apropriação dos juros, não seja superior a 2 (duas) vezes o valor do somatório das participações de todas as vinculadas no patrimônio líquido da pessoa jurídica residente no Brasil.

§ 1º Para efeito do cálculo do total de endividamento a que se refere o caput deste artigo, serão consideradas todas as formas e prazos de financiamento, independentemente de registro do contrato no Banco Central do Brasil.

§ 2º Aplica-se o disposto neste artigo às operações de endividamento de pessoa jurídica residente ou domiciliada no Brasil em que o avalista, fiador, procurador ou qualquer interveniente for pessoa vinculada.

§ 3º Verificando-se excesso em relação aos limites fixados nos incisos I a III do caput deste artigo, o valor dos juros relativos ao excedente será considerado despesa não necessária à atividade da empresa, conforme definido pelo art. 47 da Lei nº 4.506, de 30 de novembro de 1964, e não dedutível para fins do Imposto de Renda e da Contribuição Social sobre o Lucro Líquido.

§ 4º Os valores do endividamento e da participação da vinculada no patrimônio líquido, a que se refere este artigo, serão apurados pela média ponderada mensal.

§ 5º O disposto no inciso III do caput deste artigo não se aplica no caso de endividamento exclusivamente com pessoas vinculadas no exterior que não tenham participação societária na pessoa jurídica residente no Brasil.

§ 6º Na hipótese a que se refere o § 5º deste artigo, o somatório dos valores de endividamento com todas as vinculadas sem participação no capital da entidade no Brasil, verificado por ocasião da apropriação dos juros, não poderá ser superior a 2 (duas) vezes o valor do patrimônio líquido da pessoa jurídica residente no Brasil.

§ 7º O disposto neste artigo não se aplica às operações de captação feitas no exterior por instituições de que trata o § 1º do art. 22 da Lei no 8.212, de 24 de julho de 1991, para recursos captados no exterior e utilizados em operações de repasse, nos termos definidos pela Secretaria da Receita Federal do Brasil.

Art. 25. Sem prejuízo do disposto no art. 22 da Lei nº 9.430, de 27 de dezembro de 1996, os juros pagos ou creditados por fonte situada no Brasil à pessoa física ou jurídica residente, domiciliada ou constituída no exterior, em país ou dependência com tributação favorecida ou sob regime fiscal privilegiado, nos termos dos arts. 24 e 24-A da Lei nº 9.430, de 27 de dezembro de 1996, somente serão dedutíveis, para fins de determinação do lucro real e da base de cálculo da Contribuição Social sobre o Lucro Líquido, quando se verifique constituírem despesa necessária à atividade, conforme definido pelo art. 47 da Lei nº 4.506, de 30 de novembro de 1964, no período de apuração, atendendo cumulativamente ao requisito de que o valor total do somatório dos endividamentos com todas as entidades situadas em país ou dependência com tributação favorecida ou sob regime fiscal privilegiado não seja superior a 30% (trinta por cento) do valor do patrimônio líquido da pessoa jurídica residente no Brasil.

§ 1º Para efeito do cálculo do total do endividamento a que se refere o caput deste artigo, serão consideradas todas as formas e prazos de financiamento, independentemente de registro do contrato no Banco Central do Brasil.

§ 2º Aplica-se o disposto neste artigo às operações de endividamento de pessoa jurídica residente ou domiciliada no Brasil em que o avalista, fiador, procurador ou qualquer interveniente for residente ou constituído em país ou dependência com tributação favorecida ou sob regime fiscal privilegiado.

§ 3º Verificando-se excesso em relação ao limite fixado no caput deste artigo, o valor dos juros relativos ao excedente será considerado despesa não necessária à atividade da empresa, conforme definido pelo art. 47 da Lei nº 4.506, de 30 de novembro de 1964, e não dedutível para fins do Imposto de Renda e da Contribuição Social sobre o Lucro Líquido.

§ 4º Os valores do endividamento e do patrimônio líquido a que se refere este artigo serão apurados pela média ponderada mensal.

§ 5º O disposto neste artigo não se aplica às operações de captação feitas no exterior por instituições de que trata o § 1º do art. 22 da Lei nº 8.212, de 24 de julho de 1991, para recursos captados no exterior e utilizados em operações de repasse, nos termos definidos pela Secretaria da Receita Federal do Brasil.

Em arremate à questão do alcance que o Legislador buscou ter ao elaborar a norma, cabe trazer à luz as palavras de Luciana Rosanova Galhardo e Jorge Ney de Figueirêdo Lopes Junior[211]:

> Assim, visando impedir que as empresas se financiem com o seu próprio grupo econômico em operações de dívida que poderiam ser consideradas excessivamente alavancadas em relação ao seu balanço se contratadas com terceiros não relacionados, as regras de subcapitalização restringem a dedutibilidade de juros pagos a partes relacionadas no exterior sempre que se verifique essa condição de a empresa estar "subcapitalizada" em relação àquele determinado nível de endividamento.

Como é possível depreender da norma, os juros pagos ou creditados por pessoa jurídica estabelecida no Brasil somente poderão ser dedutíveis caso sejam observados os limites e condições acima descritos. Tais limites e condições, entretanto, são divididos de acordo com o beneficiário desses juros, se situado em "paraíso fiscal" (país com tributação favorecida ou sob regime fiscal privilegiado) ou não.

Dessa forma, caso não sejam atendidas as regras para o cálculo da subcapitalização, a despesa com o pagamento de juros será considerada como não necessária para a atividade da empresa e, portanto, resultará em uma adição permanente no cálculo do IRPJ e da CSLL, calculados em bases reais.

Nesse ponto, cabe um estudo mais minucioso sobre os limites de dedutibilidade.

---

[211] GALHARDO e LOPES JR, op. cit., p. 209.

No caso de pagamento de juros para pessoa vinculada residente ou domiciliada no exterior, não constituída em país com tributação favorecida ou regime fiscal privilegiado, a regra aplicável será a do artigo 24 da Lei nº 12.249/2010.

A regra desse artigo estabelece como limite de endividamento para a empresa pagadora brasileira os seguintes termos[212]:

a) duas vezes o valor da participação da vinculada no patrimônio líquido da pessoa jurídica residente no Brasil (artigo 24, inciso I) e,
b) duas vezes o valor do patrimônio líquido da pessoa jurídica residente no Brasil, no caso de pessoa vinculada no exterior que não tenha participação societária na pessoa jurídica residente no Brasil (artigo 24, inciso II).

Um destaque merece ser feito quanto à estrutura societária que se encontra representada na regra do inciso II. Usualmente, as empresas multinacionais criam em seu organograma uma empresa que servirá para conceder crédito para todas as demais do grupo. Assim, essa empresa denominada *fund provider*[213] nem sempre deterá participação nas demais, ainda que estejam dentro da mesma estrutura societária.

Por fim, deve-se salientar que, além das regras contidas nos incisos I e II do artigo 24 da supramencionada lei, de acordo com o inciso III do mesmo artigo o endividamento global da empresa no Brasil com pessoas vinculadas no exterior não poderá superar a duas vezes o valor do somatório das participações de todas essas pessoas vinculadas no patrimônio líquido da pessoa jurídica brasileira.

Em se tratando de juros pagos à pessoa física ou jurídica residente ou domiciliada em país com tributação favorecida ou regime fiscal privilegiado, a regra a ser aplicada é a contida no artigo 25 da Lei nº 12.249/2010.

De acordo com o estabelecido no *caput* do referido artigo, somente serão dedutíveis os juros pagos caso esses constituam uma despesa necessária à atividade da empresa brasileira e caso o total de endividamento dessa empresa com entidades localizadas em países com tributação favorecida ou regime fiscal privilegiado não supere a 30% (trinta por cento) do valor do patrimônio líquido da pessoa jurídica localizada no Brasil.

---

[212] VICENTINI, op. cit., p. 257.
[213] Tradução livre: "Financiadora".

Por certo, o financiamento das atividades de uma empresa brasileira com uma empresa localizada em "paraíso fiscal" apresenta um gravame muito superior ao limite de endividamento que essa mesma empresa brasileira poderia ter na situação da tomada de empréstimo com uma pessoa vinculada localizada no exterior em país não incluído na Black List[214].

Seja qual for o caso, se o endividamento ocorreu com pessoa vinculada no exterior ou em país de tributação favorecida ou regime fiscal privilegiado, é possível notar que o limite desenhado pela Lei nº 12.249/2010 tem por base o patrimônio líquido da empresa brasileira.

Sob essa perspectiva, parece que o Legislador procurou vincular a estrutura de capital das empresas localizadas no Brasil com o tamanho do capital investido pelos sócios ou acionistas. Em outras palavras, a relação entre a dívida da empresa e o capital social parece ser uma medida de segurança quanto à possibilidade de solvência dessas empresas em relação ao risco da participação dos seus sócios ou acionistas.

Por fim, é necessário trazer para a discussão a possibilidade da cumulação entre as regras de Preço de Transferência e de Subcapitalização.

Como é possível entender dos pontos discutidos nesse e no tópico anterior, tais normativas obedecem a finalidades distintas, quais sejam, a verificação do limite máximo de dedução de juros por operação e o limite global de endividamento da empresa.

Por se tratarem de assuntos e objetivos distintos, uma análise conservadora da intenção do Legislador faz parecer que tais regras não podem ser cumuladas. Dessa maneira, ambos os limites devem ser respeitados, sob pena de ensejarem adições permanentes distintas no cálculo do IRPJ e da CSLL, ajustando a parcela não dedutível dos juros (seja em uma operação individual ou sobre o endividamento total da empresa).

5.2.4. *Imposto sobre Operações Financeiras – Operações de Crédito*

Igualmente ao que acontece em operações de aumento de capital por meio de recursos provenientes do exterior, o Imposto sobre Operações Financeiras (IOF) possui incidência em operações onde o financiamento ocorre por meio de dívida, seja essa contraída dentro da jurisdição brasileira ou no exterior.

---

[214] Leia-se países inseridos na Instrução Normativa nº 1.037/10 por possuírem, no entendimento da Receita Federal do Brasil, tributação favorecida ou regime fiscal privilegiado.

Em se tratando de tomada de recursos, é possível aferir dois fatos geradores passíveis do IOF, quais sejam, em operações de crédito realizadas dentro do Brasil e em operações onde o empréstimo é realizado com recursos do exterior.

Inicialmente, cabe a análise da primeira hipótese, onde uma pessoa jurídica brasileira financia sua operação por meio de crédito tomado dentro do Brasil.

Conforme estabelece o Decreto nº 6.306/2007, o mutuante nas operações de crédito pode ser tanto uma instituição financeira, uma empresa de *factoring*, quanto uma pessoa jurídica ou física, segundo consta do artigo 2º desse diploma[215]:

> Art. 2º O IOF incide sobre:
> I – operações de crédito realizadas:
> a) por instituições financeiras ;
> b) por empresas que exercem as atividades de prestação cumulativa e contínua de serviços de assessoria creditícia, mercadológica, gestão de crédito, seleção de riscos, administração de contas a pagar e a receber, compra de direitos creditórios resultantes de vendas mercantis a prazo ou de prestação de serviços (factoring);
> c) entre pessoas jurídicas ou entre pessoa jurídica e pessoa física

O fato gerador do IOF sobre operações de crédito é a entrega efetiva do valor do empréstimo ou sua colocação à disposição do mutuário, bem como a liberação de cada parcela, caso essa seja a modalidade contratualmente estabelecida (artigo 3º do Decreto nº 6.306/2007).

Estabelecido os sujeitos e o fato gerador, cabe verificar a base de cálculo e a alíquota aplicável nessas operações. Dessa forma, levando em consideração que o mutuário da hipótese sob apreço seja pessoa jurídica e que o valor do principal do contrato de mútuo é usualmente definido, o artigo 7º do supracitado Decreto estabelece que[216]:

---

[215] BRASIL. **Decreto n. 6.306, de 14 de dezembro de 2007**. Regulamenta o Imposto sobre Operações de Crédito, Câmbio e Seguro, ou relativas a Títulos ou Valores Mobiliários – IOF. Disponível em:< http://www.planalto.gov.br/ccivil_03/_ato2007-2010/2007/decreto/d6306.htm>. Acesso em: 17 de junho de 2017.

[216] BRASIL. **Decreto n. 6.306, de 14 de dezembro de 2007**. Regulamenta o Imposto sobre Operações de Crédito, Câmbio e Seguro, ou relativas a Títulos ou Valores Mobiliários –

Art. 7º A base de cálculo e respectiva alíquota reduzida do IOF são
I – na operação de empréstimo, sob qualquer modalidade, inclusive abertura de crédito:
[...]
b) quando ficar definido o valor do principal a ser utilizado pelo mutuário, a base de cálculo é o principal entregue ou colocado à sua disposição, ou quando previsto mais de um pagamento, o valor do principal de cada uma das parcelas:
1. mutuário pessoa jurídica: 0,0041% ao dia
[...]
§ 1º O IOF, cuja base de cálculo não seja apurada por somatório de saldos devedores diários, não excederá o valor resultante da aplicação da alíquota diária a cada valor de principal, prevista para a operação, multiplicada por trezentos e sessenta e cinco dias, acrescida da alíquota adicional de que trata o § 15, ainda que a operação seja de pagamento parcelado.
[...]
§ 15 Sem prejuízo do disposto no caput, o IOF incide sobre as operações de crédito à alíquota adicional de trinta e oito centésimos por cento, independentemente do prazo da operação, seja o mutuário pessoa física ou pessoa jurídica.

Portanto, o Imposto sobre Operações Financeiras em sua modalidade crédito incide a uma alíquota diária de 0,0041% sobre o valor do empréstimo, limitado a 365 dias, acrescida de uma alíquota adicional de 0,38%, para operações locais.

Vencida a análise da hipótese de o crédito ter ocorrido inteiramente dentro da jurisdição brasileira, cabe verificar as situações onde a pessoa jurídica situada no Brasil se vale de financiamento externo. Nesse ponto, é primordial a leitura do artigo 2º, parágrafo 2º do Decreto nº 6.306/2007[217]:

IOF. Disponível em:< http://www.planalto.gov.br/ccivil_03/_ato2007-2010/2007/decreto/d6306.htm>. Acesso em: 17 de junho de 2017.
[217] BRASIL. **Decreto n. 6.306, de 14 de dezembro de 2007**. Regulamenta o Imposto sobre Operações de Crédito, Câmbio e Seguro, ou relativas a Títulos ou Valores Mobiliários – IOF. Disponível em:< http://www.planalto.gov.br/ccivil_03/_ato2007-2010/2007/decreto/d6306.htm>. Acesso em: 17 de junho de 2017.

Art. 2º O IOF incide sobre:
I – operações de crédito realizadas:
[...]
II – operações de câmbio
[...]
§ 2º Exclui-se da incidência do IOF referido no inciso I a operação de crédito externo, sem prejuízo da incidência definida no inciso II.

Como se pode verificar, ainda que a natureza da operação de financiamento externo seja de uma operação de crédito, o Legislador determinou especificamente que as operações de captação de recursos no exterior estão sujeitas ao IOF na modalidade câmbio, em detrimento do IOF crédito.

Dito isso, assim como foi possível apreender da aplicação do IOF quando do aumento de capital por recursos externos, o fato gerador do IOF câmbio é a entrega do valor em moeda estrangeira ou nacional, bem como a sua colocação à disposição do mutuário, no valor correspondente à moeda estrangeira ou nacional posta à disposição por este, tornando-se devido o tributo na liquidação da operação de câmbio, conforme preleciona o artigo 11 do supramencionado Decreto.

Ademais, a base de cálculo do tributo, conforme visto anteriormente, é o montante em moeda nacional recebido, entregue ou posto à disposição, que corresponda ao montante em moeda estrangeira da operação de câmbio, conforme estabelece o artigo 14 do Decreto nº 6.306/2007.

Quanto à alíquota aplicável, o artigo 15-B determina a aplicação de duas alíquotas diferenciadas conforme a situação fática. Assim, a incidência do imposto poderá ter um maior ou menor peso na operação caso o contrato de financiamento externo tenha prazo de até 180 dias ou superior a esse período, como se observa[218]:

Art. 15-B. A alíquota do IOF fica reduzida para trinta e oito centésimos por cento, observadas as seguintes exceções:
[...]

---

[218] BRASIL. **Decreto n. 6.306, de 14 de dezembro de 2007.** Regulamenta o Imposto sobre Operações de Crédito, Câmbio e Seguro, ou relativas a Títulos ou Valores Mobiliários – IOF. Disponível em:< http://www.planalto.gov.br/ccivil_03/_ato2007-2010/2007/decreto/d6306.htm>. Acesso em: 17 de junho de 2017.

XI – nas liquidações de operações de câmbio de ingresso e saída de recursos no e do País, referentes a recursos captados a título de empréstimos e financiamentos externos, excetuadas as operações de que trata o inciso XII: zero;
XII – nas liquidações de operações de câmbio para ingresso de recursos no País, inclusive por meio de operações simultâneas, referente a empréstimo externo, sujeito a registro no Banco Central do Brasil, contratado de forma direta ou mediante emissão de títulos no mercado internacional com prazo médio mínimo de até cento e oitenta dias: seis por cento;

Dessarte, caso o prazo médio mínimo do contrato de empréstimo contraído no exterior seja superior a 180 dias, o IOF câmbio incidirá sobre o montante disponibilizado a uma alíquota de 0%. Diferentemente, sendo o prazo médio mínimo igual ou inferior a esse período, será aplicada uma alíquota de 6% sobre tal valor.

Por certo, esconde-se nas entrelinhas desses dispositivos a intenção do Legislador de privilegiar o investimento estrangeiro de longo prazo, uma vez que a diferença de 6% entre as alíquotas revela um mecanismo de combate ao capital especulativo.

Nesse momento, é importante destacar as ocasiões onde há a conversão de empréstimos contraídos no exterior em investimento estrangeiro direto. Sobre a incidência do IOF nessas situações, já se manifestou a Receita Federal por meio da Solução de Consulta da Divisão de Tributação das Superintendências Regionais da Receita Federal do Brasil/Superintendência Regional da Receita Federal do Brasil nº 10.001/2015, colacionada abaixo[219]:

EMENTA: CAPITALIZAÇÃO DE EMPRÉSTIMO EXTERNO. MOEDA ESTRANGEIRA. OPERAÇÕES SIMULTÂNEAS DE CÂMBIO. COMPRA E VENDA. IOF-CÂMBIO. INCIDÊNCIA.

Na hipótese de conversão de empréstimo externo, contraído em moeda estrangeira, em investimento estrangeiro direto (IED), haverá incidência do IOF sobre as correspondentes operações simultâneas de câmbio, de compra e de venda de moeda estrangeira, determinadas pela regulamentação

---

[219] BRASIL. **Solução de consulta DISIT/SRRF10 nº 10001**, DE 21 DE JANEIRO DE 2015. Imposto sobre Operações de Crédito, Câmbio e Seguros ou relativas a Títulos ou Valores Mobiliários – IOF . Disponível em:< http://sijut2.receita.fazenda.gov.br/sijut2consulta/link.action?visao=anotado&idAto=60868>. Acesso em: 18 de junho de 2017.

cambial, ocorrendo o fato gerador da obrigação tributária no ato da liquidação dos respectivos contratos de câmbio.

EMPRÉSTIMO EXTERNO. PRAZO SUPERIOR AO PRAZO MÉDIO MÍNIMO EXIGIDO. INGRESSO DE RECURSOS. OPERAÇÃO DE CÂMBIO. ALÍQUOTA ZERO. APLICABILIDADE.

À operação de câmbio contratada nos termos do inciso XII do art. 15-B do Decreto nº 6.306, de 2007, com a redação dada pelo Decreto nº 8.325, de 2014, para ingresso de recursos no País, referente a empréstimo externo com prazo superior ao prazo médio mínimo exigido neste inciso XII, é aplicável a alíquota zero do IOF estabelecida pelo inciso XI do mesmo artigo, com a redação dada pelo Decreto nº 8.325, de 2014.

EMPRÉSTIMO EXTERNO. HIPÓTESE DE LIQUIDAÇÃO ANTECIPADA. CONVERSÃO EM INVESTIMENTO DIRETO. IOF DEVIDO. ACRÉSCIMO DE JUROS MORATÓRIOS E MULTA.

No caso de conversão em IED de empréstimo externo, contratado com prazo superior ao prazo médio mínimo previsto para fruição da alíquota zero ou reduzida do IOF, ocorrendo a conversão em prazo inferior ao prazo médio mínimo originalmente exigido, fica caracterizada a liquidação antecipada do referido empréstimo, sujeitando-se o contribuinte ao pagamento do IOF sobre o valor do empréstimo antecipadamente liquidado, acrescido de juros moratórios e multa, desde a data da operação original, e sem prejuízo das demais penalidades previstas. O prazo mínimo exigido para fruição do benefício fiscal e a alíquota do IOF a ser aplicada no caso de liquidação antecipada variam, conforme a legislação vigente à época da contratação do empréstimo.

EMPRÉSTIMO EXTERNO. SAÍDA DE RECURSOS. OPERAÇÕES SIMULTÂNEAS DE CÂMBIO. ALÍQUOTA ZERO. APLICABILIDADE.

Na operação simultânea de câmbio referente à saída de recursos para a quitação do empréstimo, em face da conversão de empréstimo externo em IED, é aplicável a alíquota zero do IOF estabelecida pelo inciso XI do art. 15-B do Decreto nº 6.306, de 2007, com a redação dada pelo Decreto nº 8.325, de 2014.

EMPRÉSTIMO EXTERNO. CONVERSÃO EM INVESTIMENTO ESTRANGEIRO DIRETO. INGRESSO DE RECURSOS. OPERAÇÕES SIMULTÂNEAS DE CÂMBIO. ALÍQUOTA ZERO. APLICABILIDADE.

Na operação simultânea de câmbio referente à entrada de recursos financeiros destinados à integralização de capital social, em face da conversão de

empréstimo externo em IED, é aplicável a alíquota zero do IOF, estabelecida pelo inciso XVIII do artigo 15-B do Decreto nº 6.306, de 2007, com a redação dada pelo Decreto nº 8.325, de 2014.
SOLUÇÃO DE CONSULTA VINCULADA À SOLUÇÃO DE CONSULTA COSIT Nº 261, DE 26.09.2014.

A solução de consulta evidencia que a sistemática adotada para a conversão do empréstimo externo em investimento estrangeiro está intimamente conectada com o prazo do contrato de mútuo. Esse entendimento já havia sido exarado pela Receita Federal do Brasil em outras oportunidades[220] e denota o mesmo raciocínio já explorado acima, ou

---

[220] BRASIL.**Solução de Consulta COSIT nº 261**, de 26 de setembro de 2014. Disponível em:< http://normas.receita.fazenda.gov.br/sijut2consulta/link.action?visao=anotado&idAto=57194>. Acesso em: 18 de junho de 2017. EMENTA: CAPITALIZAÇÃO DE EMPRÉSTIMO EXTERNO. MOEDA ESTRANGEIRA. OPERAÇÕES SIMULTÂNEAS DE CÂMBIO. COMPRA E VENDA. IOF-CÂMBIO. INCIDÊNCIA. Na hipótese de conversão de um empréstimo externo, contraído em moeda estrangeira, em investimento estrangeiro direto (IED), haverá incidência do IOF sobre as correspondentes operações simultâneas de câmbio, de compra e de venda de moeda estrangeira, determinadas pela regulamentação cambial, ocorrendo o fato gerador da obrigação tributária no ato da liquidação dos respectivos contratos de câmbio. EMPRÉSTIMO EXTERNO. PRAZO SUPERIOR AO PRAZO MÉDIO MÍNIMO EXIGIDO. INGRESSO DE RECURSOS. OPERAÇÃO DE CÂMBIO. ALÍQUOTA ZERO. APLICABILIDADE. À operação de câmbio contratada nos termos do inciso XXII do art. 15-A do Decreto nº 6.306, de 2007, com a redação dada pelo Decreto nº 7.698, de 2012, para ingresso de recursos no País, referente a empréstimo externo com prazo superior ao prazo médio mínimo exigido nesse inciso XXII, é aplicável a alíquota zero do IOF estabelecida pelo inciso IX do mesmo artigo, com a redação dada pelo Decreto nº 7.456, de 2011. EMPRÉSTIMO EXTERNO. HIPÓTESE DE LIQUIDAÇÃO ANTECIPADA. IOF DEVIDO. ACRÉSCIMO DE JUROS MORATÓRIOS E MULTA. No caso de conversão em IED de empréstimo externo contratado com prazo superior ao prazo médio mínimo previsto no inciso XXII do art. 15-A do Decreto nº 6.306, de 2007, com a redação dada pelo Decreto nº 7.698, de 2012, ocorrendo a conversão em prazo inferior ao prazo médio mínimo originalmente exigido, fica caracterizada a liquidação antecipada do referido empréstimo, na forma estabelecida pelo § 2º do mesmo art. 15-A, sujeitando-se o contribuinte ao pagamento do IOF sobre o valor do empréstimo antecipadamente liquidado à alíquota de 6% (seis por cento), acrescido de juros moratórios e multa, desde a data da operação original, e sem prejuízo das demais penalidades previstas. EMPRÉSTIMO EXTERNO. SAÍDA DE RECURSOS. OPERAÇÕES SIMULTÂNEAS DE CÂMBIO. ALÍQUOTA ZERO. APLICABILIDADE. Na operação simultânea de câmbio referente à saída de recursos para a quitação do empréstimo, em face da conversão de empréstimo externo em IED, é aplicável a alíquota zero do IOF estabelecida pelo inciso IX do art. 15-A do Decreto nº 6.306, de 2007, com a redação dada pelo

seja, expressa a importância dada àqueles investimentos realizados por prazos mais largos.

Dessarte, e como bem salientado pela Receita Federal, a conversão de empréstimo externo em investimento estrangeiro direito enseja a incidência do IOF na modalidade câmbio. Sendo assim, nos casos onde o financiamento externo foi realizado com termo acima de 180 dias, sua conversão para investimento direto ensejaria uma tributação a uma alíquota de 0%. Caso o termo fosse igual ou inferior a 180 dias, a conversão estaria sujeita à incidência de 6% referente ao IOF.

Igualmente, cabe fazer referência às situações onde ocorre a liquidação antecipada do contrato de empréstimo para sua conversão em investimento direto. Nesses casos, ainda que inicialmente o termo do contrato de empréstimo respeitasse o mínimo exigido para tributação a uma alíquota de 0%, a conversão em prazo inferior sujeita o contribuinte ao pagamento da alíquota de 6%, acrescido de juros moratório e multa, conforme dispõe o paragrafo segundo do artigo 15-B do Decreto nº 6.306/2007[221].

Decreto nº 7.456, de 2011. EMPRÉSTIMO EXTERNO. CONVERSÃO EM INVESTIMENTO ESTRANGEIRO DIRETO. INGRESSO DE RECURSOS. OPERAÇÕES SIMULTÂNEAS DE CÂMBIO. ALÍQUOTA ZERO. APLICABILIDADE. Na operação simultânea de câmbio referente à entrada de recursos financeiros destinados à integralização de capital social, em face da conversão de empréstimo externo em IED, é aplicável a alíquota zero do IOF estabelecida pelo inciso XIX do art. 15-A do Decreto nº 6.306, de 2007, com a redação dada pelo Decreto nº 7.456, de 2011. DISPOSITIVOS LEGAIS: Lei nº 8.894/1994, arts. 5º a 7º; Decreto nº 6.306/2007 – Regulamento do IOF, com alterações posteriores, arts. 1º, 2º, caput e § 3º, 11 e 15-A, caput, incisos IX, XIX, XXII, e § 2º; Resolução CMN/Bacen nº 3.844/2010, arts. 1º, 7º, 10 e 12; Regulamento Anexo I à Resolução CMN/Bacen nº3.844/2010, arts. 1º, 2º, 3º e 5º ; Circular Bacen nº 3.689/2013, arts. 18, 23, 28, 30, 33, 37, 38 e 109; Circular Bacen nº 3.691/2013, arts. 9º, 30, 41, 55, 214 a 216.

[221] BRASIL. **Decreto n. 6.306, de 14 de dezembro de 2007**. Regulamenta o Imposto sobre Operações de Crédito, Câmbio e Seguro, ou relativas a Títulos ou Valores Mobiliários – IOF. Disponível em:< http://www.planalto.gov.br/ccivil_03/_ato2007-2010/2007/decreto/d6306.htm>. Acesso em: 17 de junho de 2017. § 2º Quando a operação de empréstimo for contratada pelo prazo médio mínimo superior ao exigido no inciso XII do caput e for liquidada antecipadamente, total ou parcialmente, descumprindo-se esse prazo mínimo, o contribuinte ficará sujeito ao pagamento do imposto calculado à alíquota estabelecida no inciso citado, acrescido de juros moratórios e multa, sem prejuízo das penalidades previstas no art. 23 da Lei nº 4.131, de 3 de setembro de 1962, e no art. 72 da Lei nº 9.069, de 29 de junho de 1995.

Concluindo, ainda que a modalidade de incidência do IOF seja distinta (crédito e câmbio), tal tributo incide nas operações locais de crédito e naquelas operações de financiamento externo.

5.3. Debêntures

Em que pese o presente trabalho não adentrar com a profundidade merecida no tema, para as companhias que apuram seus tributos sobre o lucro em bases reais, o uso das debêntures em operações de financiamento ganhou uma enorme importância com o passar do tempo.

Dentre as escolhas entre as formas de financiamento, muitas vezes as sociedades encontram razões para preferirem a emissão de debêntures em detrimento do aumento de capital ou mesmo da obtenção de empréstimos. Sob tal tema, preleciona Trajano de Mirando Valverde[222]:

> O aumento de capital, quer pela emissão de ações comuns, quer pela emissão de ações preferenciais, nem sempre é aconselhável, já porque o dinheiro de que necessita a companhia pode ir sendo reembolsado, sem inconvenientes, em um certo lapso de tempo, já porque as condições da própria companhia, ou do mercado, não favorecem a colocação de ações novas. Pode também o aumento de capital não convir ao grupo dirigente, pelo receio de perder o controle da companhia. Enfim, vários são os motivos que podem determinar a preferência para a emissão de debêntures à criação de ações novas, em consequência do aumento de capital.

Por diversas razões, as debêntures podem ser consideradas instrumentos híbridos, uma vez que possuem dentro de sua estrutura características de instrumento de dívida e de capital ao mesmo tempo. Explicado de uma outra maneira, as debêntures são títulos emitidos pelas companhias para captação de recurso no mercado, ou seja, representam uma forma de empréstimo que essas podem tomar com terceiros, ao mesmo passo de que esses títulos conferem alguns direitos de acionista para os seus detentores, como a conversão deste em ação e a possibilidade de participar de assembleias. Nesse ponto, cabe trazer a lição de José Romeu Garcia do Amaral[223]:

---

[222] VALVERDE, 1941 *apud* FERREIRA, 2016, p. 47.
[223] AMARAL, José Romeu Garcia do. **Ensaio sobre o regime jurídico das debêntures**. 2014. 270 f. Dissertação (Mestrado em Direito) – Faculdade de Direito, Universidade de São Paulo, São Paulo. p. 13.

Nítida é a distinção entre o negócio realizado por uma sociedade que necessita de crédito e vai busca-lo junto a uma determinada instituição financeira, formando uma relação jurídica bilateral, e o negócio jurídico de emissão em série de um título de dívida, subscrito e integralizado por uma massa até então desconhecida de credores, que passam a formar a relação jurídica protegida pelas normas de direito societário, de mercado de capitais e de valores mobiliários e, também, pelas regras contidas na escritura de emissão.

Ademais, de acordo com um estudo realizado por Renê Coppe Pimentel, Edna Ferreira Peres e Gerlando Augusto Sampaio Franco de Lima[224], o desenvolvimento econômico e a emissão de debêntures estão intimamente ligados, posto que foi observado um aumento na emissão de tais títulos no período de estabilidade econômica criada pelo plano real.

Assim, esse capítulo irá abordar brevemente a estrutura reservada pelo Ordenamento Jurídico brasileiro à debênture, expondo a sua forma de utilização em operações de financiamento das atividades das sociedades cujo lucro é tributado em bases reais.

5.3.1. *A Natureza e a Abordagem Societária das Debêntures*

Promulgada em 15 de dezembro de 1976, a Lei nº 6.404/1976 (Leis das Sociedades por Ações) veio consolidar o arcabouço normativo das debêntures, tratando de forma específica em seu capítulo V e em outros dispositivos esparços. Por certo, a referida lei sofreu alterações ao longo do tempo, influenciadas principalmente pela evolução das práticas de mercado. Sobre o tema, cabe mencionar a lição de José Romeu Garcia do Amaral[225]:

> Além dos atos normativos acima citados, há um grande esforço de entidades como a BMF & Bovespa [hoje B3] e a ANBIMA para o aperfeiçoamento de regras que possibilitem o desenvolvimento do chamado "novo mercado de renda fixa" – alusão ao regime diferenciado ou segmento especial de listagem de companhias na própria Bovespa.
> Dentre as iniciativas, no âmbito da autorregulação, a publicação do Código ANBIMA de Regulação e Melhores Práticas do Novo Mercado de Renda

---

[224] PIMENTEL; PERES; LIMA, 2011 *Apud* AMARAL, 2014, p. 13.
[225] Ibid., p. 27.

Fixa, com vigência a partir de 09 de março de 2012, passou a exigir a adoção de certos princípios e normas nas ofertas públicas de debêntures, visando "criar as condições necessárias para o surgimento no Brasil de um mercado de renda fixa capaz de financiar parcelas significativas dos investimentos que serão necessários para o desenvolvimento sustentado da economia.

No que diz respeito à natureza das debêntures, a Lei nº 6.385, de 07 de dezembro de 1976, que criou a Comissão de Valores Mobiliários (CVM), elenca expressamente tal instituto como um valor mobiliário, como se pode observar[226]:

> Art. 2º São valores mobiliários sujeitos ao regime desta Lei:
> I – as ações, debêntures e bônus de subscrição;

Dessa maneira, levando em consideração a atual abordagem legislativa do tema, José Romeu Garcia do Amaral define as debêntures da seguinte maneira[227]:

> Diante de tudo o que foi dito acima, pode-se concluir que a debênture tem a natureza de valor mobiliário, representada por um título de dívida, emitido em série, que legitima o seu titular ao exercício dos direitos nele revelados, e que tem por função o financiamento da empresa, dispersando os credores e permitindo a sua livre negociação em mercado organizado e especializado, podendo adotar, em razão de sua tipicidade, os seguintes modelos: simples, conversível em ações ou permanente.

Em que pese a bem fundamentada definição, é de se destacar que atualmente a abordagem de inúmeros institutos jurídicos não se resume a sua vinculação a uma ou outra natureza. Nesse sentido, é necessário ter em mente a existência de empréstimos cujas características se assemelham à participação societária, como se observa[228]:

> Assim, também é importante analisar se os empréstimos realizados pelos sócios possuem características inerentes às participações societárias. Essa

---

[226] BRASIL. **Lei nº 6.385, de 07 de dezembro de 1976**. Dispõe sobre o mercado de valores mobiliários e cria a Comissão de Valores Mobiliários. Disponível em:<http://www.planalto.gov.br/ccivil_03/leis/L6385.htm>. Acesso em: 20 de junho de 2017.
[227] AMARAL, op. cit., p. 59.
[228] LIMA, op. cit., p. 73.

situação pode ser encontrada, por exemplo, em empréstimos com prazo de vencimento demasiadamente longo e fora dos padrões comumente adotados, contratos de empréstimos com possibilidade de conversão da dívida em investimento direto na sociedade, empréstimos com taxa de juros calculada em função dos resultados da sociedade etc.

A depender das características da emissão das debêntures, é possível verificar que o título representativo da dívida entre a companhia e o debenturista também confere a esse direito de participar na sociedade, na conversão da debênture por participação acionária, ou participar nos lucros. Assim, sobre a característica híbrida dos empréstimos:

> Esse entendimento é confirmado por Linda Burilovich que, em seu artigo publicado na revista *The Tax Adviser*, destaca a necessidade de substância econômica da operação de empréstimo por sócios, listando e comentando cada um dos fatores apontados pelo *Internal Revenue Service* dos Estados Unidos da América para a identificação de empréstimos que deveriam, na realidade, ser tratados como investimento direto na sociedade.

A estrutura das debêntures encontra-se fundamentada pela legislação brasileira na Lei nº 6.404/1976, que dispõe[229]:

> Art. 52. A companhia poderá emitir debêntures que conferirão aos seus titulares direito de crédito contra ela, nas condições constantes da escritura de emissão e, se houver, do certificado.

De uma forma simplificada, o artigo supramencionado indica inicialmente que a debênture é um título que encerra em si um contrato de mútuo entre a sociedade e seu debenturista. Inclusive, Lamy Filho e Bulhões Pedreira[230], autores da Lei das Sociedades Anônimas, indicam que as debêntures possuem características de título de dívida.

Todavia, e como já mencionado acima, as debêntures possuem mais do que aspectos de um contrato de mútuo, de modo que, quando conju-

---

[229] BRASIL. **Lei nº 6.404**, de 15 de dezembro de 1976. Dispõe sobre as sociedades por ações. Disponível em: <http://www.planalto.gov.br/ccivil_03/leis/L6404compilada.htm>. Acesso em: 20 de junho de 2017.
[230] LAMY FILHO; PEDREIRA, 1997 *apud* AMARAL, 2014, p. 60.

gado com as disposições da Lei nº 6.385/1976, tal instrumento reveste-se de características intermediárias entre um valor mobiliário e o referido contrato, permitindo à sociedade emissora financiar suas atividades por meio da busca de recursos junto ao mercado.

Ao buscar tais recursos, as companhias podem moldar a estrutura das debêntures conforme a necessidades imposta pelos credores ou de acordo com a atratividade desejada de seus títulos. No que concerne à criação e colocação das debêntures no mercado, cabe trazer à luz o que dispõe o artigo 53 da Lei nº 6.404/1976[231]:

> Art. 53. A companhia poderá efetuar mais de uma emissão de debêntures, e cada emissão pode ser dividida em séries.
> Parágrafo único. As debêntures da mesma série terão igual valor nominal e conferirão a seus titulares os mesmos direitos.

Conforme se observa do dispositivo legal, as sociedadess tem a permissão de realizarem mais de uma oferta de debêntures. Ademais, dentro de uma mesma emissão é possível que a sociedade estabeleça diferentes séries para seus títulos, desde que as debêntures de uma mesma série apresentem igual valor nominal e confirma os mesmos direitos aos seus debenturistas.

Sobre a emissão, cabe colacionar abaixo o artigo 61 da Lei das Sociedades Anônimas, que estabelece a escrituração da emissão desse título[232]:

> Art. 61. A companhia fará constar da escritura de emissão os direitos conferidos pelas debêntures, suas garantias e demais cláusulas ou condições.
> § 1º A escritura de emissão, por instrumento público ou particular, de debêntures distribuídas ou admitidas à negociação no mercado, terá obrigatoriamente a intervenção de agente fiduciário dos debenturistas (artigos 66 a 70).
> § 2º Cada nova série da mesma emissão será objeto de aditamento à respectiva escritura.

---

[231] BRASIL. **Lei nº 6.404**, de 15 de dezembro de 1976. Dispõe sobre as sociedades por ações. Disponível em: <http://www.planalto.gov.br/ccivil_03/leis/L6404compilada.htm>. Acesso em: 20 de junho de 2017.

[232] BRASIL. **Lei nº 6.404**, de 15 de dezembro de 1976. Dispõe sobre as sociedades por ações. Disponível em: <http://www.planalto.gov.br/ccivil_03/leis/L6404compilada.htm>. Acesso em: 20 de junho de 2017.

§ 3º A Comissão de Valores Mobiliários poderá aprovar padrões de cláusulas e condições que devam ser adotados nas escrituras de emissão de debêntures destinadas à negociação em bolsa ou no mercado de balcão, e recusar a admissão ao mercado da emissão que não satisfaça a esses padrões.

Como se pode aferir do artigo acima colacionado, a escritura de emissão das debêntures encerra em si a descrição dos direitos conferidos por tais títulos aos seus debenturistas, garantias e outras cláusulas. Nesse ponto, ensina José Romeu Garcia do Amaral que a fase de emissão das debêntures é realizada por dois procedimentos distintos[233]:

> Divide-se a fase de emissão, por seu turno, em dois procedimentos distintos: o primeiro é o de elaboração e assinatura da escritura de emissão (existência legal do instrumento de criação das debêntures); e o seundo é o registrário, que visa dar cumprimento aos requisitos previstos no art. 62 da LSA e tem por objetivo produzir efeitos perante terceiros (potenciais subscritores do valor mobiliário, credores, etc.).

Uma vez realizadas as considerações acima, existem três diferentes espécies de debêntures que se distinguem pelos motivos que determinam a sua extinção. Dessa maneira, com o objetivo de tornar a debênture mais atrativa para os investidores, as debêntures podem ser simples, conversíveis em ações, ou perpétuas[234].

Inicialmente na história do instituto, a debênture era utilizada como instrumento financeiro, de modo a não permitir sua conversão em ação. Tal perspectiva justifica a visão já exposta de Lamy Filho e Bulhões Pedreira, que entendiam as debêntures como uma forma de mútuo. Tal espécie é conhecida como debênture simples[235]:

> Inicialmente, as debêntures eram utilizadas como instrumentos puramente financeiros e, portanto, não admitiam sua conversibilidade em ações. As debêntures simples, ou não conversíveis, eram típicos instrumentos de dívidas, revestidos das características afeitas aos títulos de crédito, que evitavam

---

[233] Ibid., p. 77.
[234] Ibid., p. 63.
[235] AMARAL, op. cit., p. 64.

a alteração da estrutura acionária e, consequentemente, permitiam o financiamento da atividade sem a diluição do controlador.

As debêntures conversíveis em ações encontram lastro no artigo 57 da Lei das Sociedades Anônimas, que dispõe[236]:

Art. 57. A debênture poderá ser conversível em ações nas condições constantes da escritura de emissão, que especificará:
I – as bases da conversão, seja em número de ações em que poderá ser convertida cada debênture, seja como relação entre o valor nominal da debênture e o preço de emissão das ações;
II – a espécie e a classe das ações em que poderá ser convertida;
III – o prazo ou época para o exercício do direito à conversão;
IV – as demais condições a que a conversão acaso fique sujeita.
§ 1º Os acionistas terão direito de preferência para subscrever a emissão de debêntures com cláusula de conversibilidade em ações, observado o disposto nos artigos 171 e 172.
§ 2º Enquanto puder ser exercido o direito à conversão, dependerá de prévia aprovação dos debenturistas, em assembléia especial, ou de seu agente fiduciário, a alteração do estatuto para:
a) mudar o objeto da companhia;
b) criar ações preferenciais ou modificar as vantagens das existentes, em prejuízo das ações em que são conversíveis as debêntures.

Da leitura do artigo é possível aferir que, ao dispor sobre essa classe de debêntures, o Legislador não quis que o controle da sociedade fosse alterado, uma vez que o parágrafo primeiro determina que os seus acionistas terão direito de preferência para adquirir tais títulos. Além disso, na emissão das debêntures conversíveis deve ficar expressamente estabelecido a forma com que esse título será transformado em ações da companhia.

Por sua vez, as debêntures perpétuas são aquelas não apresentam um termo final, de modo que seu vencimento é estabelecido por condições como inadimplência da obrigação de pagamento de juros pela socie-

---

[236] BRASIL. **Lei nº 6.404**, de 15 de dezembro de 1976. Dispõe sobre as sociedades por ações. Disponível em: <http://www.planalto.gov.br/ccivil_03/leis/L6404compilada.htm>. Acesso em: 20 de junho de 2017.

dade ou mesmo a sua dissolução, situações que devem ser previstas no título no momento da emissão[237]:

> Art. 55 A época do vencimento da debênture deverá constar da escritura de emissão e do certificado, podendo a companhia estipular amortizações parciais de cada série, criar fundos de amortização e reservar-se o direito de resgate antecipado, parcial ou total, dos títulos da mesma série.
> [...]
> § 4º A companhia poderá emitir debêntures cujo vencimento somente ocorra nos casos de inadimplência da obrigação de pagar juros e dissolução da companhia, ou de outras condições previstas no título.

Por fim, é importante salientar que a Lei nº 6.404/1976 criou a possibilidade da emissão de debêntures com garantias fornecidas pela companhia emissora, nos termos de seu artigo 58[238].

5.3.2. *Tributação das Debêntures*

Por certo, as debêntures permitem vantagens fiscais de diferentes ordens, seja para a sociedade emitente, que pode se beneficiar de determinadas deduções na apuração de seus tributos (desde que esta apure os tributos sobre o lucro em bases reais), quanto para o investidor que, em casos específicos, poderá ser tributado a uma alíquota de zero porcento sobre os rendimentos desses títulos.

Ademais, a popularização do uso das debêntures permitiu às sociedades captarem recursos no mercado a um preço inferior ao que conseguiriam junto a uma instituição financeira em caso de um empréstimo, da mesma forma com que permitiu o acesso a investimentos diferenciados tanto para pessoas físicas quanto para pessoas jurídicas que se aventuram nas aplicações financeiras.

Corrobora tal entendimento o boletim Anbima do primeiro trimestre do ano de 2017. Nesse informativo, a referida associação demonstrou

---

[237] BRASIL. **Lei nº 6.404**, de 15 de dezembro de 1976. Dispõe sobre as sociedades por ações. Disponível em: <http://www.planalto.gov.br/ccivil_03/leis/L6404compilada.htm>. Acesso em: 20 de junho de 2017.
[238] BRASIL. **Lei nº 6.404**, de 15 de dezembro de 1976. Dispõe sobre as sociedades por ações. Disponível em: <http://www.planalto.gov.br/ccivil_03/leis/L6404compilada.htm>. Acesso em: 20 de junho de 2017.

que as companhias brasileiras captaram R$ 52,2 bilhões em recursos no mercado nesse período, onde R$ 12,6 bilhões referem-se a títulos de dívida. Diz a Anbima que dentre os títulos de dívida *"se destacam as debêntures, com volume de R$ 8 bilhões no trimestre, dos quais apenas R$ 633 milhões em debêntures incentivadas de infraestrutura"*[239].

Outros dados relativos às debêntures mostram que esse valor mobiliário teve sua importância ressaltada no mercado nos últimos anos. Segundo trabalho apresentado pelo Instituto de Pesquisa Econômica Aplicada (IPEA), o mercado de debêntures cresceu 400% entre 2000 e 2013, sendo a participação desses títulos no total de negociação do mercado doméstico brasileiro crescido de 13% em 2007 para 50% em 2013[240].

Dessa forma, no que concerne à tributação das debêntures, é necessário diferenciar os efeitos tributários que a sociedade emissora aufere com esses títulos e a tributação que acontece ao nível do debenturista. É o que se pretende trazer à análise nos próximos capítulos.

5.3.2.1. *A Tributação do Debenturista*

Antes que se possa adentrar com profundidade no tema da tributação do debenturista, é necessário entender a forma com que as debêntures podem ser remuneradas e o efetivo impacto na tributação que tais formas podem gerar.

Dessarte, a emissão das debêntures pode prever que a sua remuneração ocorra tanto por juros fixos quanto por juros variáveis, por participação no lucro da sociedade ou por prêmio de reembolso, conforme determina o artigo 56 da Lei das Sociedades Anônimas[241]:

> Art. 56. A debênture poderá assegurar ao seu titular juros, fixos ou variáveis, participação no lucro da companhia e prêmio de reembolso.

---

[239] ANBIMA. **Boletim Anbima**. Disponível em: <http://www.anbima.com.br/data/files/88/A4/9C/17/5F75B510A7B832B599A80AC2/BoletimMK_0417.pdf>. Acesso em: 04 de julho de 2017.

[240] IPEA. **Evolução recente do mercado de debêntures no Brasil: As debêntures incentivadas.** Disponível em: < http://www.ipea.gov.br/agencia/images/stories/PDFs/TDs/td_2158.pdf>. Acesso em: 04 de julho de 2017.

[241] BRASIL. **Lei nº 6.404**, de 15 de dezembro de 1976. Dispõe sobre as sociedades por ações. Disponível em: <http://www.planalto.gov.br/ccivil_03/leis/L6404compilada.htm>. Acesso em: 20 de junho de 2017.

CONSEQUÊNCIAS TRIBUTÁRIAS DA DECISÃO SOBRE AS FORMAS DE FINANCIAMENTO

Em que pese o referido valor mobiliário permitir formas diferentes de remuneração, é necessário destacar que a tributação dos rendimentos oriundos do título são tributados de acordo com as regras da tributação de aplicações de renda fixa, segundo o que dispõe os artigos 729, *caput* e 730, IV do Decreto nº 3.000/1999, como se observa abaixo[242]:

> Art. 729. Está sujeito ao imposto, à alíquota de vinte por cento, o rendimento produzido, a partir de 1º de janeiro de 1998, por aplicação financeira de renda fixa, auferido por qualquer beneficiário, inclusive pessoa jurídica imune ou isenta
> Art. 730. O disposto no artigo anterior aplica-se também
> [...]
> IV – aos rendimentos auferidos em operações de adiantamento sobre contratos de câmbio de exportação, não sacado (trava de câmbio), em operações com export notes, **em debêntures**, em depósitos voluntários para garantia de instância e depósitos judiciais ou administrativos quando o seu levantamento se der em favor do depositante. (g.n.)

A tributação dos rendimentos auferidos no mercado financeiro é atualmente regrada pela Instrução Normativa RFB nº 1.585/2015, que determinou a aplicação de alíquotas regressivas do Imposto de Renda Retido na Fonte (IRRF) de acordo com o tempo de aplicação, como se destaca[243]:

> Art. 46. Os rendimentos produzidos por aplicações financeiras de renda fixa e de renda variável, auferidos por qualquer beneficiário, inclusive pessoa jurídica isenta, sujeitam-se à incidência do imposto sobre a renda na fonte às seguintes alíquotas:
> I – 22,5% (vinte e dois inteiros e cinco décimos por cento), em aplicações com prazo de até 180 (cento e oitenta) dias;

---

[242] BRASIL. **Decreto nº 3.000**, de 26 de março de 1999. Regulamenta a tributação, fiscalização, arrecadação e administração do Imposto sobre a Renda e Proventos de Qualquer Natureza. Disponível em: <http://www.planalto.gov.br/ccivil_03/decreto/d3000.htm>. Acesso em: 03 de julho de 2017.
[243] BRASIL. **Instrução Normativa RFB nº 1.585**, de 31 de agosto de 2015. Dispõe sobre o imposto sobre a renda incidente sobre os rendimentos e ganhos líquidos auferidos nos mercados financeiro e de capitais. Disponível em: < http://normas.receita.fazenda.gov.br/sijut2consulta/link.action?idAto=67494&visao=anotado>. Acesso em: 04 de julho de 2017.

II – 20% (vinte por cento), em aplicações com prazo de 181 (cento e oitenta e um) dias até 360 (trezentos e sessenta) dias;
III – 17,5% (dezessete inteiros e cinco décimos por cento), em aplicações com prazo de 361 (trezentos e sessenta e um dias) até 720 (setecentos e vinte) dias;
IV – 15% (quinze por cento), em aplicações com prazo acima de 720 (setecentos e vinte) dias.

Conforme é possível depreender da norma, existe uma indução do comportamento do contribuinte ao criar alíquotas mais vantajosas quanto maior for o tempo da aplicação. Dessa forma, com a aplicação de alíquotas regressivas de IRRF que vão de 22,5% a 15%, para aplicações de até 180 dias ou com mais que 720 dias, respectivamente, o Legislador procurou tornar mais atrativo os investimentos de longo prazo.

Quanto ao imposto retido na fonte, é necessário salientar que esse possui características distintas a depender se o contribuinte é pessoa física ou pessoa jurídica. Assim, enquanto que para as pessoas jurídicas a retenção na fonte será considerada como uma forma de antecipação do imposto devido ao fim do exercício fiscal, para as pessoas físicas o IRRF será considerado como tributação definitiva, como se verifica abaixo[244]:

Art. 70. O imposto sobre a renda retido na fonte sobre os rendimentos de aplicações financeiras de renda fixa e de renda variável ou pago sobre os ganhos líquidos mensais será:
I – deduzido do devido no encerramento de cada período de apuração ou na data da extinção, no caso de pessoa jurídica tributada com base no lucro real, presumido ou arbitrado;
II – definitivo, no caso de pessoa física e de pessoa jurídica optante pela inscrição no Simples Nacional ou isenta.

Ainda sobre a retenção na fonte, cabe indicar que para os não residentes essa é considerada como tributação definitiva em relação aos ganhos de capital auferidos na alienação de bens e direitos; ganhos aufe-

---

[244] BRASIL. **Instrução Normativa RFB nº 1.585**, de 31 de agosto de 2015. Dispõe sobre o imposto sobre a renda incidente sobre os rendimentos e ganhos líquidos auferidos nos mercados financeiro e de capitais. Disponível em: <http://normas.receita.fazenda.gov.br/sijut-2consulta/link.action?idAto=67494&visao=anotado>. Acesso em: 04 de julho de 2017.

ridos em operações realizadas na bolsa de valores, mercadorias, de futuros e assemelhadas; ganhos na alienação de ouro como ativo financeiro; e ganhos líquidos auferidos em operações realizadas nos mercados de liquidação futura, fora de bolsa[245].

No que concerne ao nascimento da obrigação tributária, o fato gerador desse tributo é caracterizado pelo ato de aferir rendimentos periódicos (juros) oriundos das debêntures, bem como a sua alienação quanto título de valor mobiliário, compreendendo essa última como qualquer forma de transmissão de sua propriedade, liquidação, resgate, cessão ou a repactuação do título ou aplicação, conforme dispõe a norma[246]:

> § 2º Para fins de incidência do imposto sobre a renda na fonte, a alienação compreende qualquer forma de transmissão da propriedade, bem como a liquidação, o resgate, a cessão ou a repactuação do título ou aplicação.
> § 3º A transferência de título, valor mobiliário ou aplicação entre contas de custódia não acarreta fato gerador de imposto ou contribuição administrados pela RFB, desde que:
> I – não haja mudança de titularidade do ativo, nem disponibilidade de recursos para o investidor;
> II – a transferência seja efetuada no mesmo sistema de registro e de liquidação financeira e pelo mesmo valor da aplicação.

---

[245] BRASIL. **Instrução Normativa RFB nº 1.500**, de 29 de outubro de 2014. Dispõe sobre normas gerais de tributação relativas ao Imposto sobre a Renda das Pessoas Físicas. Disponível em: <http://normas.receita.fazenda.gov.br/sijut2consulta/link.action?idAto=57670>. Acesso em: 04 de julho de 2017. Texto da Instrução Normativa:
Art. 21. Estão sujeitos à tributação definitiva:
I – ganhos de capital auferidos na alienação de bens e direitos;
[...]
VI – ganhos líquidos auferidos nas operações realizadas em bolsas de valores, de mercadorias, de futuros e assemelhadas;
VII – ganhos líquidos auferidos na alienação de ouro, ativo financeiro; e
VIII – ganhos líquidos auferidos em operações realizadas nos mercados de liquidação futura, fora de bolsa.
Parágrafo único. Estão também sujeitos à tributação definitiva os ganhos de capital e os ganhos líquidos referidos nos incisos I, VI, VII e VIII do caput quando recebidos por pessoas não residentes no País.
[246] BRASIL. **Instrução Normativa RFB nº 1.585**, de 31 de agosto de 2015. Dispõe sobre o imposto sobre a renda incidente sobre os rendimentos e ganhos líquidos auferidos nos mercados financeiro e de capitais. Disponível em: <http://normas.receita.fazenda.gov.br/sijut2consulta/link.action?idAto=67494&visao=anotado>. Acesso em: 04 de julho de 2017.

§ 4º Os rendimentos periódicos produzidos por título ou aplicação, bem como qualquer remuneração adicional aos rendimentos prefixados, serão submetidos à incidência do imposto sobre a renda na fonte por ocasião de seu pagamento, aplicando-se as alíquotas previstas neste artigo, conforme a data de início da aplicação ou de aquisição do título ou valor mobiliário.

§ 5º O imposto sobre a renda incidente sobre os rendimentos periódicos a que se refere o § 4º incidirá, pro rata tempore[247], sobre a parcela do rendimento produzido entre a data de aquisição ou a data do pagamento periódico anterior e a data de sua percepção.

Deste modo, ressalvados os casos onde não há mudança da titularidade da debênture e onde a sua transferência ocorre pelo mesmo valor da aplicação inicial, a alienação do título enseja a tributação pelo IRRF de acordo com as alíquotas regressivas vistas alhures.

Igualmente, incidirá o mencionado tributo sobre os juros pagos pelas debêntures no momento em que forem efetuados os pagamentos. Para a determinação do lapso temporal necessário para determinar o tempo de aplicação e, consequentemente, a alíquota incidente, a contagem será feita a partir da data da aquisição até o momento do pagamento efetivo dos juros. Dessa maneira, caso tenha transcorrido até 180 dias entre a data de aquisição do título até o pagamento dos juros, a alíquota aplicável será de 22,5% sobre o rendimento, diminuindo progressivamente até o patamar de 15% para lapsos maiores do que 720 dias.

Sobre a base de cálculo sobre a qual incidirá o imposto retido na fonte, essa é composta pela diferença positiva entre o valor de alienação e o valor da aplicação, líquido do IOF, caso esse incida sobre a operação. É o que consta do artigo 46, § 1º da Instrução Normativa RFB nº 1.585/2015[248]:

§ 1º A base de cálculo do imposto é constituída pela diferença positiva entre o valor da alienação, líquido do IOF, quando couber, e o valor da aplicação financeira.

---

[247] *Pro rata tempore* significa proporcionalmente ao tempo.
[248] BRASIL. **Instrução Normativa RFB nº 1.585**, de 31 de agosto de 2015. Dispõe sobre o imposto sobre a renda incidente sobre os rendimentos e ganhos líquidos auferidos nos mercados financeiro e de capitais. Disponível em: <http://normas.receita.fazenda.gov.br/sijut-2consulta/link.action?idAto=67494&visao=anotado>. Acesso em: 04 de julho de 2017.

Por fim, é importante trazer à discussão a benesse criada pela Lei nº 12.431/2011, conversão da Medida Provisória nº 517/2010. Com a intenção de fomentar projetos de infraestrutura, assim como estimular projetos de pesquisa, desenvolvimento e inovação, o Legislador criou uma categoria especial de debêntures que, se tomadas como investimento por pessoa física ou jurídica residentes no brasil, serão tributadas sob uma perspectiva mais benéfica, como se observa[249]:

> Art. 2º No caso de debêntures emitidas por sociedade de propósito específico, constituída sob a forma de sociedade por ações, dos certificados de recebíveis imobiliários e de cotas de emissão de fundo de investimento em direitos creditórios, constituídos sob a forma de condomínio fechado, relacionados à captação de recursos com vistas em implementar projetos de investimento na área de infraestrutura, ou de produção econômica intensiva em pesquisa, desenvolvimento e inovação, considerados como prioritários na forma regulamentada pelo Poder Executivo federal, os rendimentos auferidos por pessoas físicas ou jurídicas residentes ou domiciliadas no País sujeitam-se à incidência do imposto sobre a renda, exclusivamente na fonte, às seguintes alíquotas:
> I – 0% (zero por cento), quando auferidos por pessoa física; e
> II – 15% (quinze por cento), quando auferidos por pessoa jurídica tributada com base no lucro real, presumido ou arbitrado, pessoa jurídica isenta ou optante pelo Regime Especial Unificado de Arrecadação de Tributos e Contribuições devidos pelas Microempresas e Empresas de Pequeno Porte (Simples Nacional).

---

[249] BRASIL. **Lei nº 12.431**, de 24 de junho de 2011. Dispõe sobre a incidência do imposto sobre a renda nas operações que especifica; altera as Leis nos 11.478, de 29 de maio de 2007, 6.404, de 15 de dezembro de 1976, 9.430, de 27 de dezembro de 1996, 12.350, de 20 de dezembro de 2010, 11.196, de 21 de novembro de 2005, 8.248, de 23 de outubro de 1991, 9.648, de 27 de maio de 1998, 11.943, de 28 de maio de 2009, 9.808, de 20 de julho de 1999, 10.260, de 12 de julho de 2001, 11.096, de 13 de janeiro de 2005, 11.180, de 23 de setembro de 2005, 11.128, de 28 de junho de 2005, 11.909, de 4 de março de 2009, 11.371, de 28 de novembro de 2006, 12.249, de 11 de junho de 2010, 10.150, de 21 de dezembro de 2000, 10.312, de 27 de novembro de 2001, e 12.058, de 13 de outubro de 2009, e o Decreto-Lei no 288, de 28 de fevereiro de 1967; institui o Regime Especial de Incentivos para o Desenvolvimento de Usinas Nucleares (Renuclear); dispõe sobre medidas tributárias relacionadas ao Plano Nacional de Banda Larga; altera a legislação relativa à isenção do Adicional ao Frete para Renovação da Marinha Mercante (AFRMM); dispõe sobre a extinção do Fundo Nacional de Desenvolvimento; e dá outras providências. Disponível em: < http://www.planalto.gov.br/ccivil_03/_Ato2011-2014/2011/Lei/L12431.htm>. Acesso em: 20 de junho de 2017.

As debêntures incentivadas (ou debêntures de infraestrutura) encerram em si o benefício fiscal de uma alíquota mais benéfica na incidência do imposto de renda retido na fonte. Como é possível observar da norma, o rendimento auferido por pessoas físicas será tributado sob uma alíquota de 0%, enquanto que a tributação sobre o rendimento de pessoas jurídicas ensejará um IRRF de 15% sobre os rendimentos desses títulos.

Segundo dados do IPEA, entre 2012 e maio de 2014 foram autorizadas as emissões de 134 debêntures incentivadas, montante que representa 16% das emissões nesse mesmo período. Prossegue o instituto avaliando os requisitos para a redução da carga tributária[250]:

> Para obter a redução tributária na emissão, a empresa emissora deve entrar em contato com o ministério relacionado a sua área de investimento, apresentando o projeto a ser financiado, as características do título a ser emitido e um termo afirmando que o valor arrecadado será destinado ao investimento descrito. Cada ministério deverá julgar a adequação do investimento e da debênture ao que determina a Lei nº 12.431/2011 e determinar a redução na alíquota do IR para seus investidores.

Em que pese a complexidade do tema, conclui-se que o uso de debêntures (seja de infraestrutura ou não) como forma de investimento pode trazer resultados benéficos para o debenturista, seja por ser um valor mobiliário que permite alcançar boas rentabilidades, seja por gozar de benefícios quanto a sua tributação.

5.3.2.2. *A Tributação da Sociedade Emissora*

Não bastasse as vantagens atribuídas aos debenturistas que foram vistas acima, as debêntures permitem vantagens específicas quanto a possibilidade de deduzir a remuneração desses títulos da apuração do lucro real das empresas.

Diferentemente do que ocorre com o pagamento dos dividendos, o Decreto nº 3.000/1999 estabelece em seu artigo 462, I que a despesa proveniente da remuneração das debêntures pode ser aproveitada como

---

[250] IPEA. **Evolução recente do mercado de debêntures no Brasil: As debêntures incentivadas.** Disponível em: < http://www.ipea.gov.br/agencia/images/stories/PDFs/TDs/td_2158.pdf>. Acesso em: 04 de julho de 2017.

dedução do lucro líquido da apuração das sociedades cujo lucro é tributado em bases reais, como se observa[251]:

> Art. 462. Podem ser deduzidas do lucro líquido do período de apuração as participações nos lucros da pessoa jurídica
> I – asseguradas a debêntures de sua emissão;

É importante salientar que tal dedutibilidade é extensível à determinação do cálculo da Contribuição Social sobre o Lucro Líquido (CSLL), posto que não há previsão legal específica que limite tal benesse à luz do artigo 28 da Lei nº 9.430/1996[252]:

> Art. 28. Aplicam-se à apuração da base de cálculo e ao pagamento da contribuição social sobre o lucro líquido as normas da legislação vigente e as correspondentes aos arts. 1o a 3o, 5o a 14, 17 a 24-B, 26, 55 e 71.

Em que pese o contorno dessa benesse estar bem definido no arcabouço legislativo, não se pode olvidar que existem outros requisitos genéricos para uma despesa ser classificada como dedutível na apuração do IRPJ e da CSLL.

Apenas para retomar o conceito já trabalhado anteriormente, o Regulamento do Imposto de Renda (Decreto nº 3.000/1999) determinou as diretrizes para uma despesa ser dedutível em seu artigo 299. Dessa forma, as despesas devem ser necessárias à atividade da empresa, de modo a visar a manutenção das suas operações. Além disso, tais despesas devem ser consideradas como usuais para o ramo de atividade e operação da empresa, medida essa que visa coibir exageros na extensão da dedutibilidade.

Tendo em mente que a debênture externa a necessidade de as sociedades captarem recursos para financiarem suas atividades é que o Fisco

---

[251] BRASIL. **Decreto nº 3.000**, de 26 de março de 1999. Regulamenta a tributação, fiscalização, arrecadação e administração do Imposto sobre a Renda e Proventos de Qualquer Natureza. Disponível em: <http://www.planalto.gov.br/ccivil_03/decreto/d3000.htm>. Acesso em: 03 de julho de 2017.

[252] BRASIL. **Lei nº 9.430**, de 27 de janeiro de 1996. Dispõe sobre a legislação tributária federal, as contribuições para a seguridade social, o processo administrativo de consulta e dá outras providências. Disponível em: <http://www.planalto.gov.br/ccivil_03/leis/L9430.htm>. Acesso em: 05 de julho de 2017.

tem autuado operações de emissão desse título onde não se verifica a entrada de dinheiro, mas apenas uma alocação estratégica de recursos na contabilidade dessas com vistas a criar uma despesa dedutível.

Dois casos chamam a atenção em relação ao uso de planejamento fiscal agressivo na emissão de debêntures, quais sejam, o caso H Stern[253] e o caso Hospital e Maternidade Santa Joana[254].

Em relação ao primeiro, a empresa H Stern foi autuada por ter a Fiscalização entendido pela impossibilidade da amortização do prêmio pago na aquisição de debêntures emitidas por empresa controlada, uma vez que a operação estaria disfarçando um aumento de capital nessa última. Melhor explicando, houve a realização de uma operação simulada para permitir que a empresa controladora pudesse se aproveitar da amortização do prêmio pago na aquisição dos títulos, bem como permitir que a controlada pudesse deduzir do lucro líquido as despesas com os juros que remuneram as debêntures de sua emissão.

A Fiscalização foi levada a ter tal percepção por verificado que a empresa controlada (HSJ Comercial S.A.) destinou 100% de seus lucros para a remuneração de seus debenturistas que, no caso, era a sua controladora e única acionista (H Stern Comércio e Indústria S.A.), reduzindo a zero a base de cálculo do IRPJ e CSLL. Outro ponto que salta aos olhos é o fato de que o prêmio exigido era cem vezes o valor de face do título:

> Que examinando a Escritura Particular de Emissão Privada de Debêntures, o Certificado de Subscrição das Debêntures e o Instrumento Particular de Quitação e Outras Avenças, apresentados pela HSJ Comercial S/A no curso do procedimento fiscal já mencionado, verifica-se que o valor de face da totalidade das debêntures era de R$1.000.000,00 (um milhão de reais),

---

[253] CONSELHO ADMINISTRATIVO DE RECURSOS FISCAIS. **Consulta de Jurisprudência**. Processo nº 16682.720703/201216. Acórdão nº 1102001.228 – 1ª Câmara / 2ª Turma Ordinária. Sessão de 22 de outubro de 2014. Recorrente: H Stern Comércio e Indústria S.A..Recorrida: Fazenda Nacional. Disponível em:<https://carf.fazenda.gov.br/sincon/public/pages/ConsultarJurisprudencia/listaJurisprudenciaCarf.jsf>. Acesso em: 18 de junho de 2017.

[254] CONSELHO ADMINISTRATIVO DE RECURSOS FISCAIS. **Consulta de Jurisprudência**. Processo nº 16561.720156/201237. Acórdão nº 1301001.979 – 3ª Câmara / 1ª Turma Ordinária. Sessão de 05 de abril de 2016. Recorrente: Hospital e Maternidade Santa Joana S.A..Recorrida: Fazenda Nacional. Disponível em: < https://carf.fazenda.gov.br/sincon/public/pages/ConsultarJurisprudencia/listaJurisprudenciaCarf.jsf>. Acesso em: 18 de junho de 2017.

enquanto o prêmio exigido pela emitente foi de R$100.000.000,00 (cem milhões de reais)

Não bastasse os pontos elencados acima, a tese da Fiscalização ainda tinha a seu favor o fato de que as debêntures emitidas asseguravam direito a percepção de 100% dos lucros do lucro da controlada emitente, além de possuir cláusula de conversibilidade das debêntures em ações que representariam 100% do Patrimônio Líquido daquela:

> Que a interessada é a subscritora de todas as debêntures emitidas pela HSJ e também a única beneficiária das participações, já que ela detém 100% de participação na emissora. As debêntures asseguravam a participação em 100% (cem por cento) dos lucros da emitente e tinham cláusula de conversibilidade das debêntures em ações que representassem 100% do Patrimônio Líquido da emitente, uma vez integralizado o valor de face das debêntures em sua totalidade. A possibilidade de conversão em ações se daria pela totalidade do Patrimônio Líquido, não importando o seu valor nem sua relação com o valor das debêntures

Por fim, mas não menos importante, o prêmio na subscrição das debêntures foi integralmente quitado pela controladora / debenturista com a entrega de uma nota promissória *pro soluto*.

Em que pese as razões elencadas no auto de infração, a empresa autuada procurou impugnar a glosa alertando a existência de proposito negocial na operação. Igualmente, procurou demonstrar que a captação de recursos era necessária para dar seguimento à expansão da empresa, sendo que, sob uma perspectiva de gestão, era vantajosa a emissão do título.

O relator do caso, Conselheiro José Evande Carvalho Araújo, após examinar o caso, entendeu que a emissão das debêntures não foi externada pela captação de recursos, uma vez que a movimentação financeira ficou adstrita ao próprio grupo econômico. Nesse sentido, cabe trazer à luz trecho do acórdão:

> Afinal, qual sócio, mesmo diante da necessidade de novos recursos, haveria de abrir mão da totalidade dos lucros em favor dos terceiros debenturistas? Mais ainda, como as debêntures poderiam ser convertidas em ações equivalentes a 100% do patrimônio líquido da emitente, qual sócio aceitaria renunciar a propriedade da empresa em favor de terceiros?

As considerações do relator deixam patente a verificação de um planejamento abusivo por meio do uso das debêntures com vistas a obter vantagem fiscal indevida.

Por sua vez, o caso Hospital e Maternidade Santa Joana refere-se a uma autuação por ter a sociedade se valido da emissão de debêntures para distribuir lucros (distribuição disfarçada de lucros), com vistas a favorecer pessoa ligada.

A Fiscalização verificou que, não obstante a operação de emissão de debêntures ter ocorrido em conformidade com o que prevê a lei, o intuito que levou tal ato foi o de distribuir lucro aos acionistas da sociedade, aproveitando as benesses fiscais do pagamento dos juros remuneratórios das debêntures.

É de se observar que os valores mobiliários emitidos pela sociedade foram adquiridos unicamente pelos sócios controladores do hospital. Como características, as debêntures não possuíam prazo de vencimento e previam que a sua remuneração seria com base em 85% dos lucros antes da provisão do Imposto de Renda.

Tendo em vista esse cenário, o relator do caso, Conselheiro Waldir Veiga Rocha, entendeu que o uso desse instituto foi desnaturado, de modo que a houve a criação de um um planejamento tributário agressivo, como se observa de trecho de seu voto:

> Apenas com estes quatro pontos, já é possível a constatação de que a operação não se revestiu das características usuais a esse instituto. Toda a argumentação da interessada vai na linha do atendimento às formalidades, mas não é isso que se discute aqui. A afirmação do Fisco é de que a remuneração atribuída às debêntures era, de fato, remuneração do lucro, do capital dos sócios, e que toda a operação teria sido montada com o objetivo de reduzir o lucro tributável. E, da análise dos autos, tenho que tal conclusão é inescapável.

Não se afasta a possibilidade de os acionistas adquirirem debêntures, o que é plenamente permitido. Todavia, remunerar esse título com 85% dos lucros auferidos pela sociedade em detrimento do recebimento de dividendos por parte desses denota o efetivo interesse em aproveitar a dedutibilidade dessa despesa do lucro líquido. Afinal, em uma situação regular não seria crível que os acionistas abrissem mão do recebimento de seus dividendos em favor da remuneração de tais debêntures, como bem salientado pelo relator em parte do acórdão:

> Não faço reparos ao acima exposto. De fato, a operação se revela completamente artificial, fazendo ingressar recursos pertencentes aos sócios aos quais corresponde um passivo infinito (porque sem vencimento) e autorrenovável a cada ano, tanto maior quanto maiores forem os lucros auferidos pela pessoa jurídica. Ou seja, os recursos dos sócios são remunerados pelo lucro da pessoa jurídica. O que seria isso senão a remuneração do capital, e não de debêntures? Um negócio em tais condições nunca seria firmado com terceiros, em livres condições de mercado, o que apenas confirma a premissa do inciso VI do art. 464 do RIR/99.

Em conclusão, é possível ver que o Legislador procurou criar mecanismos que tornasse a emissão das debêntures não só atrativas para os investidores, mas também para as empresas emissoras, que podem se valer da possibilidade de deduzir de seus lucros líquidos a parcela referente à remuneração dos títulos. Entretanto, o uso dessa benesse deve atender não apenas os requisitos legais, mas também ao espírito da lei, que é a captação de recursos para o desenvolvimento de investimento nos projetos da própria empresa, inexistindo espaço para planejamentos onde o foco é o mero aproveitamento fiscal.

5.4. Análise das Decisões Administrativas

Não bastasse entender os aspectos financeiros que envolvem as escolhas entre as formas de financiamento, bem como dominar os impactos tributários de cada decisão tomada, ainda é necessário conhecer a forma pela qual vêm decidindo os tribunais em relação a essas operações.

Sob tal enfoque, o presente tópico irá abordar algumas decisões administrativas onde foi possível observar a discussão sobre a forma com que as empresas financiaram suas atividades e a adequação de tais operações.

Por certo, a interpretação das cortes é sujeita a mudanças conforme as operações evoluam e as estruturas societárias se tornem mais complexas. Todavia, a verificação da formação de jurisprudência em determinado sentido é uma forte ferramenta para os contribuintes antecipa- rem possíveis interpretações de suas atividades aos olhos do Fisco, bem como para a criação de novas vias de negócios.

Dessa forma, o acompanhamento jurisprudencial possui tanta importância quanto o acompanhamento das mudanças legislativas, principalmente para aqueles que estudam a viabilidade de determinadas operações entre o Brasil e empresas multinacionais.

5.4.1. Caso Kolynos-Colgate (Acórdão do Conselho Administrativo de Recursos Fiscais nº 9101-00.287, de 24 de Agosto de 2009)

O presente caso tem como base a autuação sofrida pela empresa Kolynos, na qual a Fiscalização glosou as despesas com juros pagos e variação cambial decorrentes de empréstimo externo, por entende-las como não necessárias. O acórdão teve como resultado a seguinte ementa[255]:

> DESPESAS NÃO NECESSÁRIAS. Caracterizam-se como desnecessárias e, portanto, indedutíveis do Lucro Real, as despesas de juros e variações cambiais relativas a empréstimo efetuado por meio de um contrato de mútuo, em que a mutuante é sócia-quotista que detém 99,99% do capital social da mutuaria e dispunha de recursos para integralizar o capital. Recurso Especial do Procurador Admitido em parte. (Processo nº 16327.001870/2001-42. Recurso nº 101-138.101 Especial do Procurador. Acórdão nº 9101-00.287 – 1ª Turma. Sessão de 24 de agosto de 2009. Recorrente Fazenda Nacional. Interessado Kolynos do Brasil ltda. – Nova razão social Colgate – Palmolive Indústria e Comércio Ltda).

Resumidamente, a questão cinge-se na operação de aquisição dos direitos relativos à marca Kolynos pela Colgate-Palmolive, tendo a operação sido financiada por meio de empréstimos contraídos entre as empresas adquirentes e suas controladoras nos Estados Unidos. A Fiscalização teve a seguinte interpretação da operação:

> A razão principal da fiscalizada não efetuar aumento de capital, está ligada ao aspecto tributário que diretamente influencia o resultado do exercício,

---

[255] CONSELHO ADMINISTRATIVO DE RECURSOS FISCAIS. **Consulta de Jurisprudência**. Processo nº 16327.001870/2001-42. Recurso nº 101-138.101 Especial do Procurador. Acórdão nº 9101-00.287 – 1ª Turma. Sessão de 24 de agosto de 2009. Recorrente: Fazenda Nacional. Interessado: Kolynos do Brasil ltda. (Nova razão social Colgate – Palmolive Indústria e Comércio ltda). Disponível em:< https://carf.fazenda.gov.br/sincon/public/pages/ConsultarJurisprudencia/listaJurisprudenciaCarf.jsf>. Acesso em: 18 de junho de 2017.

uma vez que todos os encargos decorrentes do pagamento do empréstimo, passam a ser deduzidos do lucro líquido e conseqüentemente do lucro real, por serem os mesmo contabilizados como despesa financeira e a matriz no exterior além de receber juros certos, os quais poderão em certos casos sofrer tributação menor do que os dividendos advindos de investimento no exterior e ainda preserva, seu capital contra eventuais desvalorizações da moeda do país da moeda em que se encontra a filial, no caso o Brasil.

Como se observa, a Fiscalização entendeu que as razões que levaram as empresas a estruturarem a operação de aquisição por meio de financiamento externo tinham por base questões meramente tributárias, sem levar em considerações as questões negociais que permearam a aquisição. Ou seja, dispondo de recursos financeiros próprios, as empresas deveriam ter realizado a operação por meio de repasse de capital e não da realização de empréstimo, nos olhos do Fisco.

De acordo com a relatora do caso, Conselheira Adriana Gomes, a contratação de empréstimo não se justifica face à existência de capital suficiente para ser integralizado nas empresas para a realização da referida aquisição. Nas palavras da própria relaora do caso, "se a operação poderia ser 'integralização de capital' ao invés de empréstimos, por mais um raciocínio muito simples já se pode concluir que o empréstimo não era necessário à atividade da empresa".

A Conselheira Adriana Gomes fundou o seu voto no raciocínio de que uma empresa, caso disponha de recursos financeiros, não tem razões para se valer de outras formas de financiamento para a concecussão de seus objetivos sociais. Portanto, a afirmação da desnecessidade das despesas não levou em conta as questões societárias que permeiam o caso, uma vez que a aquisição, ainda que tenha sido realizada por empresas brasileiras, envolvia questões societárias mais profundas discutidas pelas empresas controladoras localizadas no exterior.

5.4.2. Caso Unilever I (Acórdão do Conselho Administrativo de Recursos Fiscais nº 107-09.420, de 25 de Junho de 2008)

O caso destacado acima refere-se à autuação sofrida pela empresa Unilever por dedução de despesa de juros cuja origem remete a um contrato de mútuo contraído com sua controladora no exterior, para aquisição da empresa Kibon. O acórdão proferido pelo Conselho Administrativo de Recursos Fiscais foi assim ementado[256]:

IMPOSTO SOBRE A RENDA DE PESSOA JURÍDICA – IRPJ Exercido: 2001 IRPJ. CSLL. CONTRATO DE MÚTUO. JUROS PASSIVOS. DEDUTIBILIDADE. LANÇAMENTO FUNDADO EM SUPOSTA SIMULAÇÃO. INCORRÊNCIA. Os juros pagos em razão de contrato de empréstimo internacional, devidamente registrado no Banco Central do Brasil, são dedutíveis no procedimento de determinação do lucro real, nos termos da disposição inscrita no art. 22, § 4º, da Lei no. 9.430/96. A desconsideração de negócio jurídico demanda a existência de provas contundentes de simulação. Precedentes deste Conselho. O art. 116, parágrafo único, do Código Tributário Nacional, não se aplica a negócios jurídicos celebrados anteriormente à sua vigência. (Processo nº 16327.002085/2005-31. Recurso nº 154.735 De Ofício. Acórdão nº 107-09.420. Sessão de 25 de Junho de 2008. Recorrente 5ª Turma/DEU-São Paulo/SP. Interessado Unilever Brasil ltda)

Para a Fiscalização, a operação de empréstimo serviu apenas para dissimular a verdadeira intenção da controladora no exterior, qual seja, o aporte de capital na controlada brasileira para posterior aquisição de novo investimento. Tais despesas foram consideradas, pela fiscalização, como desnecessárias, pois teria havido, na realidade, aporte de capital da empresa matriz para a sua afiliada, objetivando a aquisição de novos investimentos. A Unilever, como proprietária da contribuinte, seria dona do investimento, e, ao mesmo tempo, passaria a usufruir rendimentos futuros por conta dos juros pagos pelo empréstimo.

A autuação baseia-se numa presunção de que teria havido uma simulação envolvendo as empresas supracitadas, numa hipotética operação de mútuo. Essa conclusão está baseada, essencialmente, no fato de, no contrato de empréstimo registrado no BACEN, a contribuinte haver informado que a finalidade dos recursos era de capital de giro, tendo estes sido utilizados como investimentos.

---

[256] CONSELHO ADMINISTRATIVO DE RECURSOS FISCAIS. **Consulta de Jurisprudência**. Processo nº 16327.002085/2005-31. Recurso nº 154.735 De Ofício. Acórdão nº 107-09.420. Sessão de 25 de Junho de 2008. Recorrente 5ª Turma/DEU-São Paulo/SP. Interessado Unilever Brasil ltda. Disponível em:< https://carf.fazenda.gov.br/sincon/public/pages/ConsultarJurisprudencia/listaJurisprudenciaCarf.jsf>. Acesso em: 18 de junho de 2017.

Na visão do relator, Conselheiro Hugo Correia Sotero, não houve simulação na utilização de contrato de mútuo. Da mesma forma, o relator entendeu que a utilização dessa via em detrimento do aumento de capital para futuro investimento é legal e guarda conexão com as atividades da empresa.

Desse modo, o voto do relator foi acatado por unanimidade para manter a decisão de primeira instância que julgou improcedente o lançamento realizado em face da Unilever.

5.4.3. *Caso Unilever II (Acórdão do Conselho Administrativo de Recursos Fiscais nº 1103-001.181, de 03 de Março de 2015)*

De uma forma muito similar ao que foi visto acima, nesse caso a Unilever foi autuada pela utilização de contrato de mútuo para aquisição de companhia ao invés do simples aumento de capital para investimento. O acórdão proferido pelo Conselho Administrativo de Recursos Fiscais recebeu a seguinte ementa[257]:

> CONTRATO DE MÚTUO. DESPESAS COM JUROS E VARIAÇÃO CAMBIAL. DEDUTIBILIDADE.
> Comprovada a necessidade da contratação do mútuo para a complementação de recursos destinados ao pagamento de aquisição de participação societária e, consequentemente, expansão dos negócios da pessoa jurídica, as despesas com juros e variação cambial decorrentes deste contrato são consideradas dedutíveis para fins de determinação da base de cálculo da CSLL.
> CONTRATO DE MÚTUO. DECADÊNCIA. VERIFICAÇÃO DOS FATOS, OPERAÇÕES, REGISTROS E ELEMENTOS PATRIMONIAIS COM REFLEXOS TRIBUTÁRIOS FUTUROS.
> A celebração do contrato de mútuo não atrai o termo inicial do prazo decadencial para a data do negócio, pois esse ato, por si só, não gera efeito constitutivo de crédito tributário. Esse efeito sobre a apuração do IRPJ e da CSLL somente nasce quando o sujeito passivo escritura as despesas (caso entenda dedutíveis), o que então repercute na formação da base de cálculo

---

[257] CONSELHO ADMINISTRATIVO DE RECURSOS FISCAIS. **Consulta de Jurisprudência**. Processo nº 16327.001000/200688. Acórdão nº 1103001.181. Sessão de 3 de março de 2015. Recorrente: Unilever Brasil ltda. Recorrida: Fazenda Nacional. Disponível em:< https://carf.fazenda.gov.br/sincon/public/pages/ConsultarJurisprudencia/listaJurisprudenciaCarf.jsf>. Acesso em: 18 de junho de 2017.

dos tributos, seja na formação de prejuízo fiscal ou base negativa, seja na redução do lucro tributável.

NULIDADE DO LANÇAMENTO FISCAL. AUTUAÇÃO POR PRESUNÇÃO. INVERSÃO DO ÔNUS DA PROVA.

Preliminar de nulidade afastada porque a autuação fiscal não foi baseada em indícios ou presunções, mas decorreu da não apresentação de documentos comprobatórios das informações escrituradas pela pessoa jurídica. Nos termos do artigo 264 do RIR/99, a pessoa jurídica é obrigada a conservar, em ordem, os documentos que se refiram a atos ou operações que modifiquem ou possam vir a modificar sua situação patrimonial.

CONTRATO DE MÚTUO. PRECLUSÃO LÓGICA. REABERTURA DE FISCALIZAÇÃO SOBRE PERÍODO JÁ FISCALIZADO. INOCORRÊNCIA. PRELIMINAR REJEITADA

Não há ofensa ao art. 906 do RIR/99 quando inexistir coincidência de matéria e período fiscalizado entre os processos administrativos. (Processo nº 16327.001000/200688. Acórdão nº 1103001.181. Sessão de 3 de março de 2015. Recorrente Unilever Brasil ltda. Recorrida Fazenda Nacional)

O termo de autuação baseou-se no raciocínio de que a despesa com os juros decorrentes do empréstimo contraído pela empresa brasileira não se justificaria, uma vez que não havia sido visualizado nenhuma relação com a atividade do contribuinte:

> [...] não de investimento, conforme constava no pedido de autorização para o empréstimo, não ficou comprovada a real necessidade da geração das despesas de juros e variação cambial dele decorrentes, não guardando relação com a atividade exercida pela contribuinte e com a manutenção da respectiva fonte produtora, sendo, portanto, consideradas indedutíveis para fins de apuração do lucro real e da base de cálculo da CSLL, por não estarem revestidas de usualidade e normalidade

Na visão do Conselheiro Breno Ferreira Martins Vasconcelos, relator do caso, entendeu que tal despesa é considerada algo da operação natural da empresa, podendo ser deduzida da apuração dos tributos corporativos. Ademais, cabe mencionar que o relator deixou consignado expressamente em seu voto que as empresas possuem liberdade para escolher os métodos mais adequados para conduzir suas atividades:

Ademais, retornando à análise da necessidade de tais despesas, a Constituição Federal, por meio de seus artigos 1º, inciso VIII e 170 garante a liberdade de contratar e o livre exercício de qualquer atividade econômica, sendo permitido ao empresário buscar, portanto, as mais diversas formas de conduzir o seu próprio negócio.

Dessarte, em que pese a autuação se fulcrar em uma verificação subjetiva por parte do Fiscal, na análise do caso prevaleceu a livre iniciativa em detrimento dos efeitos fiscais das decisões tomadas pelo contribuinte.

5.4.4. Caso Light (Acórdão do Conselho Administrativo de Recursos Fiscais nº 1301-001.206, de 08 de maio de 2013)

O presente caso trata-se da autuação da empresa Light Serviços de Eletricidade Ltda., uma vez que essa teria contabilzado indevidamente no resultado de sua operação dos anos de 2001 e 2002 despesa financeira decorrente de empréstimo quitados em exercícios anteriores (1999). O caso recebeu a seguinte ementa no Conselho Administrativo de Recursos Fiscais[258]:

> DESPESAS FINANCEIRAS. GLOSA. AMORTIZAÇÃO DE EMPRÉSTIMO ANTERIOR À APROPRIAÇÃO DE SEUS ENCARGOS FINANCEIROS. INOCORRÊNCIA. São dedutíveis do lucro real as despesas de juros e variações cambiais passivas decorrentes de empréstimos contraídos pelo autuado junto a duas empresas controladas no exterior. Inocorre amortização antecipada do empréstimo em razão da transferência de recursos do autuado para as empresas controladas a título de aumento de capital. O aumento de capital não pode ser descaracterizado e considerado como amortização dos empréstimos, por se tratar de transações distintas e regularmente formalizadas. Não ha disposição legal que afaste da regra geral de dedutibilidade os juros incorridos sobre empréstimos entre controlada e controladora, na hipótese de ocorrer aumento de capital. DECORRÊNCIA. CSLL. A improcedência do lançamento do IRPJ implica o cancelamento

---

[258] CONSELHO ADMINISTRATIVO DE RECURSOS FISCAIS. **Consulta de Jurisprudência**. Processo nº 18471.001351/2006-51. Acórdão nº 1301-001.206. Sessão de 08 de maio de 2013. Recorrente: Light Serviços de Energia ltda. Recorrida: Fazenda Nacional. Disponível em: <https://carf.fazenda.gov.br/sincon/public/pages/ConsultarJurisprudencia/listaJurisprudenciaCarf.jsf>. Acesso em: 18 de junho de 2017.

da exigência dele decorrente. (Processo nº18471.001351/2006-51. Acórdão nº 1301-001.206. Sessão de 08 de maio de 2013. Recorrente: Light Serviços de Energia ltda. Recorrida: Fazenda Nacional)

De acordo com o termo lavrado pelo Fiscal, a autuação teve por base o fato de que houve o pagamento de juros para controladas no exterior disfarçado de aumento de capital, raciocínio que surgiu do descasamento temporal entre a quitação dos contratos de empréstimo e a apropriação da despesa de juros.

Igualmente, houve o entendimento por parte da Fiscalização de que a emprsa autuada constituiu duas controladas no exterior com o intuito exclusivo de se valer da possibilidade do uso dessas como veículo de financiamento externo.

Explica-se.

A empresa autuada emitiu títulos para captação de recurso no exterior, títulos que foram adquiridos pelas suas subsidiárias Light Overseas Investment Limited (LOI) e LIR Energy Limited (LIR) nas Ilhas Cayman. Concomitantemente, a primeira subsidiária emitiu títulos e a segunda captou recursos junto a instituições financeiras. Prosseguindo com a operação, a empresa Light realizou aumento de capital em suas subsidiárias, sendo tais valores utilizados para a quitação das dívidas dessas. Nesse ponto, cabe colacionar trecho do voto do relator que explica o racional da autuação[259]:

> Segundo a recorrente, em brevíssimas palavras, a autuada constituiu no exterior as subsidiárias LOI e LIR com o objetivo de lá obter recursos. Tais empresas fizeram empréstimos de curto prazo com a finalidade de adquirirem títulos de longo prazo emitidos pela controladora, o que ocorreu quando esta emitiu os Eurobonds e os Intercompany Bonds e, respectivamente, LOI e LIR os adquiriram. A Light fez aumentos de capital em LOI e em LIR com o claro objetivo de pagamento ou repactuação, por aquelas, dos empréstimos de curto prazo efetuados. Assim, sob a roupagem de aumento de

---

[259] CONSELHO ADMINISTRATIVO DE RECURSOS FISCAIS. **Consulta de Jurisprudência**. Processo nº 18471.001351/2006-51. Acórdão nº 1301-001.206. Sessão de 08 de maio de 2013. Recorrente: Light Serviços de Energia ltda. Recorrida: Fazenda Nacional. Disponível em: <https://carf.fazenda.gov.br/sincon/public/pages/ConsultarJurisprudencia/listaJurisprudenciaCarf.jsf>. Acesso em: 18 de junho de 2017.

CONSEQUÊNCIAS TRIBUTÁRIAS DA DECISÃO SOBRE AS FORMAS DE FINANCIAMENTO

capital das controladas, a contribuinte terminou antecipando o pagamento da dívida que com elas contraiu ao emitir os títulos de crédito internacionais. Os empréstimos foram pagos em prazo inferior a 96 meses e, portanto, os juros remetidos ao exterior estão sujeitos à regra do artigo 8º da Lei nº 9.779/99.

Em que pese os argumentos que sustentam a autuação, é de se destacar que a emissão dos títulos pela empresa Light para captação de recursos no exterior foi autorizada pelo próprio Banco Central do Brasil, que validou a operação. Igualmente, foi observado que a captação de recursos internacionais pelas subsidiárias da empresa Light dependiam de um capital social mais robusto, exigência feita pelos credores estrangeiros, de modo que o aumento de capital realizado nessas estava mais proximamente relacionado com a viabilidade da captação dos recursos do que com uma eventual simulação de pagamento de juros por meio de aumento de capital. Conforme destacado no voto[260]:

> Ficou demonstrado que o aumento de capital das subsidiárias não ocorreu com o intuito de amortizar a dívida da suplicante, a qual permanece inalterada. A referida capitalização deu-se para cumprir exigências das instituições financeiras estrangeiras, credoras das subsidiárias, que, em face da conjuntura econômica brasileira, demandaram mais capital das empresas brasileiras como garantia aos empréstimos de curto prazo que estas pretendiam prorrogar ou repactuar.

É de se sublinhar que uma consequência lógica do raciocínio acima exposto é a de que não houve descasamento temporal entre a efetiva quitação dos contratos de empréstimo e a apropriação das despsas de juros, uma vez que a operação de aumento de capital não pode ser considerada como forma de amortização daqueles contratos.

Ademais, o argumento de utilização do aumento de capital das subsidiárias para que essas pudessem saldar seus compromissos com seus

---

[260] CONSELHO ADMINISTRATIVO DE RECURSOS FISCAIS. **Consulta de Jurisprudência**. Processo nº 18471.001351/2006-51. Acórdão nº 1301-001.206. Sessão de 08 de maio de 2013. Recorrente: Light Serviços de Energia ltda. Recorrida: Fazenda Nacional. Disponível em: <https://carf.fazenda.gov.br/sincon/public/pages/ConsultarJurisprudencia/listaJurisprudenciaCarf.jsf>. Acesso em: 18 de junho de 2017.

credores internacionais não descaracteriza a existência da dívida entre a empresa Light e suas controladas. Existindo a dívida, a possibilidade da apropriação das despesas de juros torna-se plenamente efetiva.

Por tais razões, foi afastada a autuação da empresa Light, por restar demonstrada a validade da operação realizada na captação de recursos no exterior.

5.4.5. Caso Monsanto (Acórdão do Conselho Administrativo de Recursos Fiscais nº 1302-00.565, de 25 de maio de 2011)

A Monsanto do Brasil foi autuada pela realização de empréstimos irregulares que, segundo a vsão da Fiscalização, tinham como objetivo dissimular uma operação de aumento de capital, criando despesa de juros e de variação cambial desnecessárias, de modo a diminuir a base tributável dos tributos sobre o lucro. O caso recebeu a seguinte ementa pelo CARF[261]:

> DESPESAS NECESSÁRIAS. O pagamento de juros a empresa não vinculada, referente a negociação de títulos que foram repassados a bancos no exterior e cujos recursos foram aplicados pela recorrente em investimentos ligados à sua atividade produtiva, constituem despesa necessária e, portanto, dedutível da base de cálculo do IRPJ e da CSLL. MULTA QUALIFICADA. RECURSO DE OFÍCIO. Negase provimento ao recurso de ofício que afastou a multa qualificada diante da ausência dos pressupostos previstos nos art. 71 a 73 da Lei 4502/64. IMPORTAÇÃO. PREÇOS DE TRANSFERÊNCIA. AJUSTES. Comprovada, após diligência, a inexistência de ajuste relativo a um dos produtos objeto da autuação, exonerase parcialmente a exigência. RO Negado e RV Provido Crédito Tributário Exonerado (Processo nº 16327.002025/2005-18. Acórdão nº 1302-000.565. Sessão de 26 de maio de 2011. Recorrentes: Monsanto do Brasil Ltda e Fazenda Nacional)

De acordo com o que se depreende do acórdão, houve a criação de quatro sociedades de propósito específico (SPE) no Brasil, quais sejam,

---

[261] CONSELHO ADMINISTRATIVO DE RECURSOS FISCAIS. **Consulta de Jurisprudência**. Processo nº 16327.002025/2005-18. Acórdão nº 1302-000.565. Sessão de 26 de maio de 2011. Recorrentes: Monsanto do Brasil Ltda e Fazenda Nacional. Disponível em:< https://carf.fazenda.gov.br/sincon/public/pages/ConsultarJurisprudencia/listaJurisprudenciaCarf.jsf>. Acesso em: 18 de junho de 2017.

Triple A, São Luiz, Equity e LSC, com o intuito de captar recursos para capital de giro e investimentos, o que, no olhar do Fisco, serviu apenas para estruturar uma única operação entre a empresa Monsanto Brasil e suas controladoras no exterior (aumento de capital disfarçado de empréstimo).

Dessa forma, as empresas Triple A e São Luiz emitiram títulos em nome da empresa Monsanto Colombiana, que os transferiu para instituições financeiras italianas. Os recursos captados por tais empresas foram repassados às empresas Equity e LSC, que os transmitiram para a empresa Monsanto do Brasil, mediante assunção de dívida. Destaca-se que as quatro empresas brasileiras foram incoporadas pela Monsanto do Brasil após a operação.

Após, a empresa Monsanto Company resgatou os títulos emitidos pelas empresas brasileiras que se encontravam em posse das referidas instituições italianas e realizou um aumento de capital na empresa Monsanto do Brasil.

Igualmente, a Fiscalização questionou a real necessidade da criação de dívidas, posto que a empresa Monsanto da Colombia detinha a totalidade do capital das empresas Triple A e São Luiz, que no final apenas geraram uma obrigação para a empresa Monsanto do Brasil. Disso denota, de acordo com a visão do Fisco, que houve na realidade um aumento de capital nesta empresa pela sua matriz no exterior, onde o pagamento de juros e de despesa de variação cambial apenas serviu para erodir a base tributável da empresa brasileira.

Todavia, insta salientar que a empresa autuada logrou demonstrar que as complexas operações não se tratavam de uma cortina de fumaça para esconder um ato simulado. A forma como foi estruturada a situação tem relação com a melhor forma de concatenar as diferentes legislações dos países envolvidos. De acordo com a impugnação da autuada[262]:

> De acordo com a legislação tributária dos EUA na época, uma empresa americana, em certas condições, estaria obrigada a registrar como "receita

---

[262] Conselho Administrativo De Recursos Fiscais. **Consulta de Jurisprudência**. Processo nº 16327.002025/2005-18. Acórdão nº 1302-000.565. Sessão de 26 de maio de 2011. Recorrentes: Monsanto do Brasil Ltda e Fazenda Nacional. Disponível em:< https://carf.fazenda.gov.br/sincon/public/pages/ConsultarJurisprudencia/listaJurisprudenciaCarf.jsf>. Acesso em: 18 de junho de 2017.

presumida própria" os juros dos empréstimos que fossem pagos diretamente a um terceiro credor no exterior, quando o pagamento fosse efetuado por empresa operacional associada à empresa americana. Seria essa a situação da empresa americana da Monsanto ligada à impugnante, se a impugnante figurasse diretamente como devedora dos títulos. Caso a própria impugnante fosse a emitente dos títulos, a tributação dos juros seria feita de forma efetiva na instituição financeira estrangeira que adquiriu os títulos, e, uma segunda vez, de forma presumida, na Monsanto dos EUA, empresa americana ligada à pagadora dos juros segundo a legislação daquele país.

Segundo o relator do caso, Conselheiro Marcos Rodrigues de Mello, os títulos foram devidamente emitidos pelas empresas brasileiras com o aval do Banco Central, tendo os juros sido pagos para instituições financeiras sem vínculo com a Monsanto do Brasil.

Ademais, segundo seu posicionamento, o transcurso do tempo entre a emissão dos títulos, envio dos recursos, pagamento dos juros e o efetivo aumento de capital, evidencia que não houve a real intenção de dissimular esse último ato por meio de intrincadas operações de empréstimos. Cabe trazer a colação parte do voto[263]:

> Entendo, portanto, que não foi demonstrada a alegada simulação e, portanto, sendo a operação declarada de mútuo, tendo sido efetivamente pagos os juros, tendo sido os recursos efetivamente aplicados em investimentos da recorrente, devem as despesas ser consideradas dedutíveis, por serem necessárias ao desenvolvimento das atividades empresariais da recorrente.
>
> Importa dizer que mesmo a legislação posteriormente vigente, que trata das situações de subcapitalização, não proíbe que empresas vinculadas realizem operações de mútuo, mas apenas restringe a dedutibilidade quando os valores ultrapassem o dobro da participação da empresa vinculada do exterior no patrimônio líquido da empresa brasileira.

Portanto, no deslinde do caso sob apreço, a operação de financiamento foi considerada pelo relator sob as mesmas circunstâncias que

---

[263] CONSELHO ADMINISTRATIVO DE RECURSOS FISCAIS. **Consulta de Jurisprudência**. Processo nº 16327.002025/2005-18. Acórdão nº 1302-000.565. Sessão de 26 de maio de 2011. Recorrentes: Monsanto do Brasil Ltda e Fazenda Nacional. Disponível em:< https://carf.fazenda.gov.br/sincon/public/pages/ConsultarJurisprudencia/listaJurisprudenciaCarf.jsf>. Acesso em: 18 de junho de 2017.

foram utilizadas pela autuada e sua matriz no exterior para tornar viável a captação de recursos e o aumento de capital da Monsanto Brasil.

5.4.6. *Caso ArcelorMittal (Acórdão do Conselho Administrativo de Recursos Fiscais nº 1402-001.875, de 26 de novembro de 2014)*

A empresa ArcelorMittal foi autuada em razão de repasse de empréstimo de sua controlada na Holanda a título de pré-pagamento de exportação. O caso recebeu a seguinte ementa no Conselhor Administrativo de Recursos Fiscais[264]:

> NULIDADE. INOCORRÊNCIA. FALHAS NO MANDADO DE PROCEDIMENTO FISCAL MPF. INSTRUMENTO DE CONTROLE DA ADMINISTRAÇÃO. INEXISTÊNCIA QUE NÃO CAUSA NULIDADE DO LANÇAMENTO. O Mandado de Procedimento Fiscal MPF é mero instrumento interno de planejamento e controle das atividades e procedimentos fiscais, não implicando nulidade as eventuais falhas na emissão e trâmite desse instrumento. RESULTADO CONSOLIDADO. CONTROLADAS INDIRETAS. PLANEJAMENTO TRIBUTÁRIO ABUSIVO. Demonstrado nos autos que a consolidação do resultado das controladas indiretas nas controladas diretas, sendo esta desprovida de propósito negocial, teve o intuito exclusivo de evitar a tributação dos resultados, correta a desconsideração dos efeitos tributários daí decorrentes, e o procedimento de entender como disponibilizados diretamente na controladora no Brasil, os lucros das controladas indiretas. DEDUTIBILIDADE DE DESPESAS. REQUISITOS DE NECESSIDADE, USUALIDADE E NORMALIDADE. São dedutíveis como operacionais as despesas não computadas nos custos, necessárias à atividade da empresa e à manutenção da respectiva fonte produtora, necessárias, normais e usuais para o desenvolvimento do seu objeto social. TRIBUTAÇÃO REFLEXA. CSLL. Aplica-se à tributação reflexa idêntica solução dada ao lançamento principal em face da estreita relação de causa e efeito. (Processo nº 16643.000326/2010-91. Acórdão nº 1402-001.875. Sessão de 26 de

---

[264] Conselho Administrativo De Recursos Fiscais. **Consulta de Jurisprudência**. Processo nº 16643.000326/2010-91. Acórdão nº 1402-001.875. Sessão de 26 de novembro de 2014. Recorrente: ArcelorMittal Tubarão Comercial S.A. Recorrido: 3ª Turma da DRJ/SPO. Disponível em:< https://carf.fazenda.gov.br/sincon/public/pages/ConsultarJurisprudencia/listaJurisprudenciaCarf.jsf>. Acesso em: 18 de junho de 2017.

novembro de 2014. Recorrente: ArcelorMittal Tubarão Comercial S.A. Recorrido: 3ª Turma da DRJ/SPO.)

Conforme foi informado no auto de infração, o empréstimo recebido pela controlada no exterior na verdade tratava-se de dividendos e, caso assim o fosse, a ampresa autuada não teria despesas com juros ou variação cambial passiva a diminuir seu resultado tributável. Melhor explicando, uma vez que a subsidiária possuía lucros acumulados e era plenamente capaz de disponibilizar recursos via distribuição de dividendos, não haveria razão para a existência de uma operação de empréstimo com sua controladora. Ademais, consta do acórdão[265]:

> Constatação essencial à desconsideração de pessoas jurídicas implementada pela autoridade fiscal é a existência de elementos que configurem a falta de propósito negocial ou outra forma de abuso de direito com finalidade elisiva. No presente caso, além de apontar indícios de falta de autonomia, a fiscalização confronta os balanços apresentados pela fiscalizada para demonstrar que os resultados apurados pela CST OVERSEAS transitaram apenas formalmente pelo patrimônio das empresas mais próximas à fiscalizada no Brasil na cadeia societária. Principalmente a CST BV, cujos lucros estariam "protegidos" da pretensão fiscal brasileira por tratado internacional firmado entre Brasil e Holanda, seria, no entender da fiscalização, apenas uma pessoa jurídica intencionalmente interposta na cadeia societária com o propósito específico de não ter os lucros da CST OVERSEAS tributados no Brasil. A tese da fiscalização repousa na constatação de que a fiscalizada no Brasil era a destinatária final dos lucros originados na CST Overseas (Cayman), os quais eram recebidos a título de empréstimos para fins de pré-pagamento de exportação, contidos nas contas 112901/21 pela CST BV (contas de ativo) e 214114/314 pela fiscalizada (conta do ativo). A interposição das empresas CST BV e da SKADDEN teria se prestado a transformar esses lucros em lucros protegidos por tratado internacional firmado entre Brasil e Reino

---

[265] CONSELHO ADMINISTRATIVO DE RECURSOS FISCAIS. **Consulta de Jurisprudência**. Processo nº 16643.000326/2010-91. Acórdão nº 1402-001.875. Sessão de 26 de novembro de 2014. Recorrente: ArcelorMittal Tubarão Comercial S.A. Recorrido: 3ª Turma da DRJ/SPO. Disponível em:< https://carf.fazenda.gov.br/sincon/public/pages/ConsultarJurisprudencia/listaJurisprudenciaCarf.jsf>. Acesso em: 18 de junho de 2017.

Unido, que territorialmente não alcança o país em que efetivamente auferidos os lucros em questão (Ilhas Cayman).

Como se observa no caso em questão, a utilização de operação de empréstimo revelou-se como forma de repasse do resultado positivo de empresa controlada pela autuada no exterior, situada em paraíso fiscal. A empresa ArcelorMittal não buscou realizar uma operação de financiamento com o intuito de dar seguimento a alguma atividade sua, mas na verdade evitar a carga tributária decorrente de lucro auferido em país de tributação favorecida.

Por essa razão, decidiu o acórdão pela desconsideração dos efeitos tributários pretendidos pela empresa ArcelorMittal na construção de sua estrutura societária, entendendo como disponibilizados diretamente para a controladora brasileira os lucros das controladas no exterior.

5.4.7. Caso Renovias Concessionária (Acórdão do Conselho Administrativo de Recursos Fiscais nº 1301-001.514, de 7 de maio de 2014)

A empresa Renovias Concessionárias sofreu autuação motivada por uma suposta redução inconsistente da base tributável motivada pela despesa financeira gerada por debêntures emitidas pela autuada. O acórdão recebeu a seguinte ementa[266]:

> DESPESAS. NECESSIDADE. DEBÊNTURES, DISTRIBUIÇÃO E DIVIDENDOS. Considerando que para a fiscalização o motivo da glosa foi o fato de que a distribuição dos dividendos que se deu em valor superior ao mínimo previsto nos estatutos seria mera liberalidade o que não autorizaria a dedutibilidade proporcional das despesas financeiras com juros sobre as debêntures emitidas, importa registrar que o resultado prático da decisão do contribuinte foi o efetivo pagamento dos dividendos, direito inarredável dos acionistas, e indiscutivelmente necessário à manutenção da fonte produtiva dela contribuinte. (Processo nº 10865.720825/201270. Acórdão nº 1301001.514 – 3ª Câmara / 1ª Turma Ordinária. Sessão de 07 de maio de

---

[266] CONSELHO ADMINISTRATIVO DE RECURSOS FISCAIS. **Consulta de Jurisprudência**. Processo nº 10865.720825/2012-70. Acórdão nº 1301-001.514. Sessão de 07 de maio de 2014. Recorrente: Renovias Concessionária S.A. Recorrida: Fazenda Nacional. Disponível em: <https://carf.fazenda.gov.br/sincon/public/pages/ConsultarJurisprudencia/listaJurisprudencia-Carf.jsf>. Acesso em: 18 de junho de 2017.

2014. Recorrente: Renovias Concessionária S.A. Recorrida: Fazenda Nacional)

Conforme evidenciado pela descrição do acórdão, o caso consistiu na verificação por parte da Fiscalização da geração de despesa com o pagamento de juros referentes à remuneração de debêntures emitidas pela empresa. Tal despesa foi entendida como desnecessária e, portanto, glosada, uma vez que a captação dos recursos visava ao pagamento de dividendos acima do mínimo estabelecido em lei para os acionistas da companhia.

Segundo os argumentos da autoridade que realizou a autuação, a colocação desses títulos no mercado implica em despesas financeiras relacionadas à remuneração do debenturista a um patamar de mercado, diminuindo assim o seu resultado tributável. Dessa forma, realizar tal operação com o intuito de remunerar os acionistas acima do mínimo legal não justifica a necessidade desse dispêndio.

Por sua vez, a empresa Renovias baseou sua defesa na alegação de qua a Fiscalização não pode efetuar lançamentos com base em sua visão de administração de negócios, ou seja, não pode existir ingerência do Poder Público nas decisões da companhia. Prossegue apontando que a Fiscalização não questionou os requisitos legais para a emissão das debêntures, motivo pelo qual elas estariam aptas a produzir seus efeitos, inclusive os tributários.

Ademais, a empresa autuada aduz que o fato de ter disponibilizado dividendo maior que o mínimo estabelecido pela legislação não implica em uma infração à lei. Os dividendos são um direito do acionista e o principal motivo do desenvolvimento da atividade empresarial, sendo que, uma vez deliberados e aprovados pela Assembleia Geral Ordinária, tornam-se uma obrigação para a companhia.

Após a verificação dos autos, houve por bem a 3ª Câmara / 1ª Turma Ordinária da Primeira Seção de Julgamento decidir pela improcedência do auto de infração, afastando a glosa das despesas de juros das debêntures.

De acordo com o voto do relator, Conselheiro Edwal Casoni de Paula Fernandes Jr., a distribuição de dividendos não se trata de ato de liberalidade da empresa para ter que justificar a dedutibilidade da despesa financeira à luz do artigo 299 do Decreto nº 3.000/1999 (Regulamento do Imposto de Renda). Para ele, o pagamento de dividendos é o objetivo que as empresas buscam alcançar em um sistema capitalista, não podendo o Fisco ingerir sobre tal tema[267]:

> É preciso ter em mente, considerado o cenário fático posto na espécie, que a contribuinte emitiu as tais debentures tendo em conta a necessidade de efetivar o pagamento dos dividendos aos seus acionistas e, para tanto, serviu-se das regras e taxas praticadas no mercado, resultando daí despesas financeiras suportadas e deduzidas pela contribuinte, em clara atitude de repercussão puramente gerencial, insuscetível de ingerência do Fisco.

Além disso, a remuneração das debêntures emitidas se deu em consonância com os padrões de mercado, o que revestiu o caso com uma efetiva imagem de regularidade da operação. Assim, as escolhas gerenciais tomadas pela direção da empresa, quando executadas no fiel cumprimento da lei e dos padrões de mercado, não permitem questionamentos por parte da Fiscalização.

Ainda em relação ao argumento de que o pagamento de dividendos não pode se dar em detrimento da geração de despesa financeira que afete o resultado da empresa, o relator diz que "tal raciocínio, ao meu sentir, desvirtua a própria norma, impondo ao contribuinte que sempre opte por estruturações societárias e econômicas que redundem em majoração da tributação, situação que não se revela suportada pela legislação de regência". Prossegue o Conselheiro[268]:

> Ademais, torno a dizer que as debêntures em questão, previstas nas Leis nº 6.385/1976 e nº 6.404/1976, têm exatamente a finalidade de satisfazer as necessidades financeiras da empresa e, em contrapartida, asseguram a seus detentores direito de crédito contra a emissora, ou seja, nutrem o

---

[267] CONSELHO ADMINISTRATIVO DE RECURSOS FISCAIS. **Consulta de Jurisprudência**. Processo nº 10865.720825/2012-70. Acórdão nº 1301-001.514. Sessão de 07 de maio de 2014. Recorrente: Renovias Concessionária S.A. Recorrida: Fazenda Nacional. Disponível em: <https://carf.fazenda.gov.br/sincon/public/pages/ConsultarJurisprudencia/listaJurisprudenciaCarf.jsf>. Acesso em: 18 de junho de 2017.

[268] CONSELHO ADMINISTRATIVO DE RECURSOS FISCAIS. **Consulta de Jurisprudência**. Processo nº 10865.720825/2012-70. Acórdão nº 1301-001.514. Sessão de 07 de maio de 2014. Recorrente: Renovias Concessionária S.A. Recorrida: Fazenda Nacional. Disponível em: <https://carf.fazenda.gov.br/sincon/public/pages/ConsultarJurisprudencia/listaJurisprudenciaCarf.jsf>. Acesso em: 18 de junho de 2017.

efetivo escopo de captação de recursos financeiros, mediante o atendimento de formalidades legais, que como vimos, nestes autos se deu dentro da mais absoluta normalidade.

Ora, se a captação dos recursos financeiros é legitima, e o pagamento dos dividendos aos acionistas decorre da própria lógica do sistema, não vejo fundamento para a aautuação somente porque a contribuinte substituiu o passivo Dividendos a Pagar por aquele gerado com as debêntures, e este produziu despesas financeiras que foram deduzidas do resultado enquanto o primeiro não produziria qualquer resultado dedutível.

Desta forma, ficou demonstrado no caso que a despesa financeira decorrente da remuneração das debêntures emitidas pela emrpesa Renovias é dedutível e faz parte das operações da empresa, não ficando evidenciado um caráter de simulação ou fraude em seu uso.

6. Os Impactos do BEPS

O projeto BEPS veio não apenas para trazer à tona situações onde as empresas multinacionais criavam mecanismos para transferir lucros para países de baixa (ou nenhuma) tributação ou para erodir a base tributável dos Fiscos, mas também para recomendar ações que pudessem contornar os efeitos nocivos de tais práticas.

Entre as quinze ações descritas no documento apresentado pela Organização para a Cooperação e Desenvolvimento Econômico (OCDE), encontram-se o Plano de Ação nº 02, que tem como objetivo neutralizar os efeitos causados por mecanismos híbridos; o Plano 04, cujo foco remete para os planejamentos tributários envolvendo a dedutibilidade de juros; e o Plano 13, que trata da troca de informação entre países.

Como se pode observar, a utilização de falhas entre as legislações dos países, a falta de transparência das operações criadas por empresas multinacionais e o risco do uso dos juros para de alguma forma distorcer a arrecadação em um nível global são algumas das principais preocupações levantadas pelos membros da OCDE.

Assim, a forma como tais questões foram endereçadas e as soluções encontradas para tais situações serão abordadas nesse capítulo.

6.1. Plano de Ação nº 02: a Erosão da Base Tributária por Meio do Uso de Mecanismos Híbridos

O consenso em termos da definição da natureza jurídica de um mecanismo nem sempre é algo fácil de alcançar. Ainda que seja possível destacar uma corrente predominante de pensamento, muitas vezes não é possível desprezar as ideias bem fundamentadas das vozes dissonantes. Esse é o âmago do Plano de Ação nº 02 do BEPS.

A existência de entidades, instrumentos e operações que possuem uma natureza ambígua não é uma novidade para o Erário dos mais diversos países. Todavia, não era possível combater os efeitos que tais situações podem gerar sem que antes existisse uma intensa coordenação de políticas internacionais.

Afinal, quando verificados dentro de uma mesma jurisdição, os efeitos desses mecanismos híbridos podem ensejar uma postura reativa do Poder Legislativo de maneira a mitigar o desquadre arrecadatório. Entretanto, a falta de entrosamento internacional entre os países muitas vezes mascarara situações de erosão da base tributária simplesmente pela falta de consenso na definição da natureza de um instrumento ou operação. Segundo a OCDE, a definição desses desquadres é a que segue[269]:

> Hybrid mismatch arrangement exploit differences in the tax treatment of an entity or instrument under the laws of two or more tax jurisdictions to achieve double non-taxation, including long-term deferral. These types of arrangements are widespread and result in a substantial erosion of the taxable bases of the countries concerned. They have an overall negative impact on competition, efficiency, transparency and fairness.

Procurando contornar a utilização de mecanismos híbridos, o Plano de Ação 02 tem como objetivo aumentar a coerência internacional em termos de tributação da renda por meio de recomendações de melhores práticas. Tais recomendações são divididas em dois grupos distintos, quais sejam, mudanças na tributação doméstica dos países e alte-

---

[269] OCDE. **Neutralising the Effects of Hybrid Mismatch Arrangements, Action 2.** Disponível em: <https://read.oecd-ilibrary.org/taxation/neutralising-the-effects-of-hybrid-mismatch-arrangements-action-2-2015-final-report_9789264241138-en#page3>. Acesso em: 24 de julho de 2018. Tradução livre: "Mecanismos híbridos exploram diferenças no tratamento fiscal de uma entidade ou instrumento submetido à legislação de dois ou mais países com vistas a alcançar a dupla não-tributação ou um diferimento de longo prazo. Esses tipos de mecanismos são amplamente utilizados e resultam em substancial erosão da base tributável dos países. Em geral, tais mecanismos têm um impacto negativo na competição, eficiência, transparência e justiça".

rações na Convenção-Modelo da própria OCDE (*Model Tax Convention*). De acordo com o documento final do Plano de Ação 02[270]:

> Once translated into domestic and treaty law, these recommendations will neutralize hybrid mismatches, by putting an end to multiple deductions for a single expense, deductions without corresponding taxation or the generation of multiple foreign tax credits for one amount of foreign tax paid. By neutralizing the mismatch in tax outcomes, the rules will prevent these arrangements from being used as a tool for BEPS without adversely impacting cross-border trade and investment.

No que diz respeito ao Brasil, dois instrumentos são historicamente tidos como de natureza híbrida, quais sejam, os Juros sobre o Capital Próprio e as Debêntures.

Como visto anteriormente, em que pese a interpretação do artigo 202, parágrafo 1º da Lei nº 6.404/1976 indicar que a natureza dos JCP se relaciona como uma forma especial de dividendos, é impossível abafar as correntes de pensamento que apontam um caráter híbrido em tal instrumento. Afinal, o seu pagamento enseja uma despesa dedutível do cálculo do IRPJ e da CSLL em bases reais, o que se assemelha mais ao pagamento de um empréstimo do que de uma participação societária.

Inclusive, tal discussão gera repercussões além das fronteiras nacionais, como se pode notar de o julgamento IR nº 6/11 do Supremo Tribunal Federal de Finanças da Alemanha[271], e do julgamento do recurso nº 1130/2014 pelo Tribunal Supremo da Espanha[272].

---

[270] OCDE. **Neutralising the Effects of Hybrid Mismatch Arrangements, Action 2.** Disponível em: <https://read.oecd-ilibrary.org/taxation/neutralising-the-effects-of-hybrid-mismatch-arrangements-action-2-2015-final-report_9789264241138-en#page3>. Acesso em: 24 de julho de 2018. Tradução livre: "Uma vez refletidas nas leis domésticas e nos tratados, essas recomendações neutralizarão os mecanismos híbridos, colocando fim a múltiplas deduções para uma única despesa, deduções sem a tributação correspondente ou a geração de múltiplos créditos para uma mesma quantia de tributo recolhido. Neutralizando esses desquadres tributários, tais regras vão prevenir a utilização de tais mecanismos como forma de erodir a base tributária e transferir lucros, sem que isso impacte o comércio e investimento a nível internacional".

[271] BUNDESFINANZHOF. **Consulta de Jurisprudência.** Processo I R nº 6/11. Julgado em 06 de junho de 2012. Disponível em: <http://juris.bundesfinanzhof.de/cgi-bin/rechtsprechung/document.py?Gericht=bfh&Art=en&nr=26620>. Acesso em: 26 de julho de 2018.

[272] TRIBUNAL SUPREMO, SALA DE LO CONTENCIOSO. **Consulta de Jurisprudência.** Recurso nº 1130/2014. Julgado em 16 de março de 2016. Disponível em:< http://www.poderjudicial.

A discussão sobre a definição alemã para esse mecanismo *sui generis* brasileiro teve seu início quando do recebimento dos JCP por uma empresa constituída naquele país. No caso em particular, tal sociedade alemã era controladora de uma sociedade suíça que, por sua vez, possuía participação em uma sociedade brasileira.

Os JCP foram pagos pela sociedade brasileira à sociedade suíça que, ao seu turno, os distribuiu para a sociedade alemã. Obseravdas certas circunstâncias, a Lei tributária da Alemanha permite criar a ficção de que a distribuição dos JCP tenha ocorrido diretamente para a controladora final, ou seja, para a sociedade alemã. Todavia, permanecia a dúvida sobre como tributar os JCP, se como dividendo ou juros.

A resolução do caso dada pelo referido Supremo Tribunal Federal de Finanças relacionou a natureza desse instrumento com o conceito de dividendo, uma vez que o o seu recebimento está condicionado à existência de participação na sociedade brasileira e não na existência de uma relação de empréstimo.

No que concerne ao caso espanhol, a discussão sobre a natureza dos JCP se arrastava na justiça há anos sem que fosse possível encontrar uma definição clara.

Em um primeiro momento, é possível encontrar jurisprudências do Tribunal Económico Administrativo Central (TEAC) no sentido de que tal instrumento tinha natureza de juros. Em que pese tais decisões, a jurisprudência emanada da Audiencia Nacional (AN) apontava para direção contrária, ou seja, a de que os JCP eram na verdade uma forma de dividendo.

A definição em concreto apenas veio em 16 de março de 2016, quando essa controvérsia chegou ao Tribunal Supremo por meio do recurso nº 1130/2014. De acordo com os julgadores, o uso do termo "juros" não reflete a natureza do instrumento, posto que esse não tem como origem a remuneração de um principal dado em empréstimo. Nas palavras do próprio julgado[273]:

---

es/search/contenidos.action?action=contentpdf&databasematch=TS&reference=7628793&links=%221130%2F2014%22&optimize=20160329&publicinterface=true>. Acesso em: 26 de julho de 2018.
[273] Tribunal Supremo, Sala De Lo Contencioso. **Consulta de Jurisprudência**. Recurso nº 1130/2014. Julgado em 16 de março de 2016. Disponível em:< http://www.poderjudicial.es/search/contenidos.action?action=contentpdf&databasematch=TS&reference=7628793

En primer lugar, la denominación "juros [o intereses] sobre el capital proprio" es contradictoria. Terminología que, posiblemente, encuentre su explicación en la finalidad fiscal de la norma brasileña que los crea (Ley Federal nº 9.249, de 26 de diciembre de 1959): fomentar la capitalización de las empresas brasileñas otorgando un tratamiento fiscal similar a las vías de financiación de las sociedades, ya sea la de la ampliación de capital o por préstamos.

[...]

Y, a estos efectos, los JCP equivalen a una distribución de beneficios, sin que puedan considerarse intereses, en la medida en que no remuneran cantidades en préstamos ni se calcula sobre el principal pendiente de un crédito. Por el contrario, proceden de la existencia de beneficios de la filial brasileña y el título que da derecho a su percepción es la participación de socio en el capital social mediante la tenencia de acciones.

Como se pode notar, em ambos os casos os JCP foram considerados como um dividendo especial. Por tal classificação, ainda que o seu pagamento permita uma dedução no cálculo do IRPJ e da CSLL da empresa brasileira que os paga, o seu recebimento por um país extrangeiro pode acabar sendo isento, na hipótese de o país adotar a tributação apenas no nível da empresa que gerou o lucro (*separate entity approach*).

Portanto, fica evidente a possibilidade de o pagamento dos JCP gerar um desquadre em termos de tributação em um plano internacional, erodindo a base tributária e transferindo lucros de um país a outro de maneira artificial.

Por seu turno, a debênture é um valor mobiliário que exterioriza uma dívida entre a empresa e o debenturista. Em alguns casos, tal título

---

&links=%221130%2F2014%22&optimize=20160329&publicinterface=true>. Acesso em: 26 de julho de 2018. Tradução livre: "Em primeiro lugar, a denominação "juros sobre o capital próprio" é contraditória. Essa terminologia possivelmente encontra sua explicação na finalidade fiscal da norma brasileira que a cria (Lei Federal nº 9.249, de 26 de dezembro de 1959): fomentar a capitalização das empresas brasileiras, outorgando um tratamento fiscal similar ao das vias de financiamento das sociedades, seja de ampliação de capital ou de empréstimos. [...] E para tais efeitos, os JCP equivalem a uma distribuição de benefícios, sem que possam ser considerados juros, na medida em que não remuneram quantidades de empréstimos ou se calculam sobre o principal pendente de um crédito. Pelo contrário, procedem da existência de benefícios de uma fiial brasileira e o título que dá direito ao seu recebimento é a participação de sócio no capital social mediante a posse de ações".

ainda permite ao seu detentor exercer direitos de acionista ou mesmo garantir sua conversão em ações da sociedade. Nesse ponto é que se pode enxergar a conexão da debênture como um instrumento híbrido: ainda que seja um título representativo de um empréstimo, a debênture tem características similares a um instrumento patrimonial.

Tal situação fica ainda mais evidente quando se verifica a dinâmica das debêntures perpétuas. Esse título permite ao debenturista receber cupons durante toda a existência da sociedade, o que se aproxima da mesma perpetuidade intrínseca a uma ação, com a vantagem de não alterar o quadro societário já existente na entidade e ainda permitir a dedução fiscal do seu pagamento.

Em se tratando do ambiente doméstico, ao promulgar a Lei nº 12.973//2014[274], é possível verificar que o Legislador procurou adequar a contabilidade brasileira aos padrões internacionais, buscando também contornar possíveis brechas de interpretação ao vincular a legislação tributária aos conceitos oriundos da legislação societária.

Por certo, esse intenso trabalho de atualização normativa leva a crer que o Brasil está em certa medida alinhado com a ideia do Plano de Ação nº 02 do BEPS. Não obstante, é necessário ter em mente também que muitos dos instrumentos híbridos que existem no arcabouço brasileiro são importantes ferramentas para a atração de investimento.

---

[274] BRASIL. **Lei nº 12.973**, de 13 de maio de 2014. Altera a legislação tributária federal relativa ao Imposto sobre a Renda das Pessoas Jurídicas – IRPJ, à Contribuição Social sobre o Lucro Líquido – CSLL, à Contribuição para o PIS/Pasep e à Contribuição para o Financiamento da Seguridade Social – Cofins; revoga o Regime Tributário de Transição – RTT, instituído pela Lei no 11.941, de 27 de maio de 2009; dispõe sobre a tributação da pessoa jurídica domiciliada no Brasil, com relação ao acréscimo patrimonial decorrente de participação em lucros auferidos no exterior por controladas e coligadas; altera o Decreto-Lei no 1.598, de 26 de dezembro de 1977 e as Leis nos 9.430, de 27 de dezembro de 1996, 9.249, de 26 de dezembro de 1995, 8.981, de 20 de janeiro de 1995, 4.506, de 30 de novembro de 1964, 7.689, de 15 de dezembro de 1988, 9.718, de 27 de novembro de 1998, 10.865, de 30 de abril de 2004, 10.637, de 30 de dezembro de 2002, 10.833, de 29 de dezembro de 2003, 12.865, de 9 de outubro de 2013, 9.532, de 10 de dezembro de 1997, 9.656, de 3 de junho de 1998, 9.826, de 23 de agosto de 1999, 10.485, de 3 de julho de 2002, 10.893, de 13 de julho de 2004, 11.312, de 27 de junho de 2006, 11.941, de 27 de maio de 2009, 12.249, de 11 de junho de 2010, 12.431, de 24 de junho de 2011, 12.716, de 21 de setembro de 2012, e 12.844, de 19 de julho de 2013; e dá outras providências. Disponível em: < http://www.planalto.gov.br/ccivil_03/_ato2011-2014/2014/lei/l12973.htm>. Acesso em: 28 de julho de 2018.

Por certo, aqui não se discute a importância da equalização e equilíbrio da tributação a um nível internacional, afastando qualquer tipo de distorção que leve a uma vantagem competitiva de um ou outro país. O que se traz à baila é a possibilidade de uma mudança gradativa, de maneira a reduzir o impacto dessa alteração para os países que tem mecanismos híbridos arraigados em seus sistemas normativos como forma de atração de capital.

O próximo tópico abordará de uma forma resumida as recomendações que podem ser encontradas no documento final do Plano de Ação nº 02 e que poderão impactar a realidade brasileira.

6.1.1. Recomendações do Plano de Ação nº 02

Os estudos realizados pela OCDE sobre a utilização de mecanismos híbridos em complexos planejamentos fiscais é algo mais antigo do que o Projeto BEPS.

Em 2010 a referida organização publicou o documento *Addressing Tax Risks Involving Bank Losses*[275], cujo objetivo era chamar a atenção das Autoridades Fiscais ao redor do mundo para as situações que ocorreram no pós crise financeira de 2008, onde diferentes instituições bancárias conseguiram que o prejuízo fiscal originado em um país fosse também aproveitado por outras jurisdições.

Igualmente sobre o aproveitamento indevido do prejuízo fiscal em diferentes países, OCDE publicou em 2011 o documento *Corporate Loss Utilisation through Aggressive Tax Planning*[276], onde recomendou aos países que o prejuízo deveria ter seus efeitos fiscais restritos à jurisdição onde esse resultado foi originado.

Tais trabalhos culminaram em uma revisão por parte da OCDE sobre os possíveis planejamentos envolvendo o descuadre na legislação de determinados países-membros. O resultado desse estudo deu origem

---

[275] OCDE. **Addressing Tax Risks Involving Bank Losses**. Disponível em:< https://www.oecd.org/tax/aggressive/46023583.pdf>. Acesso em: 03 de agosto de 2018. Traduçao livre: "Endereçando Riscos Tributários envolvendo o Prejuízo no Setor Bancário".
[276] OCDE. **Corporate Loss Utilisation through Aggressive Tax Planning**. Disponível em:< http://www.oecd.org/tax/exchange-of-tax-information/corporatelossutilisationthroughaggressivetaxplanning.htm>. Acesso em: 03 de agosto de 2018. Tradução livre: "Utilização do Prejuízo Fiscal por meio de Planejamentos Fiscais Agressivos".

ao documento *Hybrid Mismatch Arrangements: Tax Policy and Compliance Issues*[277], publicado em 2012.

A conclusão que salta desse documento é que a utilização de mecanismos híbridos afeta mais do que a arrecadação tributária dos países, atingindo também de forma nociva a concorrência entre esses, a eficiência, transparência e a justiça em termos de comércio internacional.

Com o passar dos anos, tal trabalho de revisão e estudo se intensificou e expandiu seu alcance, abrangendo estruturas e operações realizadas por países que não eram membros da OCDE. Sob esse ângulo, o Plano de Ação nº 02 do Projeto BEPS procurou evidenciar um panorama global sobre o uso de mecanismos híbridos em planejamentos agressivos.

As recomendações deste plano podem ser divididas em cinco pontos diferentes, a saber[278]:

a. Changes to the OECD Model Tax Convention to ensure that hybrid instruments and entities (as well as dual residente entities) are not used to obtain the benefits of treaties unduly;
b. Domestic law provisions that prevent exemption or non-recognition for payments that are deductible by the payer;
c. Domestic law provisions that deny a deduction for a payment that is not includible in income by the recipient (and is not subject to taxation under CFC or similar rules);

---

[277] OCDE. **Hybrid Mismatch Arrangements: Tax Policy and Compliance Issues**. Disponível em:< http://www.oecd.org/ctp/exchange-of-tax-information/HYBRIDS_ENG_Final_October2012.pdf >. Acesso em: 03 de agosto de 2018. Tradução livre: "Mecanismos Híbridos: Política Fiscal e Problemas de Conformidade".

[278] OCDE. **Neutralising the Effects of Hybrid Mismatch Arrangements, Action 2**. Disponível em: <https://read.oecd-ilibrary.org/taxation/neutralising-the-effects-of-hybrid-mismatch-arrangements-action-2-2015-final-report_9789264241138-en#page3>. Acesso em: 24 de julho de 2018. Tradução livre: "a) Mudanças na Convenção-Modelo da OCDE para assegurar que instrumentos e entidades híbridos (bem como entidades residentes em duas jurisdições) não sejam usados para obter benefícios excessivos; b) criar dispositivos na legislação doméstica para evitar a isenção ou o não reconhecimento de pagamentos que são dedutíveis pelo pagador; c) criar dispositivos na legislação doméstica para negar a dedução por um pagamento não considerado rendimento por quem o recebe (e que não seja objeto de tributação debaixo das regras CFC ou outras similares); d) criar dispositivos na legislação doméstica que neguem a dedução de um pagamento que também é dedutível em outra jurisdição; e e) onde for necessário, ajudar a coordenar caso mais de um país procure aplicar tais regras em uma transação ou estrutura".

d. Domestic law provisions that deny a deduction for a payment that is also deductible in another jurisdiction; and
e. Where necessary, guidance on co-ordination or tie-breaker rules if more than one country seeks to apply such rules to a transaction or structure

Por certo, alinhar a política fiscal dos países com o resultado arrecadatório a um nível global parece um trabalho hercúleo e que pressupõe um nível de cooperação internacional bastante ambicioso. Entretanto, esse esforço pode elevar o nível de justiça tributária ao redor do globo e, eventualmente, otimizar a distribuição de riqueza entre os países.

6.1.1.1. *Hybrid Financial Instrument Rule*[279]

A primeira recomendação estabelecida pelo Plano de Ação nº 02 tem como objetivo neutralizar os desarranjos arrecadatórios criados por instrumentos financeiros. Tal recomendação tem como fundamento os seguintes três pilares[280]:

a. The payer jurisdiction will deny a deduction for such payment to the extent it gives rise to a D/NI outcome.
b. If the payer jurisdiction does not neutralize the mismatch then the payee jurisdiction will require such payment to be included in ordinary income to the extent the payment gives rise to a D/NI outcome.
c. Differences in the timing of the recognition of payments will not be treated as giving rise to a D/NI for a payment made under a financial instrument, provided the taxpayer can establish to the satisfaction of

---

[279] Tradução livre: "Regra do Instrumento Financeiro Híbrido".
[280] OCDE. **Neutralising the Effects of Hybrid Mismatch Arrangements, Action 2.** Disponível em: <https://read.oecd-ilibrary.org/taxation/neutralising-the-effects-of-hybrid-mismatch-arrangements-action-2-2015-final-report_9789264241138-en#page3>. Acesso em: 24 de julho de 2018. Tradução livre: "a) A jusrisdição do contribuinte negará a dedução pelo pagamento de um instrumento financeiro, na medida em que tal pagamento dê origem a um resultado dedutível ou a uma não inclusão; b) Caso a jurisdição do contribuinte não neutralizar o desquadre, a jurisdição do beneficiário requererá que tal pagamento seja incluído como receita ordinária, na medida em que tal pagamento origine uma dedução ou não inclusão; c) Diferenças temporais sobre o reconhecimento do pagamento realizado por meio de um instrumento financeiro não serão tratadas como passíveis de originar uma dedução ou não inclusão, desde que o contribuinte consiga estabelecer para a autoridade fiscal que o pagamento será incluído como receita ordinária dentro de um prazo razoável.".

a tax authority that the payment will be included as ordinary income within a reasonable period of time.

O que se pode notar é a intenção da OCDE em prevenir que um contribuinte crie mecanismos que explorem diferenças no tratamento tributário de um pagamento relacionado a um instrumento financeiro híbrido, visando encontrar possibilidades de dedução ou de sua não inclusão na base tributária.

Desta maneira, ajustar o valor passível de dedução da base de cálculo dos tributos sobre a renda da jurisdição do contribuinte ou o montante que se deve incluir em tal cálculo na jurisdição do beneficiário pode reduzir os desquadres arrecadatórios desses instrumentos financeiros híbridos.

6.1.1.2. *Specific Recommendations for the Tax Treatment of Financial Instruments*[281]

No que concerne à presente recomendação, sua implementação pode ter um efeito direto sobre o pagamento sobre os Juros sobre o Capital Próprio. Isso porque tal regra dispõe que o recebimento de dividendos só deverá ser isento caso o seu pagamento não seja dedutível, como se pode observar[282]:

> In order to prevent D/NI outcomes from arising under a financial instrument, a dividend exemption that is provided for relief against economic double taxation should not be granted under domestic law to the extent the dividend payment is deductible by the payer. Equally, jurisdictions

---

[281] Tradução livre: "Recomendações Específicas para o Tratamento Tributário de Instrumentos Financeiros".

[282] OCDE. **Neutralising the Effects of Hybrid Mismatch Arrangements, Action 2.** Disponível em: <https://read.oecd-ilibrary.org/taxation/neutralising-the-effects-of-hybrid-mismatch-arrangements-action-2-2015-final-report_9789264241138-en#page3>. Acesso em: 24 de julho de 2018. Tradução livre: "Com o objetivo de prevenir que deduções ou não inclusões surjam por meio de um instrumento financeiro, a isenção sobre o recebimento de dividendos realizada para prevenir a dupla tributação não deverá ser permitida pela jurisdição de um país, na medida em que o pagamento de tal dividendo seja dedutível. Igualmente, os países devem considerar a adoção de restrições similares para outros tipos de isenção de dividendos, cujo o foco é prevenir a dupla tributação do lucro subjacente".

should consider adopting similar restrictions for other types of dividend relief granted to relieve economic double taxation on underlying profits.

Sob a natureza de dividendo e de acordo com tal recomendação, o recebimento dos JCP não poderá ser encarado como uma receita isenta, posto que o seu pagamento enseja uma dedução na base de cálculo dos tributos sobre a renda. Como consequência, determinados planejamentos fiscais que se valiam de tal isenção generalizada sobre dividendos poderão encontrar dificuldades para subsistir, sob a ótica do Plano de Ação nº 02.

Ademais, a presente recomendação também faz menção à limitação do crédito tributário na fonte originado no exterior, de maneira a proporcionalizar tal benefício com a receita neta tributável. Nas palavras da OCDE: "[...] *By limiting the amount of the credit in proportion to the taxpayer's net income under the arrangement the tax treatment is brought into line with the tax treatment of a non-hybrid financing transaction*"[283].

6.1.1.3. *Disregarded Hybrid Payments Rule*[284]

A presente regra faz considerações sobre as situações onde um pagamento é considerado uma despesa dedutível de acordo com a jurisdição de quem o realiza, todavia sem ser considerado como receita tributável pela jurisdição de quem o recebe. Tal situação foi chamada pela OCDE como pagamentos híbridos desconsiderados e deu origem à quatro recomendações, a saber[285]:

---

[283] OCDE. **Neutralising the Effects of Hybrid Mismatch Arrangements, Action 2.** Disponível em: <https://read.oecd-ilibrary.org/taxation/neutralising-the-effects-of-hybrid-mismatch-arrangements-action-2-2015-final-report_9789264241138-en#page3>. Acesso em: 11 de agosto de 2018. Tradução livre: "Limitando o valor do crédito na proporção da receita neta do contribuinte, o tratamento fiscal se ajusta com o tratamento fiscal de operações financeiras não híbridas".
[284] Tradução livre: "Regra dos Pagamentos Híbridos Desconsiderados".
[285] OCDE. **Neutralising the Effects of Hybrid Mismatch Arrangements, Action 2.** Disponível em: <https://read.oecd-ilibrary.org/taxation/neutralising-the-effects-of-hybrid-mismatch-arrangements-action-2-2015-final-report_9789264241138-en#page3>. Acesso em: 12 de agosto de 2018. Tradução livre: "a) A jurisdição daquele que paga negará a dedução de tal pagamento, na medida em que ela originar uma dedução ou uma não inclusão; b) Caso a jurisdição daquele que paga não neutralizar esse desarranjo, a jurisdição do beneficiário requererá que tal pagamento seja incluído nas receitas ordinárias, na medida em que o

a. The payer jurisdiction will deny a deduction for such payment to the extent it gives rise to a D/NI outcome.
b. If the payer jurisdiction does not neutralize the mismatch then the payee jurisdiction will require such payment to be included in ordinary income to the extent the payment gives rise to a D/NI.
c. No mismatch will arise to the extent that the deduction in the payer jurisdiction is set-off against income that is included in income under the laws of both the payee and the payer jurisdiction (i.e. dual inclusion income).
d. Any deduction that exceeds the amount of dual inclusion income (the excess deduction) may be eligible to be set-off against dual inclusion income in another period.

As recomendações sobre tal espécie de pagamentos têm como escopo prevenir a criação de estruturas onde sociedades de um mesmo grupo exploram divergências na legisção de diferentes países para transferirem lucros e diminuírem suas bases tributáveis por meio de um mecanismo artificial.

Dessarte, e possível notar a importância que existe para a OCDE em equalizar tanto o valor permitido para a dedução de um pagamento, quanto o montante que deve ser incluído como receita tributável por quem o recebe.

6.1.1.4. *Reverse Hybrid Rule*[286]

O conceito de híbrido reverso se relaciona com qualquer indivíduo tratado como uma entidade separada pelo país de seu investidor e como transparente de acordo com a legislação onde está localizado seu estabelecimento. O desarranjo que pode surgir ocorre quando um pagamento realizado para um híbrido reverso permite tanto sua dedução na

---

pagamento origina uma dedução ou não inclusão; c) Nenhum desarranjo irá surgir, na medida em que a dedução na jurisdição daquele que paga é compensada pela inclusão do pagamento como receita tanto pela jurisdição do beneficiário quanto pela de quem o realiza (ou seja, dupla inclusão da receita); d) Qualquer dedução que exceder o valor da dupla inclusão da receita (o excesso da dedução) poderá ser compensada contra a dupla inclusão da renda em outro período".

[286] Tradução livre: "Regra Híbrido Reverso".

jurisdição de quem o realiza, quando sua dedução ou não inclusão no país do investidor deste. Nas palavras da OCDE[287]:

> A reverse hybrid is any person (including any unincorporated body of persons) that is treated as transparente under the laws of the jurisdictions where it is established but as a separate entity (i.e. opaque) under the laws of the jurisdicition of the investor. The transparency or opacity of an entity must be tested by reference to the payment that is subject to the reverse hybrid rule.

Tal recomendação procura neutralizar os desquadres que surgem quando a Lei do país do estabelecimento do híbrido reverso e de seus investidores tratam o pagamento àquele como pertencente a um contribuinte localizado em outra jurisdição.

Para readequar a tributação a esse tipo de situação, a OCDE recomenda que a jurisdição de quem realiza um pagamento a um híbrido reverso deve negar a sua dedução como despesa, na medida em que tal pagamento origine uma dedução ou não inclusão no país de quem o recebe.

6.1.1.5. *Specific Recommendations for the Tax Treatment of Reverse Hybrids*[288]

Além das recomendações vistas no tópico anterior, a OCDE criou outras regras sobre os híbridos reversos, visando criar sugestões específicas com relação ao tratamento fiscal desses. Tais sugestões se dividem em três categorias, a saber: melhorias com relação aos regimes de investimento no exterior; limitar a transparência fiscal para investidores não residentes; e melhorias nas declarações para as autoridades fiscais.

---

[287] OCDE. **Neutralising the Effects of Hybrid Mismatch Arrangements, Action 2.** Disponível em: <https://read.oecd-ilibrary.org/taxation/neutralising-the-effects-of-hybrid-mismatch-arrangements-action-2-2015-final-report_9789264241138-en#page3>. Acesso em: 12 de agosto de 2018. Tradução livre: "Um híbrido reverso é qualquer indivíduo (inclusive qualquer grupo de pessoas não constituídos como uma sociedade) que é tratado como transparente de acordo com as leis da jurisdição onde está estabelecido, bem como uma entidade separada (ou seja, opaca) de acordo com as leis da jurisdição do investidor. A transparência ou opacidade de uma entidade devem ser testados com referencia ao pagamento sujeito a regra do híbrido reverso".

[288] Tradução livre: "Recomendações Específicas para o Tratamento Fiscal de Híbridos Reversos".

Com relação à primeira recomendação, a OCDE aduz que os países devem revisar a forma com que estão estabelecidas as regras de investimento no exterior, com o fulcro de prevenir deduções ou não inclusão criadas pelo pagamento a um híbrido reverso.

Sobre a transparência fiscal de investidores não residentes, segundo a OCDE, um híbrido reverso deve ser tratado como contribuinte na jurisdição de seu estabelecimento, caso a receita de tal híbrido não seja incluída na base tributária de acordo com a o arcabouço legislativo da jurisdição do investidor.

Por fim, a presente recomendação do Plano de Ação nº 02 ressalta a importância de introduzir declarações apropriadas para que tanto os contribuintes quanto as Administrações Fiscais possam determinar se o pagamento realizado para um híbrido reverso pode ser atribuído a um investidor não residente.

6.1.1.6. *Deductible Hybrid Payments Rule*[289]

A Regra dos Pagamentos Híbridos Dedutíveis tem como escopo as situações onde um pagamento considerado como despesa dedutível na jurisdição de quem o realiza também permite a dedução na jurisdição de quem o recebe, de modo a criar uma dupla dedução sobre o mesmo fato. As sugestões apresentadas pela OCDE sobre esse ponto são as que seguem[290]:

---

[289] Tradução livre: "Regra dos Pagamentos Híbridos Dedutíveis".
[290] OCDE. **Neutralising the Effects of Hybrid Mismatch Arrangements, Action 2.** Disponível em: <https://read.oecd-ilibrary.org/taxation/neutralising-the-effects-of-hybrid-mismatch-arrangements-action-2-2015-final-report_9789264241138-en#page3>. Acesso em: 12 de agosto de 2018. Tradução livre: "a) A jurisdição da sociedade relacionada negará a dupla dedução por tal pagamento, na medida em que ele origina uma dupla dedução como resultado; b) Caso a jurisdição da sociedade relacionada não neutralize o desquadre, a jurisdição de quem realiza o pagamento deverá negar a sua dedução, na medida em que ela origina uma dupla dedução; c) Nenhum desarranjo ocorrerá, na medida em que a dedução for compensada com a receita incluída na base de cálculo tanto da jurisdição da sociedade relacionada quanto da jurisdição de quem realiza o pagamento (ou seja, dupla inclusão da receita); d) Qualquer dedução que exceda o valor da dupla inclusão da receita (o excesso de dedução) poderá ser compensada com a dupla inclusão da receita em um outro período. A fim de prevenir perdas irrecuperáveis, o excesso da dedução poderá ser permitido, na medida em que o contribuinte possa estabelecer, à satisfação da Autoridade Fiscal, que o excesso da dedução de outra jurisdição não pode ser compensado com qualquer renda de qualquer pessoa sob a Legislação dessa outra jurisdição".

a. The parent Jurisdiction will deny the duplicate deduction for such payment to the extent it gives rise to a DD outcome.
b. If the parent jurisdiction does not neutralise the mismatch, the payer jurisdiction will deny the deduction for such payment to the extent it gives rise to a DD outcome.
c. No mismatch will arise to the extent that a deduction is set-off against income that is included in income under the laws of both the parent and the payer jurisdictions (i.e. dual inclusion income).
d. Any deduction that exceeds the amount of dual inclusion income (the excess deduction) may be eligible to be set-off against dual inclusion income in another period. In order to prevent stranded losses, the excess deduction may be allowed to the extent that the taxpayer can establish, to the satisfaction of the tax administration, that the excess deduction in the other jurisdiction cannot be set-off against any income of any person under the laws of the other jurisdiction that is not dual inclusion income.

Estruturas internacionais, tais como a dupla residência, uso de filiais estrangeiras ou entidades híbiras podem permitir que pagamentos realizados dentro de um mesmo grupo econômico criem artificialmente uma dupla dedução de tal despesa. O que pretende a OCDE com essa recomendação é relacionar a dedução da despesa com a quantia transacionada, evitando que se crie mais dedução do que há efetivamente como despesa.

6.1.1.7. *Dual-Resident Payer Rule*[291]

A Regra do Pagador com Dupla Residencia surge dos casos verificados pela OCDE onde uma entidade é residente em mais de uma jurisdição e com isso determinados pagamentos podem ensejar a dedução em mais de um país.

A recomendação feita pela Organização é que em tais casos as jurisdições onde a entidade possui residência neguem a dedução da despesa além da quantia efetivamente relacionada com o pagamento. Igualmente, a OCDE sugere que a dedução dessa despesa ocorra na jurisdição onde ela foi efetivamente incorrida.

[291] Tradução livre: "Regra do Pagador com Dupla Residência".

6.1.1.8. Imported Mismatch Rule[292]

O que se pretende com essa disposição é evitar a criação de estruturas que exploram a diferença no tratamento entre os países para alterar o efeito de um instrumento que, originalmente, não é considerado híbrido (*e.g.* um empréstimo).

Dessa maneira, caso a receita de um pagamento possa ser compensada, direta ou indiretamente, criando uma diminuição da base tributária originada em um desquadre legislativo entre diferentes jurisdições, a jurisdição do país onde foi realizado o pagamento deverá rejeitar a possibilidade da dedução desse valor como despesa.

6.1.1.9. Design Principles[293]

Como não poderia faltar, na presente recomendação a OCDE sugere que os países cooperem para assegurar a harmonização de suas legislações e a integração de suas fiscalizações para que seja possível implementar as mudanças propostas pelo Projeto BEPS.

Dessarte, os diferentes países devem coordenar as mudanças propostas no Plano de Ação nº 02, facilitando a previsibilidade do resultado proposto para os contribuintes e evitando o risco de eventual dupla tributação. Ademais, de acordo com a OCDE, tal coordenação pode ser alcançada por meio da implementação das recomendações elencadas no referido plano de ação, assim como assegurando que as Autoridades Fiscais interpretem tais sugestões da mesma maneira.

6.2. Plano De Ação nº 04: a Erosão da Base Tributária por Meio da Dedução de Juros

É sabido que muitos países possuem tratamento fiscal distinto entre o financiamento de uma empresa com capital e com dívida. Como visto anteriormente, ao passo que usualmente tais dividas são uma despesa dedutível para quem paga e uma receita tributável para quem recebe, a distribuição de lucros normalmente não é tida como uma despesa dedutível, porém é sujeita a algum tipo de isenção para quem a recebe.

---

[292] Tradução livre: "Regra do Descasamento Importado".
[293] Tradução livre: "Concepção de Princípios".

Por certo, ao limitar uma possível análise sobre as diferenças entre o financiamento por uma ou outra forma, é possível verificar que em um contexto doméstico tanto o dividendo quanto os juros pagos originam uma receita tributária similar para o fisco. Entretanto, quando essa análise recai sobre o ambiente tributário internacional, é fácil observar tratamentos tributários que permitem a criação de distorções em relação a arrecadação dessas operações.

Sobre a distorção que as diferenças entre o financiamento com capital ou dívida podem ocasionar ensina a Organização para a Cooperação e Desenvolvimento Econômico[294]:

> Taken together, these opportunities surrounding inbound and outbound investment potentially creates competitive distortions between groups operating internationally and those operating in the domestic market. This has a negative impact on capital ownership neutrality, creating tax preference for assets to be held by multinational groups rather than domestic groups. (...) The use of interest deductions to fund income which is exempt or deferred for tax purposes, obtaining relief for interest deductions greater than the actual net interest expense of the group, can also contribute to other forms of base erosion and profit shifting. These include the use of intragroup loans to generate deductible interest expense in high tax jurisdictions and interest income in low or no tax jurisdiction;

---

[294] OCDE. **Limiting Base Erosion Involving Interest Deductions and Other Financial Payments, Action 4.** Disponível em: <http://www.keepeek.com/Digital-Asset-Management/oecd/taxation/limiting-base-erosion-involving-interest-deductions-and-other-financial-payments-action-4-2016-update_9789264268333-en#.WQNOJ1UrLIU#page21>. Acesso em: 28 de abril de 2017. Tradução livre: "Vistas em conjunto, as oportunidades relativas ao investimento dentro e fora do país potencialmente distorcem a competitividade entre grupos que operam internacionalmente e aqueles que operam no mercado doméstico. Isso tem um impacto negativo na neutralidade da detenção de capital, criando preferências tributárias para os ativos detidos por grupos multinacionais ao invés de grupos domésticos. [...] O uso da dedução de juros para criar receita isenta ou diferida para fins fiscais, obtendo uma isenção para a dedutibilidade de juros maior do que a verdadeira despesa liquida de juros do grupo, pode também contribuir com outras formas da erosão da base tributária e transferência de lucros. Isso incluir o uso de empréstimos intragrupo para gerar despesa de juros dedutíveis em jurisdições de alta carga tributária e receita de juros em jurisdições de baixa ou nenhuma carga tributária; o desenvolvimento de instrumentos híbridos que dão azo à dedução de despesa de juros sem a correspondente receita tributável; e o uso de empréstimos para investir em ativos que dão origem a receita não tributável ou tributável a uma alíquota reduzida."

the development of hybrid instruments which give rise to deductible interest expense but no corresponding taxable income; and the use of loans to invest in assets which gave rise to a return that is not taxed or is taxed at a reduced rate.

No que se refere propriamente à dedutibilidade de juros, é possível analisar um cuidado extra ao se tratar do tema. Como bem dito pelo membro do parlamento britânico David Gauke[295], *"The use of interest expense has been identified as one of the key areas where there is a significant opportunity for BEPS by multinational companies. The OECD report under Action 4 of the BEPS project sets out recommendations for countering this".* Prossegue em sua fala o parlamentar[296]:

> The government recognizes this risk and so we are reviewing the rules on interest deductibility that apply within the UK in light of the recommendations set out in the OECD report. Consistent adoption and application of rules across all countries would have the benefit of certainty for business as well as ensuring a more level playing field.
>
> The government believes that the new rules on interest deductibility as set out in the OECD report are an appropriate response to the BEPS issues identified therein.

---

[295] Reino Unido. **Tax deductibility of corporate interest expense: consultation.** Disponível em: <https://www.gov.uk/government/consultations/tax-deductibility-of-corporate-interest-expense/tax-deductibility-of-corporate-interest-expense-consultation>. Acesso em: 21 de novembro de 2016. Tradução livre: "A utilização de despesas de juros foi identificada como uma das áreas centrais onde há uma grande oportunidade para a erosão da base fiscal pelas empresas multinacionais. O relatório do plano de ação nº 4 do BEPS cria medidas para conter tal situação".

[296] Reino Unido. **Tax deductibility of corporate interest expense: consultation.** Disponível em: <https://www.gov.uk/government/consultations/tax-deductibility-of-corporate-interest-expense/tax-deductibility-of-corporate-interest-expense-consultation>. Acesso em: 21 de novembro de 2016. Tradução livre: "O governo reconhece esse risco e por isso encontra-se revendo as regras para dedução de juros no Reino Unido, sob à luz do que dispõe o relatório da OCDE. A adoção consistente e a aplicação das regras por todos os países beneficiaria a segurança dos negócios e asseguraria um nível mais adequado de competitividade. O governo acredita que essas novas regras sobre dedutibilidade de juros criadas pelo relatório da OCDE são uma resposta apropriada aos problemas identificados na erosão da base tributária"

A utilização de juros para erodir a base tributável de uma companhia ou mesmo para remeter indiretamente lucro de uma filial para outra é uma atividade de risco não apenas para o Reino Unido, mas para todos os países que podem ver suas arrecadações defasadas por esse tipo de operação. De acordo com a OCDE[297]:

> It is an empirical matter of fact that money is mobile and fungible. Thus, multinational groups may achieve favourable tax results by adjusting the amount of debt in a group entity. The influence of tax rules on the location of debt within multinational groups has been established in a number of academic studies and it is well known that groups can easily multiply the level of debt at the level of individual group entities via intra-group financing. Financial instruments can also be used to make payments which are economically equivalent to interest but have a different legal form, therefore escaping restrictions on the deductibility of interest. Base Erosion and Profit Shifting (BEPS) risks in this area may arise in three basic scenarios:
> – Groups placing higher levels of third party debt in high tax countries.
> – Groups using intragroup loans to generate interest deductions in excess of the group's actual third party interest expense.
> – Groups using third party or intragroup financing to fund the generation of tax exempt income.

---

[297] OCDE. **Limiting Base Erosion Involving Interest Deductions and Other Financial Payments, Action 4.** Disponível em: <http://www.keepeek.com/Digital-Asset-Management/oecd/taxation/limiting-base-erosion-involving-interest-deductions-and-other-financial-payments-action-4-2016-update_9789264268333-en#.WP9Ff2nyvIU#page15>. Acesso em: 25 de abril de 2017. Tradução livre: "É empírico o fato do dinheiro ser móvel e fungível. Portanto, grupos multinacionais podem obter resultados fiscais favoráveis por meio do ajuste entre a quantidade de dívida em suas entidades. A influência das regras tributárias na alocação de dívidas dentro de grupos multinacionais já foi objeto de análise em inúmeros estudos acadêmicos e é sabido que grupos conseguem facilmente multiplicar o nível de dívida dentro de uma entidade do grupo por meio do financiamento intragrupo. Instrumentos financeiros também podem ser utilizados para a realização de pagamentos que são economicamente equivalentes a juros, porém possuem uma natureza jurídica distinta, portanto escapando das restrições da dedutibilidade de juros. O risco de erosão da base fiscal e a transferência de lucros pode surgir por de três cenários diferentes: Grupos colocando altos níveis de dívida com terceiros em países de alta carga tributária; grupos usando empréstimos intragrupo para gerar despesas com juros maiores do que as devidas pelo grupo com terceiros independentes; grupos usando terceiros ou financiamento intragrupo para gerar receitas livre de tributação."

Por certo, o Brasil já adota medidas antielisivas no que concerne ao aproveitamento da despesa de juros na realização de planejamentos abusivos sob o aspecto da solidariedade fiscal. Nesse ponto, é possível observar na legislação brasileira a elevação da alíquota de retenção na fonte em caso de pagamento de juros para beneficiários em jurisdição com tributação favorecida, regras de preço de transferência e de subcapitalização, conforme visto nos capítulos anteriores.

Todavia, se faz necessário entender como as recomendações do Plano de Ação nº 04 do BEPS alteram o panorama legislativo brasileiro, analisando se as regras já existentes por si só já atendem aos critérios estabelecidos nesse projeto ou em que medida o Legislador deve tomar providências para entrar em conformidade com elas.

Para tanto, os próximos tópicos irão abordar a metodologia por trás das recomendações da OCDE no que tange à dedutibilidade de juros.

6.2.1. *EBITDA*

Antes que se proceda à análise das recomendações especificamente, é necessário que se verifique um ponto comum de intersecção entre elas, qual seja, a vinculação entre a despesa de juros com a riqueza gerada pela empresa.

Em outras palavras, na procura de um indicador que pudesse estabelecer com um mínimo de fidelidade a possibilidade de uma empresa deduzir os juros devidos com terceiros ou com outras empresas do mesmo grupo, a OCDE buscou identificar algum critério que demonstrasse a capacidade da empresa gerar riqueza tributável em um país, de modo a indicar que o uso de financiamento encontra abrigo dentro das operações normais desta.

Desta maneira, o uso de recomendações com base no EBITDA pareceu ser o critério mais favorável, do ponto de vista tributário.

O EBITDA é a sigla em inglês para lucro antes dos juros, tributos, depreciação e amortização. Tal indicador é um dos mais utilizados para medir a performance financeira de uma companhia e é demonstrado pela seguinte fórmula:

EBITDA
EBITDA = Lucro Operacional (a) + Despesa de Depreciação + Despesa de Amortização

Legenda
(a) Lucro Operacional: Lucro Líquido + Despesa de juros, liquida da receita de juros + Tributos sobre o Lucro (IRPJ e CSLL)
Fonte: Do Autor (2017)

Ainda que esse índice seja controverso quando utilizado para analisar o fluxo de caixa, a utilização do EBITDA parece adequada quando verificada sob o aspecto tributário do Plano de Ação nº 04, uma vez que ele se relaciona com lucratividade das operações da empresa.

Sendo assim, a combinação desse índice com outros fatores relacionados às despesas de juros foi o que deu forma às principais recomendações da OCDE, como se verá a seguir.

6.2.2. Recomendações do Plano de Ação nº 04

De acordo com as recomendações idealizadas pela Organização para a Cooperação e Desenvolvimento Econômico, a justa utilização da dedução de juros deveria seguir alguns parâmetros mormente relacionados com o lucro da empresa. Tal sistemática criada pela entidade em atendimento aos riscos elencados no BEPS visa estabelecer que a dedução dos juros está diretamente relacionada com a produção de riqueza e atividade econômica da empresa, contornando a alocação estratégica da despesa e receita de juros. De acordo com a organização[298]:

> The best practice approach is based on a fixed ratio rule which limits an entity's net interest deduction to a fixed percentage of its profits, measured

---

[298] OCDE. **Limiting Base Erosion Involving Interest Deductions and Other Financial Payments, Action 4.** Disponível em: <http://www.keepeek.com/Digital-Asset-Management/oecd/taxation/limiting-base-erosion-involving-interest-deductions-and-other-financial-payments-action-4-2016-update_9789264268333-en#.WQNOJ1UrLIU#page31> Acesso em: 01 de maio de 2017. Tradução livre: "A melhor prática é baseada em uma taxa fixa que limita a dedução de juros de acordo com uma percentagem fixa dos seus lucros, calculada de acordo com o lucro antes dos juros, tributos, depreciação e amortização (EBITDA), em relação aos números fiscais. Essa é uma regra simples para ser aplicada e que assegura que a dedução de juros de uma empresa está diretamente relacionada com sua atividade econômica".

using earnings before interest, taxes, depreciation and amortization (EBITDA) based on tax numbers. This is a straightforward rule to apply and ensures that an entity's interest deductions are directly linked to its economic activity.

Sob essa perspectiva, é possível notar a preocupação existente com a tributação na jurisdição onde efetivamente ocorreu a geração de riqueza. Afinal, é certo que o descasamento entre a atividade econômica e a arrecadação é o que gera a maior distorção para os Fiscos.

Dessarte, a OCDE estabeleceu suas recomendações de acordo com o que ela pôde estruturar como o que seriam as melhores práticas para evitar tal problema, quais sejam, uma fronteira mínima de dedução de juros, o que isentaria as empresas que não oferecem risco de erosão da base fiscal ou transferência de lucros; regra de taxa fixa; regra de taxa fixa para o grupo econômico; utilização da capacidade não utilizada para dedução de juros ou utilização da capacidade futura para dedução destes; utilização de regras locais de dedução de juros para combater riscos específicos; e regras específicas para endereçar as questões mais relevantes de dedução de juros para o setor de serviços financeiros.

Nos próximos capítulos tais recomendações serão brevemente esmiuçadas para melhor entendimento das propostas do Plano de Ação nº 04 do BEPS.

6.2.2.1. *Fixed Ratio Rule*[299]

A regra da taxa fixa é entendida como a norma geral entre as recomendações descritas pela OCDE no Plano de Ação nº 04. Essa regra estabelece a aplicação de um fator entre 10% a 30% sobre a razão entre despesa de juros líquida e o EBITDA da empresa para se chegar ao limite de dedução de juros.

É importante salientar que essa despesa de juros abrange tanto a obrigação assumida com terceiros quanto a devida para empresas do mesmo grupo, bem como que o estabelecimento desse fator depende de uma análise do mercado interno por parte do país para que se possa chegar a um parâmetro de referência coerente para ajustar com precisão a referida porcentagem.

---

[299] Tradução livre: "Regra da proporção fixa".

A fórmula que descreve o cálculo indicado nessa recomendação é a que segue:

$$\text{Fixed Ratio Rule}$$
$$F \times \frac{\text{Despesa de Juros Líquida}}{\text{EBITDA}}$$

Legenda
F: Fator entre 10% a 30% a ser determinado por cada país
EBITDA: Lucro antes dos juros, tributos, depreciação e amortização
Fonte: Do Autor (2017)

Verifica-se que a real intenção por de trás desse cálculo é a proteção da receita fiscal do país, uma vez que a aplicação de um fator entre 10% a 30% permitiria que o restante da receita da empresa fosse tributada dentro do país onde ela foi gerada, evitando uma diminuição exagerada da base fiscal ou a transferência nociva de lucros para outra jurisdição. Nas palavras da OCDE[300]:

> The premise underlying the fixed ratio rule is that an entity should be able to deduct interest expense up to a specific proportion of EBITDA, ensuring that a portion of an entity's profit remains subject to tax in a country. A fixed ratio rule can apply to all entities, including those in a multinational group, a domestic group and standalone entities.

A grande vantagem da presente recomendação é a sua simplicidade. Por certo, a verificação do limite de dedução por parte das empresas não requer grandes gastos com *compliance*, da mesma forma, a Adminis-

---

[300] OCDE. **Limiting Base Erosion Involving Interest Deductions and Other Financial Payments, Action 4.** Disponível em: <http://www.keepeek.com/Digital-Asset-Management/oecd/taxation/limiting-base-erosion-involving-interest-deductions-and-other-financial-payments-action-4-2016-update_9789264268333-en#page53>. Acesso em: 04 de maio de 2017. Tradução livre: "A premissa por trás da regra de taxa fixa é que uma empresa deve poder deduzir a despesa com juros até uma específica proporção do seu EBITDA, o que assegura que uma porção do lucro dessa empresa continue sendo sujeita à tributação pelo país. Uma regra de taxa fixa pode ser aplicada a todas as entidade, incluindo aquelas em grupos multinacionais, em grupos domésticos e as empresas independentes".

tração Pública não terá grandes gastos em seu orçamento para realizar a fiscalização dessas companhias.

A questão que surge, todavia, é a necessidade da conjugação de diferentes regras para a efetiva proteção da dedução de juros em diferentes setores da economia e em complexas estruturas societárias.

Deste modo, é possível verificar que a simples aplicação dessa regra por si só não basta para salvaguardar o ideal do Plano de Ação nº 04 do BEPS, de modo que outros parâmetros precisaram ser implementados para uma maior proteção dos Fiscos.

6.2.2.2. *Group Ratio Rule*[301]

Por sua vez, a regra da taxa do grupo se coaduna com a possibilidade da dedução de juros por uma empresa de acordo com a razão entre a despesa juros líquidos com terceiros e o EBITDA do grupo a que pertence, caso essa proporção seja mais vantajosa do que a aplicação da *fixed ratio rule*.

Em consonância com o que descreve a OCDE, tal recomendação é expressa pela seguinte fórmula:

Group Ratio Rule

$$\frac{\text{Despesa de Juros Liquida com Terceiros}}{\text{EBITDA do Grupo}}$$

Legenda
F: Fator entre 10% a 30% a ser determinado por cada país
EBITDA: Lucro antes dos juros, tributos, depreciação e amortização
Fonte: Do Autor (2017)

De acordo com a ideia trazida pela OCDE na criação dessa recomendação[302]:

---

[301] Tradução livre: "Regra da proporção de grupo".
[302] OCDE. **Limiting Base Erosion Involving Interest Deductions and Other Financial Payments, Action 4.** Disponível em: <http://www.keepeek.com/Digital-Asset-Management/oecd/taxation/limiting-base-erosion-involving-interest-deductions-and-other-financial-payments-action-4-2016-update_9789264268333-en#page32>. Acesso em: 02 de maio de 2017. Tradução livre: "Uma regra de taxa fixa confere a um país um nível de proteção con-

A fixed ratio rule provides a country with a level of protection against base erosion and profit shifting, but it is a blunt tool which does not take into account the fact that groups operating in different sectors may require different amounts of leverage, and even within a sector some groups are more highly leveraged for non-tax reasons. If a benchmark fixed ratio is set at a level appropriate to tackle base erosion and profit shifting, it could lead to double taxation for groups which are leveraged above this level. Therefore, countries are encouraged to combine a robust and effective fixed ratio rule with a group ratio rule which allows an entity to deduct more interest expense in certain circumstances. A group ratio rule may be introduced as a separate provision from the fixed ratio rule, or as an integral part of an overall rule including both fixed ration and group ratio test.

Portanto, de acordo com a disposição acima, é possível perceber que a OCDE visualizou que a aplicação apenas da *fixed ratio rule* não seria suficiente para combater as distorções que o uso da despesa de juros pode causar. Mais que isso, a organização percebeu que a aplicação daquela regra poderia causar por si só impactos negativos no que tange a própria operação das empresas e grupos econômicos, uma vez que nem sempre a alavancagem de uma empresa ou das transações em um país refletem um risco efetivo de BEPS.

Dessa forma, a empresa que exceder a dedução permitida pela regra de taxa fixa estabelecida pelo seu país poderá deduzir a despesa de juros, albergada pela regra da taxa de grupo, até o limite da razão entre a despesa de juros líquida com terceiros e o EBITDA do grupo.

---

tra a erosão da base fiscal e a transferência de lucros, porém essa é uma ferramenta grosseira que não leva em conta o fato de que grupos operando em diferente setores podem necessitar de uma quantia de alavancagem diferentes e que, mesmo dentro de um mesmo setor, alguns grupos são mais alavancados por razões outras que não fiscais. Se uma taxa fixa é implementada em um nível adequado para a média de mercado no combate à erosão fiscal e à transferência de lucros, ela poderia levar à dupla tributação para grupos alavancados acima desse nível médio. Portanto, países são incentivados a combinar uma robusta e efetiva regra de taxa fixa com uma regra de taxa de grupo, o que permite a uma entidade deduzir mais despesa de juros em certas circunstâncias. Uma regra de taxa de grupo pode ser introduzida como uma disposição separada da regra de taxa fixa ou como parte integrante de uma regra geral que inclui tanto teste de taxa fixa quanto o teste de taxa de grupo."

6.2.2.3. *De Minimis Monetary Threshold to Remove Low Risk Entities*[303]

Essa é uma recomendação tida como opcional pela OCDE. Sua previsão busca isentar das limitações de dedução de juros aquelas empresas que oferecem pouco ou nenhum risco de erodir a base fiscal ou transferir lucros. De acordo com o Plano de Ação nº 04[304]:

> In order to remove entities which pose the lowest risk from the scope of a general interest limitation rule, a country may apply a de minimis threshold based on a monetary value of net interest expense. Entities failing below this threshold may conduct interest expense without restriction. Where a group has more than one entity in a country, the threshold should take into account the total net interest expense of the entire local group, including all entities in that country. Where a rule is applied at the level of an individual entity, a country should consider including anti-fragmentation rules to prevent a group avoiding the application of an interest limitation rule by establishing a number of entities, each of which falls bellow threshold.

A percepção por parte da OCDE que existem empresas que não oferecem risco quanto às operações onde ocorrem a dedução de juros é algo louvável, posto que o foco dos Fiscos pode recair apenas para aquelas empresas e grupos que de alguma forma se valem de suas estruturas para erodir a base tributária e para transferir seus lucros.

---

[303] Tradução livre: "O limite monetário mínimo para isentar empresas que oferecem pouco risco".

[304] OCDE. **Limiting Base Erosion Involving Interest Deductions and Other Financial Payments, Action 4.** Disponível em: <http://www.keepeek.com/Digital-Asset-Management/oecd/taxation/limiting-base-erosion-involving-interest-deductions-and-other-financial-payments-action-4-2016-update_9789264268333-en#page32>. Acesso em: 02 de maio de 2017. Tradução livre: "A fim de remover aquelas entidades que apresentam o menor risco para o escopo de uma regra geral de limitação de dedução de juros, o país pode aplicar um limite mínimo baseado no valor monetário da despesa líquida com juros. Entidades com despesas abaixo desse mínimo podem deduzir juros sem restrições. Nos países onde o grupo possui mais de uma empresa, o limite deverá levar em conta o total da despesa líquida com juros de todas as empresas locais. Onde a regra é aplicada ao nível da empresa, o país deverá considerar incluir regras anti-fragmentação para evitar que o grupo se omita da aplicação da regra de limitação da dedução de juros por meio do estabelecimento de diversas empresas, cada uma com despesas inferiores àquele limite."

Ademais, é certo que o estabelecimento de um mínimo permitido para a dedução de juros em muito diminuiria o custo de *compliance* que as empresas devem manter, diminuindo também o custo da Administração Pública com a fiscalização do cumprimento da recomendação.

6.2.2.4. Carry Forward of Disallowed Interest/Unused Interest Capability and/or Carry Back of Disallowed Interest[305]

Como é sabido, faz parte da atividade econômica de diversas empresas a percepção de lucro ou prejuízo em momentos determinados pela sazonalidade das operações por elas praticadas. Nesse sentido, a possibilidade prevista dentre as recomendações do Plano de Ação nº 04 no que tange ao diferimento do momento da análise do limite de dedução da despesa de juros parece atender tais situações. Nesse sentido, cabe trazer as palavras da OCDE[306]:

> Rules which link interest deductions to EBITDA raise issues where an entity's interest expense and earnings arise in different periods. This may be the result of volatility in earnings which means the ability of an entity to deduct interest changes from year to year, or because an entity has incurred interest expense to fund an investment which will give rise to earnings in a latter period. To reduce the effect of these issues, a country may permit entities to carry forward disallowed interest expense or unused interest capacity for use in future periods, or carry back disallowed interest expense

---

[305] Tradução livre: "Diferimento das despesas de juros não dedutíveis/capacidade de dedução de juros não utilizada e/ou despesa de juros não dedutíveis de períodos anteriores".

[306] OCDE. **Limiting Base Erosion Involving Interest Deductions and Other Financial Payments, Action 4.** Disponível em: <http://www.keepeek.com/Digital-Asset-Management/oecd/taxation/limiting-base-erosion-involving-interest-deductions-and-other-financial-payments-action-4-2016-update_9789264268333-en#page32>. Acesso em: 03 de maio de 2017. Tradução livre: "Regras que conectam a dedução de juros com o EBITDA geram problemas nos casos onde a despesa de juros de uma empresa e seus ganhos ocorrem em períodos diferentes. Isso pode ser o resultado da volatilidade dos ganhos, em outras palavras, pode resultar da alteração da dedução de juros ano a ano por uma empresa, ou porque uma empresa incorreu em despesa com juros para financiar um investimento que irá gerar lucros em um período futuro. Para reduzir os efeitos desses problemas, o país poderá permitir que as empresas carreguem o excesso da despesa com juros para o futuro ou se valham da capacidade não usada em períodos anteriores para deduzir a despesa de juros em períodos futuros, ou ainda levar de volta despesas de juros não autorizadas em períodos anteriores. É sugerido que os países considerem impor limites ao uso dos limites futuros ou passados".

into earlier periods. It is suggested countries consider imposing limits on these carry forward and carry backs.

Como exemplo do descasamento temporal entre os encargos de juros e o lucro, podemos apontar aquelas situações onde as empresas incorrem em empréstimos para financiar determinada operação. Nesses casos, nota-se uma grande despesa de juros, todavia, sem ainda uma contrapartida em uma receita operacional, posto que muitas vezes o financiamento dos projetos não pressupõe um retorno imediato.

Por certo, a possibilidade de uma análise do limite de dedução de juros sob um aspecto temporal mais amplo atende com eficácia o real objetivo do presente plano de ação, uma vez que esse não visa tornar o financiamento das operações mais difícil, mas sim evitar distorções fiscais implementadas para lesar o Fisco.

6.2.2.5. *Targeted Rules to Support General Interest Limitation Rules and Address Specific Risks*[307]

Ainda que as regras acima elencadas possuam um grau de cobertura grande em relação aos problemas identificados no Plano de Ação nº 04, a OCDE entendeu que é necessário que haja um grau de autonomia para cada país identificar riscos específicos e criar regras que combatam os efeitos da dedução de juros à altura. Nesse sentido, a organização declara[308]:

> A fixed ratio rule and a group ratio rule should provide an effective framework to tackle most base erosion and profit shifting involving interest

---

[307] Tradução livre: "Princípios orientados para a promoção de regras gerais de limitação da utilização da despesa de juros e para endereçar riscos específicos".

[308] OCDE. **Limiting Base Erosion Involving Interest Deductions and Other Financial Payments, Action 4.** Disponível em: <http://www.keepeek.com/Digital-Asset-Management/oecd/taxation/limiting-base-erosion-involving-interest-deductions-and-other-financial-payments-action-4-2016-update_9789264268333-en#page33>. Acesso em: 04 de maio de 2017. Tradução livre: "Uma regra de taxa fixa e uma regra de taxa de grupo devem fornecer uma estrutura efetiva para combater a maior parte da erosão da base fiscal e da transferência de lucros que envolvem juros e o pagamentos economicamente similares a juros. Essas regras gerais de limitação dos juros devem ser suplementadas por regras específicas, que devem proteger a integridade das regras gerais de limitação de juros e devem lidar com os riscos remanescentes da erosão da base fiscal e da transferência de lucros."

and payments economically equivalent to interest. These general interest limitation rules should be supplemented by targeted rules, which protect the integrity of the general interest limitation rules and deal with specific base erosion and profit shifting risks which remain.

Tal medida mostra que a OCDE possui um elevado grau de percepção no que tange às diversidades encontradas em cada país. A implementação de regras específicas decorre da natural ideia de que cada país, indústria e grupo econômico possui particularidades que merecem ser tangenciadas de uma maneira mais específica.

Por óbvio, a implementação de recomendações gerais para todos os países permite o estabelecimento de um mínimo comum em termos de práticas de mercado, o que facilita a implementação das medidas necessárias para adequar tanto os grupos multinacionais quanto os Fiscos a esses parâmetros. Entretanto, é impossível observar o mundo sob uma perspectiva enviesada.

A autonomia para a implementação de recomendações direcionadas e que buscam combater riscos específicos é uma medida premente no combate da erosão da base tributária.

6.2.2.6. *Specific Rules to Address Issues Raised by The Banking and Insurance Sectors*[309]

Ao elaborar suas recomendações, a Organização para a Cooperação e Desenvolvimento Econômico notou que as regras ali estabelecidas não atingiriam com a eficácia necessária um ramo específico da indústria, qual seja, o setor financeiro.

Nesse sentido, *"particular features of banking and insurance industries mean that the fixed ratio rule and the group ratio rule set out in this report are unlikely to be effective in addressing base erosion and profit shifting involving interest in theese sectors"*[310].

---

[309] Tradução livre: "Regras específicaspara endereçar questões oriundas dos setores bancário e de seguros"

[310] OCDE. **Limiting Base Erosion Involving Interest Deductions and Other Financial Payments, Action 4.** Disponível em: <http://www.keepeek.com/Digital-Asset-Management/oecd/taxation/limiting-base-erosion-involving-interest-deductions-and-other-financial-payments-action-4-2016-update_9789264268333-en#page33>. Acesso em: 04 de maio de 2017. Tradução livre: "Características particulares da indústria bancária e de seguros indi-

Essa fala demonstra algo que, de fato, deveria ser claro desde o momento inicial da elaboração desse plano de ação: a atividade das instituições financeiras muitas vezes se resume na arrecadação e alocação de juros.

A criação de recomendações específicas para esse setor requer um trabalho à parte, algo que, por se tratar de um setor econômico de grande complexidade, demanda uma dedicação exclusiva dos especialistas da OCDE e de cada país. Assim, caminhou bem a organização em criar mecanismos mais flexíveis no endereçamento da problemática da dedução de juros.

6.3. Plano de Ação nº 13: a Revisão da Documentação Sobre Preço de Transferência e a Declaração País-a-País

O âmago de todo o projeto BEPS é a harmonização da legislação dos países, facilitando e tornando mais justo o comercio internacional. Nesse ponto, o Plano de Ação nº 13 se destaca como um dos mais importantes, posto que ele trata da troca de informação entre as nações, algo imprescindível para a implementação de qualquer melhoria em nível global.

Seu objetivo se relaciona com a revisão da documentação ligada às normas de Preço de Transferência, bem como a criação de um modelo de relatório sobre a renda, os tributos pagos e outros dados econômicos sobre empresas que operam em uma base multinacional. Nas palavras da OCDE[311]:

---

cam que a regra de taxa fixa e a regra de taxa de grupo estabelecidas nesse relatório pouco provavelmente serão efetivas para endereçar as questões envolvendo a erosão da base tributária e a transferência de lucro envolvendo o uso de juros para esses setores."

[311] OCDE. **Transfer Pricing Documentation and Country-by-Country Reporting, Action 13.** Disponível em: <https://read.oecd-ilibrary.org/taxation/transfer-pricing-documentation-and-country-by-country-reporting-action-13-2015-final-report_9789264241480-en#page4>. Acesso em: 28 de julho de 2018. Tradução livre: "O Plano de Ação nº 13 do projeto Erosão da Base Tributária e Transferência de Lucros (Plano de Ação BEPS, OCDE, 2013) requer o desenvolvimento de "regras sobre a documentação das normas de preço de transferência, com o objetivo de reforçar a transparência para a administração fiscal, levando em consideração o custo de cumprimento para os negócios. As regras devem incluir um requerimento de que todas as empresas multinacionais forneçam aos governos informações relevantes sbre a alocação de suas rendas, sua atividade econômica e tributos pagos entre os países, de acordo com um modelo comum".

Action 13 of the Acion Plan on Base Erosion and Profit Shifting (BEPS Action Plan, OECD, 2013) requires the developement of "rules regarding transfer pricing documentation to enhance transparency for tax administration, taking into consideration the compliance cost for business. The rules to be developed will include a requirement that MNEs provide all relevant governments with needed information on their global allocation of the income, economic activity and taxes paid among countries according to a common template".

O referido relatório é conhecido como *Country-by-Country Reporting (CbC Reporting)*[312] e sua estrutura está dividida em três camadas distintas, quais sejam: (i) *Master File*[313]; (ii) *Local Documentation File*[314]; e (iii) *CbC Reporting*[315].

O Arquivo Mestre tem por finalidade fornecer às Autoridades Fiscais dos países interessados informação sobre a atividade das empresas multinacionais, bem como as operações que possuem repercussão nas regras de preço de transferência.

Por sua vez, o Arquivo Local deve detalhar as transações que ocorrem em determinado país e que ensejam a verificação das regras de preço de transferência, identificando para a Autoridade Fiscal local as partes relacionadas na operação, quantia envolvida, entre outras informações.

Por fim, a Declaração País-a-País tem a intenção de fazer com que grandes empresas multinacionais forneçam anualmente para cada jurisdição onde possuem negócio a quantidade de receita, lucro e tributos pagos. Ademais, essa declaração também pretende abranger o número de empregados, o capital social, lucros retidos e ativos tangíveis em cada país, bem como o organograma completo do grupo econômico.

A transparência pretendida com o Plano de Ação nº 13 tem o condão de expor a estrutura de grandes grupos multinacionais, permitindo que a autoridade tributária de cada país concentre seus esforços e seus recursos de uma maneira mais eficiente em termos de fiscalização[316]:

---

[312] Tradução livre: "Declaração País-a-País".
[313] Tradução livre: "Arquivo Mestre".
[314] Tradução livre: "Arquivo Local".
[315] Tradução livre: "Declaraçao País-a-País".
[316] OCDE. **Transfer Pricing Documentation and Country-by-Country Reporting, Action 13.** Disponível em: <https://read.oecd-ilibrary.org/taxation/transfer-pricing-

Taken togheter, these three documents (master file, local file and Country-by-Country Report) will require taxpayers to articulate consistent transfer pricing positions and will provide tax administrations with useful information to assess transfer pricing risk, make determinations about where audit resources can most effectively be deployed, and, in the event audits are called for, provide information to commence and target audit enquires. This information should make it easier for tax administrations to identify whether companies have engaged in transfer pricing and other practices that have the effect of artificially shifting substantial amounts of income into tax-advantaged environments. The countries participating in the BEPS project agree that these new reporting provisions, and the transparency they will encourage, will contribute to the objective of understanding, controlling and tackling BEPS behaviours.

Com vistas a se adequar a essa nova realidade, o Brasil promulgou a Instrução Normativa RFB nº 1.681/2016 cujo foco é regular a obrigatoriedade de prestação de informações, no que se refere à Declaração País-a-País[317].

De acordo com o artigo 3º da referida Instrução Normativa, a obrigatoriedade em apresentar tal declaração recai para "toda entidade integrante residente para fins tributários no Brasil que seja a controladora final de um grupo multinacional". Prosseguindo na leitura da norma,

---

documentation-and-country-by-country-reporting-action-13-2015-final-report_9789264241480-en#page4>. Acesso em: 28 de julho de 2018. Tradução livre: "Tomados em conjunto, esses três documentos (arquivo mestre, arquivo local e declaração país-a-país) requerirão que os contribuintes articulem de maneira consistente suas operações com preço de transferência e forneçam para a administração fiscal informações úteis para que essa possam determinar onde seus recursos podem ser utilizados de maneira mais eficiente no evento de uma auditoria. Tal informação deve facilitar a identificação por parte das administrações tributárias sobre as atividades que as companhias possuem e que podem artificialmente transferir quantias substanciais de suas rendas para jurisdições mais vantajosas. Os países que participam do projeto BEPS concordam que essa nova declaração, e a transparência que ela encoraja, vão contribuir para entender, controlar e contornar comportamentos que podem erodir a base tributária e transferir lucro entre os países.

[317] BRASIL. Instrução Normativa RFB nº 1.681, de 28 de dezembro de 2016. Dispõe sobre a obrigatoriedade de prestação das informações da Declaração País-a-País. Disponível em: < http://normas.receita.fazenda.gov.br/sijut2consulta/link.action?idAto=79444&visao=anotado>. Acesso em: 29 de julho de 2018.

seu artigo 4º estabelece os casos de dispensa da apresentação da Declaração País-a-País, como se observa abaixo[318]:

> Art. 4º Estão dispensadas da entrega da Declaração País-a-País as entidades integrantes residentes no Brasil cuja receita consolidada total do grupo multinacional no ano fiscal anterior ao ano fiscal de declaração, conforme refletido nas demonstrações financeiras consolidadas do controlador final, seja menor que:
> I – R$ 2.260.000.000,00 (dois bilhões, duzentos e sessenta milhões de reais), se o controlador final for residente no Brasil para fins tributários; ou
> II – € 750.000.000,00 (setecentos e cinquenta milhões de euros), ou o equivalente convertido pela cotação de 31 de janeiro de 2015 para a moeda local da jurisdição de residência para fins tributários do controlador final.
> Parágrafo único. As entidades integrantes residentes no Brasil para fins tributários devem informar à RFB que se enquadram na situação de dispensa prevista neste artigo, nos termos do Capítulo IV.

Como faz parecer a norma, o Legislador considera que existe um limite mínimo na estrutura de uma companhia multinacional para que ela apresente um risco de erodir a base tributável ou de transferir de forma substancial seu lucro para outra jurisdição. Em que pese esse acertado artigo ajustar o custo do *compliance* ao tamanho da operação dessas empresas, é necessário tomar cuidado com a inflação que historicamente aflige o Brasil, evitando criar as distorções que tais limites podem ocasionar com o passar dos anos.

Para aquelas entidades que necessariamente devem reportar essa declaração, as informações abordadas por ela se encontram descritas no artigo 9º da Instrução Normativa nº 1.681/2016[319]:

> Art. 9º A Declaração País-a-País consiste

---

[318] BRASIL. **Instrução Normativa RFB nº 1.681**, de 28 de dezembro de 2016. Dispõe sobre a obrigatoriedade de prestação das informações da Declaração País-a-País. Disponível em: <http://normas.receita.fazenda.gov.br/sijut2consulta/link.action?idAto=79444&visao=anotado>. Acesso em: 29 de julho de 2018.

[319] BRASIL. **Instrução Normativa RFB nº 1.681**, de 28 de dezembro de 2016. Dispõe sobre a obrigatoriedade de prestação das informações da Declaração País-a-País. Disponível em: < http://normas.receita.fazenda.gov.br/sijut2consulta/link.action?idAto=79444&visao=anotado>. Acesso em: 29 de julho de 2018.

I – em informações agregadas por jurisdição na qual o grupo multinacional opera relativas:
a) aos montantes de receitas total e das obtidas de partes relacionadas e não relacionadas;
b) ao lucro ou prejuízo antes do imposto sobre a renda;
c) ao imposto sobre a renda pago;
d) ao imposto sobre a renda devido;
e) ao capital social;
f) aos lucros acumulados;
g) ao número de empregados, trabalhadores e demais colaboradores; e
h) aos ativos tangíveis diversos de caixa e equivalentes de caixa;
II – na identificação de cada entidade integrante do grupo multinacional, mediante a indicação:
a) da sua jurisdição de residência para fins tributários e, quando diferente desta, da jurisdição sob cujas leis a entidade integrante está estabelecida; e
b) da natureza de suas principais atividades econômicas; e
III – em informações em texto livre, para prestação de esclarecimentos adicionais, a critério do grupo multinacional.
§ 1º Nas informações relativas ao Brasil, os valores constantes das alíneas "c" e "d" do inciso I do caput abrangem a Contribuição Social sobre o Lucro Líquido (CSLL).
§ 2º As informações de valores constantes da Declaração País-a-País deverão ser prestadas:
I – em uma única moeda, que deve ser a moeda do controlador final do grupo multinacional;
II – considerando-se a totalidade das entidades integrantes, ou seja, independentemente da proporção de participação do controlador final do grupo multinacional em suas controladas; e
III – de maneira agregada, isto é, somam-se os valores relativos a todas as entidades integrantes residentes na mesma jurisdição tributária.
§ 3º As informações em texto livre, conforme previsto no inciso III do caput, deverão ser fornecidas em um único idioma, a ser escolhido pela entidade declarante dentre as opções de português, inglês e espanhol.
§ 4º As informações da Declaração País-a-País devem ser prestadas considerando-se as definições e instruções contidas no Manual de Orientação do Leiaute da ECF, divulgado pela Coordenação-Geral de Fiscalização por meio de Ato Declaratório Executivo (ADE) publicado no Diário Oficial da União (DOU).

Do que se depreende da norma, é possível concluir que o Brasil se encontra em um nível avançado no desenvolvimento de medidas que visam a implementação das recomendações do Plano de Ação nº 13 do BEPS. A transparência das operações de sociedades multinacionais permitirá identificar práticas abusivas e coibir deturpações que a capilaridade dessas entidades permite em termos de planejamentos tributários agressivos.

7. O Brasil Formaliza seu Pedido de Admissão Como Membro da OCDE: e Agora?

Para surpresa da maioria, foi anunciado no dia 30 de maio de 2017 o pedido de adesão do Brasil junto à OCDE[320]:

> O governo brasileiro apresentou oficialmente nesta terça-feira pedido de adesão à Organização para Cooperação e Desenvolvimento Econômico (OCDE), por meio de uma carta assinada pelos ministros Aloysio Nunes Ferreira (Relações Exteriores) e Henrique Meirelles (Fazenda), conforme antecipou a colunista do GLOBO Lydia Medeiros. Apesar de manter relação com a entidade internacional há anos, o Brasil não é membro pleno da organização internacional.

A surpresa advém do triste fato do Brasil anunciar tal notícia durante uma de suas piores crises institucionais, onde inclusive havia a possibilidade de ver pela segunda vez em poucos meses um Presidente sofrer um processo de Impeachment.

Talvez por essa mesma razão, os então Ministros Aloysio Nunes Ferreira, das Relações Exteriores, e Henrique Meirelles, da Fazenda, apresentaram oficialmente uma carta assinada com o referido pedido como forma de transparecer normalidade e segurança para investidores e

---

[320] GLOBO, O. **Brasil formaliza pedido de adesão à OCDE.** Disponível em: <https://oglobo.globo.com/economia/brasil-formaliza-pedido-de-adesao-ocde-21415527>. Acesso em: 31 de maio de 2017.

nações estrangeiras. Nesse sentido, incita a reportagem da ANSA Brasil que "*a entrada na OCDE, que reúne as economias mais desenvolvidas do planeta, seria uma forma de aumentar a confiança dos investidores no Brasil e estimular seu crescimento*[321]:

Como membro efetivo do G20[322], o Brasil coopera com a OCDE desde meado dos anos 1990, tendo estreitado os laços com a organização em 2000 por meio da assinatura da Convenção de Combate à Corrupção de Autoridades Estrangeiras.

A forma de interação do Brasil se resumia na participação em alguns órgãos da organização, ou mesmo em sua presença como simples observador, por meio do programa *enhanced engagement*, programa esse que permitia a participação nos Comitês da OCDE[323].

A crescente relevância brasileira no cenário internacional nos últimos anos, em especial na última década, fez crescer também a consciência do Brasil em relação a sua posição como *player* em um cenário global[324]:

A cooperação entre o Brasil e a OCDE vem ganhando densidade em um amplo conjunto de temas, os quais incluem política macroeconômica, agricultura, comércio, educação, ciência e tecnologia e inovação, estatísticas, combate à corrupção, tributação, política de competição, política de investimentos, Conduta empresarial responsável, governança corporativa, financiamento às exportações, entre outros. O Brasil participa, em diferentes graus, de foros da OCDE, aderiu a alguns de seus instrumentos e tem sido objeto dos "*Economic Surveys*" bienais da Organização desde 2001. O Acordo de Cooperação permitirá aprofundar essa cooperação, aperfeiçoar políticas

---

[321] ANSA BRASIL. **Brasil formaliza pedido de adesão à OCDE**. Disponível em:< http://ansa-brasil.com.br/brasil/noticias/brasil/politica/2017/05/30/brasil-formaliza-pedido-de-adesao-a-ocde_f46daff9-91e7-405e-8e64-f904559b74fe.html>. Acesso em: 31 de maio de 2017.

[322] ITAMARATY. **Política externa: O Brasil no G20**. Disponível em:< http://www.itamaraty.gov.br/pt-BR/politica-externa/diplomacia-economica-comercial-e-financeira/118-g20>. Acesso em: 31 de maio de 2017.

[323] BRASIL. **Sobre a OCDE: Conheça os trabalhos da Organização para Cooperação e Desenvolvimento Econômico – OCDE**. Disponível em: <http://www.pcn.fazenda.gov.br/assuntos/ocde/sobre-a-ocde>. Acesso em: 31 de maio de 2017.

[324] ITAMARATY. **Acordo Marco de Cooperação com a OCDE**. Disponível em: <http://www.itamaraty.gov.br/pt-BR/component/tags/tag/15-ocde-organizacao-para-a-cooperacao-e-o-desenvolvimento-economico>. Acesso em: 31 de maio de 2017.

públicas e divulgar e comparar programas governamentais bem-sucedidos de maneira mais sistemática e com sentido de direção.

Em que pese tal participação, os próprios órgãos do governo admitiam antes dessa carta que "para o Brasil há razões políticas e questões específicas, relacionadas a exigências que a organização faz a seus membros e aos não membros que assinam suas convenções, que dificultam a possibilidade de adesão". Entre os motivos elencados pelo governo que levavam o Brasil a manter-se distante da possibilidade de ser um membro efetivo encontrava-se o tema fiscal[325]:

> No entanto, o Brasil ainda é cauteloso sobre se tornar observador no Comitê de Assuntos Fiscais e, nesta área política, concentra sua atenção sobre o Fórum Global sobre Transparência e Troca de Informações. Há também baixa participação em áreas como meio ambiente, em que os países da OCDE assumiram compromissos internacionais diferentes dos brasileiros.

Como era entendido, a participação do Brasil junto à OCDE se limitava até onde era possível observar um conforto político e de adequação às normas dessa organização. No que concerne a isso, o Legislador brasileiro procurava adequar as normas aos conceitos e parâmetros daquele órgão de uma forma que fosse conveniente para o Estado e para as relações comerciais internacionais, sem que isso subjugasse o Brasil às recomendações plenas da OCDE.

Sob o ângulo da Organização para Cooperação e Desenvolvimento Econômico, a produção de atos possui uma singular efetividade sobre seus países membros. Isso porque mesmo um documento que não tenha uma força imperativa sobre os atos daquelas nações possui um poder vinculativo, posto que a adesão de partes dos membros da OCDE cria um ambiente de readequação internacional onde aqueles que não se envolveram com as mudanças são vistos com reservas, principalmente nas relações comerciais. Dentro da produção normativa da organização é possível encontrar os seguintes atos[326]:

---

[325] BRASIL. **O Brasil e a OCDE: Entenda o relacionamento entre o Brasil e a OCDE.** Disponível em: <http://www.pcn.fazenda.gov.br/assuntos/ocde/o-brasil-e-a-ocde>. Acesso em: 31 de maio de 2017.
[326] OCDE. **OECD Legal Instruments.** Disponível em:< https://www.oecd.org/legal/legal-instruments.htm>. Acesso em: 01 de junho de 2017. Tradução livre: "Decisões são vincula-

Decisions are legally binding on all those Member countries which do not abstain at the time they are adopted. While they are not international treaties, they do entail the same kind of legal obligations as those subscribed to under international treaties. Members are obliged to implement Decisions and they must take the measures necessary for such implementation.

Recommendations are not legally binding, but practice accords them great moral force as representing the political will of Member countries and there is an expectation that Member countries will do their utmost to fully implement a Recommendation. Thus, Member countries which do not intend to implement a Recommendation usually abstain when it is adopted.

[...]

Declarations: solemn texts setting out relatively precise policy commitments are subscribed to by the governments of Member countries. They are not formal Acts of the Organisation and are not intended to be legally binding, but they are noted by the OECD Council and their application is generally monitored by the responsible OECD body.

Arrangements and Understandings: instruments, negotiated and adopted in the framework of the Organisation by some Member countries. They are not Acts of the Organisation and are not legally binding, but they are noted by the OECD Council and their implementation is monitored.

tivas para todos os Países Membros que não se abstenham no momento da adoção. Enquanto elas não são consideradas como tratados internacionais, elas implicam em uma forma de obrigação legal como aquelas subscritas nos tratados internacionais. Membros são obrigados a implementar as decisões e eles devem tomar as medidas necessárias para essas implementações. Recomendações não são vinculativas, mas a prática demonstra que eles possuem grande força moral, posto que representam a vontade política dos Países Membros e há uma grande expectativa de que os Países Membros vão se esforçar ao máximo para implementar as recomendações. Portanto, Países Membros que não implementam uma recomendação usualmente se abstêm quando ela é adotada. Declarações: Textos solenes que estabelecem precisamente compromissos que são subscritos pelos governos dos Países Membros. Eles não são atos formais da organização e eles não pretende ser vinculativos legalmente, mas eles são observados pelo Conselho da OCDE e geralmente sua aplicação é monitorada pelos responsáveis na estrutura da OCDE. Acordos e Entendimentos: Instrumentos, negociados e adotados no âmbito da organização por alguns Países Membros. Eles não são atos da organização e não são vinculativos legalmente, mas são observados pelo Conselho da OCDE e sua implementação é monitorada. Acordos Internacionais: Concluídos no âmbito da organização, eles são vinculativos legalmente para as partes".

International Agreements: concluded in the framework of the Organisation, they are legally binding on the Parties.

Em relação ao Projeto BEPS, o ato expedido pela OCDE possui uma característica de recomendação. Especificamente no relatório do Plano de Ação nº 04 é possível verificar tal afirmação no seguinte trecho: *"To address these risks, Action 4 of the Action Plano and Base Erosion and Profit Shifting [...] called for recommendations regarding the best practices in the design of rules to prevent base erosion through the use of interest expense"*[327].

Desta forma, por se tratar de uma recomendação, o Projeto BEPS não possui a natureza de um instrumento vinculativo em sua implementação para os membros da OCDE. Entretanto, as recomendações possuem uma força moral que torna o seu texto cogente para aqueles, como se pode depreender da expectativa da organização[328]:

Implementation is now the focus of this work. The BEPS package is designed to be implemented via **changes in domestic law** and practices, and via **treaty provisions**, with the negotiation for a multilateral instrument having been finalized in 2016 to facilitate the implementation of the treaty related measures. OECD and G20 countries also agreed to continue to work together to ensure a consistent and co-ordinated

---

[327] OCDE. **Limiting Base Erosion Involving Interest Deductions and Other Financial Payments, Action 4.** Disponível em: <http://www.keepeek.com/Digital-Asset-Management/oecd/taxation/limiting-base-erosion-involving-interest-deductions-and-other--financial-payments-action-4-2016-update_9789264268333-en#.WPpammkrLIU#page5>. Acesso em: 01 de junho de 2017. Tradução livre: "Para endereçar tais riscos, a Ação nº 04 do Plano de Ação sobre a Erosão da Base Fiscal e a Transferência de Lucros exigiu recomendações sobre as melhores práticas em relação à criação de regras para prevenir a erosão da base por meio da despesa de juros".

[328] OCDE. **Limiting Base Erosion Involving Interest Deductions and Other Financial Payments, Action 4.** Disponível em: <http://www.keepeek.com/Digital-Asset-Management/oecd/taxation/limiting-base-erosion-involving-interest-deductions-and-other-financial-payments-action-4-2016-update_9789264268333-en#.WPpammkrLIU#page5>. Acesso em: 01 de junho de 2017. Tradução livre: "A implementação é o atual foco desse trabalho. O pacote BEPS foi desenvolvido para ser implementado via mudanças nas leis e práticas domésticas, e via medidas em tratados, com a negociação por um instrumento multilateral sendo finalizada em 2016 para facilitar a implementação dos tratados com as medidas relacionadas. Os países da OCDE e do G20 também concordaram em continuar trabalhando juntos para garantir a consistência e coordenação da implementação das recomendações do BEPS e fazer com que seja mais inclusivo".

implementation of the **BEPS recommendations** and to make the project more inclusive. (g.n.)

Uma vez que seja aceita sua admissão como País Membro da OCDE, o Brasil terá de se sujeitar às normas daquela organização, seja como um ato de renovação de sua política internacional seja como um ato de boa-fé para a OCDE, seus membros e investidores estrangeiros.

Em que pese essa novidade se revestir de um caráter de avanço para o país, o pedido de adesão pode causar atritos em determinados setores do governo.

Isso porque o custo da manutenção do Brasil como membro efetivo pode chegar à soma de 15 milhões de euros, de acordo com o subsecretário de assuntos econômicos e financeiros do Itamaraty, Carlos Cozendey. Não bastasse a relevante quantia, segundo o subsecretário, o Brasil já se encontra na posição de devedor para várias organizações internacionais[329]:

> O Brasil terá de pagar uma anuidade de cerca de 15 milhões de euros (mais de 55 milhões de reais) quando se tornar membro pleno da Organização para a Cooperação e Desenvolvimento Econômico (OCDE), segundo o subsecretário de assuntos econômicos e financeiros do Itamaraty. Carlos Cozendey. Atualmente, diz ele, o Brasil está devendo para várias organizações internacionais, principalmente as no âmbito das Nações Unidas.
> [...]
> Depois que se tornar efetivamente membro, o Brasil passará a pagar uma anuidade, calculada em função do PIB do país, e que o governo estima em cerca de 15 milhões de euros. Desse total, 12 milhões de euros se referem a contribuições obrigatórias e outros 3 milhões de euros fora do orçamento regular para participar de programas e comitês específicos de interesse do Brasil.

Conforme dito anteriormente, o custo dessa decisão é sopesado por muitos como um investimento na melhoria do mercado brasileiro. Em reportagem da BBC fica claro que *"a adesão à OCDE pode favorecer*

---

[329] VALOR ECONÔMICO. **Adesão à OCDE deverá custar ao Brasil 15 milhões de euros por ano.** Disponível em: <http://www.valor.com.br/brasil/4998456/adesao-ocde-devera-custar-ao-brasil-15-milhoes-de-euros-por-ano>. Acesso em: 16 de julho de 2017.

investimentos internacionais e as exportações, aumentar a confiança dos investidores e das empresas e ainda melhorar a imagem do país no exterior, favorecendo o diálogo com economias desenvolvidas"[330].

Da comparação entre os argumentos contrários e favoráveis, é possível aferir que investir na adesão pressupõe um dispêndio significativo de valores e esforços com vistas a um retorno de longo prazo. Aliás, o foco em um horizonte temporal um pouco mais distante foi a decisão tomada por países que já submeteram seus pedidos de adesão à organização, tais como Argentina, Colômbia e Peru.

Por certo, a adaptação trará dificuldades no que concerne ao conflito entre as práticas recomendadas pela organização e o Ordenamento Interno brasileiro, posto que sua revisão será uma consequência imediata. Nesse ponto é importante salientar que o impacto não será apenas na área fiscal (ainda que essa seja uma das mais sensíveis em um momento de crise política e econômica) mas igualmente será sentido nas questões ambientais e de política externa.

O pedido de adesão do Brasil nos quadros de membros efetivos da OCDE sem dúvida é um grande avanço em termos de evolução da visão política e econômica, mas a consequência dessa solicitação ainda trará grandes questionamentos em um futuro próximo.

Por ora, resta segurar a ansiedade e esperar pela decisão da OCDE em relação ao pedido de adesão, algo que encontra seu maior empecilho na atual conjuntura política e econômica[331].

---

[330] BBC Brasil. **Os prós e contras de o Brasil entrar na OCDE, o "clube dos ricos"**. Disponível em: <http://www.bbc.com/portuguese/internacional-40140913>. Acesso em: 19 de julho de 2017.

[331] Estadão. **Governo Trump resiste à entrada de Brasil na OCDE**. Disponível em:< https://economia.estadao.com.br/noticias/geral,governo-trump-resiste-ao-brasil-na-ocde,70002271257>. Acesso em: 29 de julho de 2018.

Conclusão

De pronto, é possível concluir que o BEPS irá alterar profundamente a forma como as empresas se financiam no Brasil. Isso porque o pedido de adesão do Brasil aos quadros da OCDE vai de alguma forma influenciar a coesão deste às recomendações daquela organização.

Deste modo, ainda que as recomendações expedidas pela OCDE não possuam poder vinculativo para os seus membros, é certo que a adesão aos princípios e instrumentos serão um forte indício de como o Brasil irá se adaptar ao cenário pintado pela OCDE e seus membros, lembrando que tais membros são os países mais influentes do globo e que o Brasil busca ganhar a confiança desses para se consolidar em uma posição de liderança mundial.

Não bastasse tal pressão, já é possível observar a movimentação de determinados países no que diz respeito à implementação de determinados pontos do projeto BEPS. É o que se depreende do Projeto de Lei apresentado ao Parlamento de Luxemburgo no dia 20 de junho de 2018, onde fica evidente a preocupação em tornar efetivas as disposições dos Planos de Ação nos 02 e 04[332].

Por si só, a captação de recursos e a forma como a estrutura de capital de uma empresa é formada já denota um grande desafio. Todavia,

---

[332] EY. **The Latest on BEPS – 29 June 2018.** Disponível em:< https://www.ey.com/Publication/vwLUAssets/The_Latest_On_BEPS_%E2%80%93_29_June_2018/$FILE/2018G_010085-18Gbl_The%20Latest%20On%20BEPS%20%E2%80%93%2029%20June%202018.pdf>. Acesso em: 20 de agosto de 2018.

em momentos de crise econômica agravados por uma crise institucional, um esforço ainda maior é demandado das empresas estabelecidas no Brasil para criar estratégias e prosseguir com suas atividades.

Como foi possível analisar durante esse trabalho, as empresas possuem duas formas mais comuns para financiarem suas atividades, quais sejam, o aumento de capital e a tomada de empréstimos. As consequências de uma ou outra escolha dependem da uma profunda análise das vantagens em relação ao momento vivido por cada empresa.

O aumento de capital enseja, como foi discutido, a remuneração por duas vias distintas: a distribuição de lucros e os Juros Sobre o Capital Próprio.

Sendo a principal remuneração de qualquer estrutura societária, a distribuição de lucros atualmente possui um tratamento fiscal neutro, de modo que não é tributada na figura do beneficiário e tampouco é dedutível na empresa que os distribui. Todavia, essa forma de remuneração implica na existência de lucro na atividade empresarial ou de reserva de lucros, mostrando um determinado nível de risco nesse tipo de investimento.

Por sua vez, os Juros Sobre o Capital Próprio facilitam (e até incitam) certas formas de planejamento tributário. Isso porque, ainda que haja a retenção de imposto na fonte no momento do seu pagamento, por se tratar de despesa financeira, tais juros permitem a sua dedução do cálculo do Imposto de Renda e Contribuição Social, para as empresas que tributam o lucro em bases reais.

Em que pese essa bênesse, existem limites rígidos a serem respeitados e a utilização do pagamento dos JCP, em certas estruturas societárias, nem sempre é eficaz desde o ponto de vista tributário, uma vez que eles podem ser tributados pelo PIS e pela COFINS, caso a empresa se encontre no regime não-cumulativo dessas contribuições.

Específicamente sobre os JCP, o Plano de Ação nº 02 do BEPS pode implicar em sensíveis alterações em seu uso como parte de um planejamento fiscal em bases internacionais.

Com o fim de neutralizar as consequências nocivas do uso de instrumentos híbridos, o referido plano tem como um de seus fundamentos a impossibilidade da isenção de uma receita, caso seu pagamento seja considerado uma despesa dedutível. Tendo essa ideia em mente, estratégias que exploravam a isenção do recebimento dos JCP por um país estrangeiro, dado o entendimento de sua natureza como dividendos, já encontrariam dificuldades para subsistir em um sistema normatizado segundo a visão da OCDE.

Ademais, cabe salientar que a neutralização dos efeitos oriundos de instrumentos híbridos já encontra respaldo em um plano doméstico. Isso porque as alterações criadas pela Lei nº 12.973/2014 procuraram adequar os efeitos tributários aos conceitos emanados da legislação societária. Dessa maneira, já é possível observar por parte do Legislador Brasileiro a preocupação em contornar os desquadres fiscais apontados pelo Plano nº 02.

Por certo, em se tratando de harmonizar os efeitos dos instrumentos híbridos em um plano internacional, a OCDE terá um intenso trabalho em concatenar a política fiscal e o Ordenamento Jurídico de cada país para uma mesma direção. Sob esse ângulo, é possível que o Plano de Ação nº 02 seja um dos mais complexos em termos de implementação de suas recomendações em um cenário global.

No que diz respeito ao financiamento pela tomada de empréstimo, esse pressupõe uma análise ainda mais minuciosa.

Inicialmente, existe a possibilidade de as empresas optarem por solicitar esse empréstimo junto a uma instituição financeira ou junto às empresas do mesmo grupo econômico. Não bastasse isso, essa escolha também é capaz de implicar em uma operação realizada com o exterior, uma vez que pode ser realizada por meio de instituições financeiras e empresas não localizadas no Brasil.

Precisamente no que concerne à utilização do financiamento pela tomada de empréstimos com empresas do mesmo grupo, é de se notar um cuidado dobrado quanto aos efeitos fiscais desse tipo de operação.

Tal atenção se deve ao fato de que estruturas societárias de porte internacional permitem manobras no que diz respeito às operações de suas empresas, de modo a alocar de forma estratégica o empréstimo e os juros. Tal planejamento muitas vezes cria distorções onde a dívida é alocada em países de alta carga tributária, o que faz diminuir a base tributável da empresa, e o recebimento dos juros em países de baixa ou nenhuma carga fiscal, criando uma receita pouco ou não tributada.

Antes do Projeto BEPS, o Ordenamento Jurídico brasileiro já dispunha de regras atinentes ao limite de dedução de juros por operação e o limite máximo de endividamento das empresas, conhecidas como regras de preço de transferência e de subcapitalização, respectivamente.

As regras de preço de transferência pressupõem a análise individualizada do contrato de empréstimo e a verificação do montante de juros pagos em remuneração à quantia fornecida. Verificado o montante de juros pagos, o referencial limite que deverá ser observado é o da remuneração de títulos soberanos brasileiros ou a taxa LIBOR, a depender do tipo de contrato, somado a um *spread* predeterminado.

Sob uma perspectiva diferente, as normas de subcapitalização pretendem criar um limite de endividamento por meio da verificação dos empréstimos contraídos pela pessoa jurídica brasileira, a forma de participação no capital da empresa brasileira de quem disponibilizou o empréstimo e a sua localização, criando uma relação com o tamanho do patrimônio líquido da própria empresa situada no Brasil.

Dessa forma, enquanto a estrutura das regras de preço de transferência denota uma análise mais flexível e vinculada com a operação em si, as regras de subcapitalização pressupõem a observância de proporções fixas sobre a relação dívida *versus* patrimônio líquido.

Portanto, do embate entre os modelos estabelecido por essas duas regras acima descritas é possível depreender a existência de uma complementariedade situada no fato de que uma trata de um limite focado na operação realizada pela pessoa jurídica brasileira e outra na estrutura de capital que essa adota. Dessarte, por se tratarem de institutos e objetivos diferentes, ambas as regras devem ser observadas, sob pena de ensejarem adições distintas no cálculo do IRPJ e da CSLL em bases reais.

Ao analisar as recomendações elencadas no Plano de Ação nº 04 do Projeto BEPS, é possível aferir que tais disposições se referem principalmente à proporção de endividamento das empresas. Dessa maneira, seu efeito imediato recairia com maior peso nas atuais regras de subcapitalização.

Se de um lado o Ordenamento brasileiro, por meio das regras de subcapitalização, estabelecia como parâmetro comparativo o patrimônio líquido da empresa, hoje o BEPS veio inovar trazendo a comparação com o EBITDA. Assim, ao estabelecer novos parâmetros para aferir se uma empresa está alavancada acima do limite onde a dedutibilidade de juros é aceitável, o referido plano apresenta como medida de comparação principal o lucro da atividade empresarial.

Ao que parece, a metodologia utilizada pela OCDE parece possuir maior relação com a realidade enfrentada pelas empresas. Isso porque relacionar o limite de endividamento com a capacidade de uma empresa de gerar lucro parece mais adequado do que mensurar em relação ao seu patrimônio líquido, quantia que muitas vezes não reflete com exatidão a capacidade da operação sustentada pela atividade daquela.

A experiência mostra que o tamanho e a forma com que se desenvolve o resultado da atividade econômica de uma empresa é o norte da gestão financeira de seus recursos, sendo mais relevante do que o aporte que os sócios / acionistas fizeram em relação à constituição dos ativos da empresa.

As recomendações contidas no Plano de Ação nº 04 foram fruto de intenso trabalho realizado junto dos países integrantes da OCDE, que puderam expor sua experiência quanto à dedutibilidade de juros. A pesquisa permitiu, por certo, a harmonização de entendimentos, algo que seria difícil de construir em um cenário mundial sem que houvesse a cooperação de um grande número de nações.

Igualmente, em vários trechos do relatório emitido pela OCDE é possível perceber uma preocupação em criar flexibilidade suficiente para que cada país possa transformar as recomendações em regras viáveis para sua realidade. Ademais, a percepção de que a criação de uma regra fixa prejudicaria sua efetividade do projeto é um grande avanço em relação à dinamicidade das relações atuais.

No que concerne ao foco nas empresas, também é verificável certo cuidado ao criar o contorno das recomendações do plano. A OCDE teve o zelo necessário ao expor que a alavancagem das empresas muitas vezes é circunstancial e que pode ser afetada pela sazonalidade do negócio ou mesmo por uma empreitada específica. Em relação a isso, o Plano de Ação nº 04 prevê diversas formas onde o limite de endividamento pode ser calculado.

Em que pese a estrutura bem fundamentada do Plano nº 04, sua implementação pode encontrar certa dificuldade em um entorno brasileiro. Isso por dois motivos principais: a existência de um regramento específico já em curso (regras de subcapitalização); e a possível redução do montante sujeito à dedução como despesa de juros.

Para um país conhecido por atrair investimentos especulativos, alterar a forma de financiamento das empresas, reduzindo a margem de aproveitamento fiscal do endividamento, pode gerar consequências indesejadas como a fuga de capital. Tendo isso em vista, ainda que bem desenhado, o Plano de Ação nº 04 pode não vir a ser uma das prioridades em termos de adequação do Ordenamento Jurídico brasileiro ao projeto BEPS.

Por sua vez, o Plano de Ação nº 13 é o que melhor reflete o âmago do Projeto BEPS. Procurando dar informações sobre as operações de empresas multinacionais para as Autoridades Fiscais, o referido plano prevê um nível de transparência muito maior do que o atualmente vigente sobre as grandes corporações.

Com relação ao Plano nº 13, o Brasil parece estar alinhado com as propostas e expectativas da OCDE, uma vez que já interiorizou dentro de seu Ordenamento a Declaração País-a-País, objeto desse plano. Assim, com a promulgação da Instrução Normativa RFB nº 1.681/2016, determinadas entidades controladoras de grupos multinacionais terão de informar sobre suas operações e estrutura, permitindo à Receita Federal exercer um controle mais minucioso sobre essas.

Como é possível depreender, a alteração comportamental incutida pelo projeto BEPS ensejará uma atuação mais firme no que concerne à Autoridade Fiscal[333]. Por outro lado, a amplitude das relações comerciais envolvidas também motivará a produção de acordos internacionais e uma maior presença do Brasil nas mesas de negociação ao redor do mundo.

Por todo o exposto, conclui-se que as mudanças trazidas pelo projeto BEPS são uma realidade para o Brasil. Assim como a adesão à OCDE é uma necessidade em termos de relações exteriores e de viabilidade dos negócios internacionais futuros, a implementação do projeto influirá na forma como o Brasil estará inserido no contexto macroeconômico vindouro. Seu efeito sobre a forma de financiamento das empresas brasileiras também se afigura no horizonte como um desafio para o Legislador e para as pessoas jurídicas que atuam no Brasil, que deverão trabalhar tanto para fomentar negócios quanto para dar maior certeza e segurança jurídica em um nível internacional.

---

[333] PwC. **BEPS: Relatório final da OCDE**. Disponível em: <http://www.pwc.com.br/pt/eventos-pwc/assets/arquivo/bulletin-beps.pdf>. Acesso em: 26 de abril de 2017. "Pode-se concluir, no entanto, que o impacto direto mais significativo do pacote de medidas para o BEPS é o comportamental – ou seja, o recrudescimento da atuação das administrações tributárias em todo o mundo em relação a eventuais práticas antielisivas ou, ainda, a negociação de acordos prévios bilaterais ou multilaterais na seara internacional".

REFERÊNCIAS

ALLE, Saulo Stefanone. **Linhas Diretrizes da OCDE para empresas multinacionais e sua implementação no Brasil**. São Paulo, 2012. 211 f. Dissertação de Mestrado. Departamento de Direito Internacional da Universidade de Direito de São Paulo.

ANDRADE FILHO, Edmar Oliveira. **Perfil jurídico do juro sobre o capital próprio: IRPJ, CSLL, PIS, COFINS – aspectos societários**. São Paulo: MP Editora, 2006.

AMARAL, José Romeu Garcia do. **Ensaio sobre o regime jurídico das debêntures**. 2014. 270 f. Dissertação (Mestrado em Direito) – Faculdade de Direito, Universidade de São Paulo, São Paulo.

ATALIBA, Geraldo. **Hipótese de Incidência Tributária**. São Paulo: Revista dos Tribunais, 1973.

BARRETO, Paulo Ayres. Desafios do planejamento tributário. In: SCHOUERI, Luís Eduardo (coord.). **Direito Tributário – Homenagem a Paulo de Barros Carvalho**. São Paulo: Quartier Latin, 2008.

BEUREN, Ilsa Maria. Conceituação e Contabilização do Custo de Oportunidade. **Caderno de estudos nº 08 – FIPECAFI**, abril de 1993. Disponível em: <file:///E:/Monografia/Outras%20monografias/ABRIR/Contabiliza%C3%A7%C3%A3o%20do%20Custo%20de%20Oportunidade.pdf>. Acesso em: 11 de julho de 2017.

BILAS, Richard A. **Teoria macroeconômica**: uma análise gráfica. 5ª ed. Rio de Janeiro: Forense – Universitária, 1976.

COELHO, Fábio Ulhoa. **Manual de direito comercial**: direito de empresa. 27ª ed. São Paulo: Saraiva, 2015. p. 254.

FERREIRA, Tadeu Cendón. **Instrumentos financeiros patrimoniais previstos na legislação societária brasileira à luz das normas internacionais de** contabilidade. 2016. 73 f. Dissertação (Mestrado) – Faculdade de Economia, Administração e Contabilidade, Universidade de São Paulo, São Paulo.

Ferri, Giuseppe. **Manuale di diritto commerciale**. Torino: UnioneTipografico-Editrice Torinese, 1976.

Galhardo, Luciana Rosanova; Lopes Jr, Jorge Ney de Figueirêdo. As Regras de Subcapitalização e a Atuação de Bancos Nacionais e Estrangeiros na Estruturação de Operações de Financiamento Externo de Empresas Nacionais. In: Mosquera, Roberto Quiroga et al. **O Direito tributário e o mercado financeiro e de capitais**. 2º volume. São Paulo: Dialética, 2010.

Galhardo, Luciana Rosanova; Figueirêdo, J. N.; Asseis, P. A. **Insturmentos financeiros híbridos e o processo de convergência contábil brasileiro**. São Paulo: Dialética, 2014.

Guzman, Antonio Carlos Marchetti; Penido, Tatiana Morais. As regras de Subcapitalização e sua Aplicação no Ordenamento Jurídico Brasileiro. In: Marrey Jr., Pedro Luciano et al. **Sinopse Tributária 2010 – 2011**. São Paulo: Impressão Régia, 2010.

Higuchi, Hiromi. **Imposto de Renda das empresas: interpretação e prática**. 40ª ed. São Paulo: IR Publicações, 2015.

Hobsbawn, E. **A era dos extremos: o breve século XX (1914-1991)**. São Paulo: Cia. Das Letras, 1995.

Horta, Nereida de Miranda Finamore. As Regras de *Thin Capitalization* e a Exclusão das Operações de Repasse Realizadas pelas Instituições Financeiras. In: Mosquera, Roberto Quiroga et al. **O Direito tributário e o mercado financeiro e de capitais**. 2º volume. São Paulo: Dialética, 2010.

Iudícibus, Sérgio de; Martins, Eliseu; Gelbcke, Ernesto Rubens. **Manual de contabilidade das sociedades por ações**. São Paulo: Atlas, 2007.

Lara, José Edson; Mesquita, José Marcos Carvalho. **Estrutura de capital e rentabilidade: análise do desempenho das empresas Brasileiras no período pós Plano Real**. Revista Contabilidade Vista e Revista. Belo Horizonte: Universidade Federal de Minas Gerais, 2008.

Lima, Mariana Miranda. **A natureza jurídica dos juros sobre o capital próprio e as convenções para evitar a dupla tributação**. 2009. 160 f. Dissertação (Mestrado em Direito) – Faculdade de Direito, Universidade de São Paulo, São Paulo.

Longo, José Henrique. Paraíso Fiscal. In: Mosquera, Roberto Quiroga et al. **O Direito tributário e o mercado financeiro e de capitais**. 2º volume. São Paulo: Dialética, 2010.

MIFANO, Flavio; ABREU, José Mauricio Carvalho. A isenção ao imposto sobre a renda no repasse de dividendos por fundos de investimento. In: MARREY JR., Pedro Luciano et al. **Sinopse Tributária 2010-2011**. São Paulo: Impressão Régia, 2010.

MIRANDA, Francisco Cavalcanti Pontes de. **Tratado de direito privado**. São Paulo: Ed. Revista dos Tribunais, 1984.

MODIGLIANI, F., MILLER, M. H. **The cost of capital, Corporation finance and the theory of investment**. Nashville: The American Economic Review Nashville, 1963.

MONGUILOD, Ana Carolina; GOMES, Edgar Santos. **BEPS – Relatórios finais aprovados. E agora?** 2016. Disponível em: <http://www.levysalomao.com.br/files/publicacao/anexo/20160201152503_beps--relatorios-finais--aprovados.-e-agora.pdf>. Acesso em: 14 de novembro de 2016.

MOSQUERA, Roberto Quiroga; PICONEZ, Matheus Berthiolo. Tratamento Fiscal dos Instrumentos Financeiros Híbridos. In: MOSQUERA, Roberto Quiroga e LOPES, Alexsandro Broedel. **Controvérsias jurídico-contábeis (aproximações e distanciamentos)**. São Paulo: Dialética, 2011.

MUSA, Simone Dias. A normatização das Operações com Jurisdições com Tributação Favorecida e Regimes Fiscais Privilegiados – uma Evolução da Legislação Tributária Brasileira. In: MOSQUERA, Roberto Quiroga et al. **O Direito tributário e o mercado financeiro e de capitais**. 2º volume. São Paulo: Dialética, 2010.

OLIVEIRA, Ricardo Mariz de. **Fundamentos do Imposto de Renda**. São Paulo: Quartier Latin, 2008

PEDREIRA, José Luiz Bulhões. **Finanças e demonstrações financeiras da companhia**. Rio de Janeiro: Forense, 1989.

PERES, Rogério Garcia. Subcapitalização – Regras de Determinação do Excesso de Juros Pagos ou Creditados a Pessoas Residentes ou Domiciliadas no Exterior. In: MOSQUERA, Roberto Quiroga et al. **O Direito tributário e o mercado financeiro e de capitais**. 2º volume. São Paulo: Dialética, 2010. P 334.

QUEIROZ, Luíz Cesar Souza de. O planejamento tributário e os conceitos de elisão e evasão. In: SCHOUERI, Luís Eduardo (coord.). **Direito Tributário – Homenagem a Paulo de Barros Carvalho**. São Paulo: Quartier Latin, 2008. pp. 736 – 737.

RATHKE, Alex Augusto Timm. **Transfer pricing e income shifting: evidências de empresas abertas**. 2014, 96 f. Dissertação (Mestrado) – Universidade de São Paulo.

REQUIÃO, Rubens. **Curso de direito comercial**, 1º volume. 29ª ed. São Paulo: Saraiva, 2010.

ROLIM, João Dácio. **A remuneração do capital próprio das pessoas jurídicas e a revogação da correção monetária de balanço pela Lei nº 9.249/95.** São Paulo: Repertório IOB de jurisprudência, 1996.

Ross, Stephen A.; Ross, Stephen A.; WESTERFIELD, Randolph W.; JORDAN, Bradford D.; LAMB, Roberto. **Fundamentos de administração financeira.** 9ª edição. São Paulo: Bookman, 2013.

SAITO, André Taue. **Fatores determinantes da disponibilidade de crédito nos países: uma análise de 2004 a 2010.** 2012. 125 f. Tese (Doutorado) – Universidade de São Paulo.

SALOMÃO NETO, Eduardo. **Direito Bancário.** São Paulo: Atlas, 2005.

SCHLATTER, C. F.; SCHLATTER, W. J. **Cost accounting.** 2ª ed. Nova Iorque: John Wiley & Sons Inc., 1957.

SCHOUERI, Luís Eduardo. Considerações sobre o princípio *arm's length* e os *secret comparables*. In: SCHOUERI, Luís Eduardo (coord.). **Direito Tributário – Homenagem a Paulo de Barros Carvalho.** São Paulo: Quartier Latin, 2008.

SCHOUERI, Luís Eduardo. **Preço de transferência no direito tributário brasileiro.** 3ª edição. São Paulo: Dialética, 2013

SILVA, Marcos Ricardo Cruz da. **Ponderações sobre os juros sobre capital próprio e seus contornos fiscais e jurídicos.** Disponível em: <http://www.fiscosoft.com.br/main_online_frame.php?page=/index.php?PID=273740&key=RzNNVGd4TVRNd05qSTJOVGcyTXpjM09URTJNakV5TmpFd05UQT1DOQ>. Acesso em: 22 de maio de 2017.

SPENCER, Ntttan N.; Siegelmann, Louls. **Economia de la administración de empresas.** México: Union Tipografica Editorial Hispano Americana, 1967.

TARANTIN JUNIOR, Wilson. **Estrutura de capital: o papel das fontes de financiamento nas quais as companhias abertas brasileiras se baseiam.** 2013. 108 f. Dissertação (Mestrado em Contabilidade). Faculdade de Economia, Administração e Contabilidade, Universidade de São Paulo, Ribeirão Preto.

TÔRRES, Heleno Taveira. Juros sobre o capital próprio – autonomia privada nos investimentos societários e suas implicações em matéria tributária. In: TÔRRES, Heleno Taveira. **Direito tributário internacional aplicado.** São Paulo: Quartier Latin, 2007.

VALVERDE, Trajano de Miranda. **Sociedade por ações: comentário ao Decreto-Lei 2.627, de 26 de setembro de 1940.** Rio de Janeiro: Forense, 1941.

VICENTINI, Marcelo Fonseca. **Subcapitalização no direito tributário brasileiro**. 2014. 170 f. Dissertação (Mestrado em Direito) – Faculdade de Direito, Universidade de São Paulo, São Paulo.

VICENTINI, Marcelo Fonseca. Thin Captalization e seus Impactos para Bancos. In: MOSQUERA, Roberto Quiroga et al. **O Direito tributário e o mercado financeiro e de capitais**. 2º volume. São Paulo: Dialética, 2010.

XAVIER, Alberto. **Direito Tributário Internacional do Brasil**. 7ª edição. Rio de Janeiro: Forense, 2010.

Referências Secundárias

ANBIMA. **Boletim Anbima**. Disponível em: <http://www.anbima.com.br/data/files/88/A4/9C/17/5F75B510A7B832B599A80AC2/BoletimMK_0417.pdf>. Acesso em: 04 de julho de 2017.

ANSA BRASIL. **Brasil formaliza pedido de adesão à OCDE**. Disponível em: <http://ansabrasil.com.br/brasil/noticias/brasil/politica/2017/05/30/brasil-formaliza-pedido-de-adesao-a-ocde_f46daff9-91e7-405e-8e64-f904559b74fe.html>. Acesso em: 31 de maio de 2017.

BBC BRASIL. **Os prós e contras de o Brasil entrar na OCDE, o "clube dos ricos"**. Disponível em: <http://www.bbc.com/portuguese/internacional-40140913>. Acesso em: 19 de julho de 2017.

BLOOMBERG. **Tax Inversion**. Disponível em: <https://www.bloomberg.com/quicktake/tax-inversion>. Acesso em: 23 de abril de 2017.

BNDS. **Taxa de juros de longo prazo**. Disponível em: <http://www.bndes.gov.br/SiteBNDES/export/sites/default/bndes_pt/Galerias/Arquivos/produtos/download/tjlp.pdf>. Acesso em: 16 de agosto de 2017.

BRASIL. **Constituição da República Federativa do Brasil de 1988**. Estabelece a Constituição Federal. Disponível em: < http://www.planalto.gov.br/ccivil_03/constituicao/constituicao.htm>. Acesso em: 17 de junho de 2017.

BRASIL. **Lei nº 5.172**, de 25 de outubro de 1966. Dispõe sobre o Sistema Tributário Nacional e institui normas gerais de direito tributário aplicáveis à União, Estados e Municípios. Disponível em: <http://www.planalto.gov.br/ccivil_03/leis/L5172.htm>. Acesso em: 13 de agosto de 2017.

BRASIL. **Lei Complementar nº 105**, de 10 de janeiro de 2001. Dispõe sobre o sigilo das operações de instituições financeiras e dá outras providências. Disponível em: <http://www.planalto.gov.br/ccivil_03/leis/LCP/Lcp105.htm>. Acesso em: 04 de setembro de 2017.

BRASIL. **Decreto-Lei nº 2.627**, de 26 de setembro de 1940. Dispõe sobre as sociedades por ações. Disponível em: < http://www.planalto.gov.br/ccivil_03/decreto-lei/Del2627.htm>. Acesso em: 11 de julho de 2017.

BRASIL. **Lei nº 6.385**, de 07 de dezembro de 1976. Dispõe sobre o mercado de valores mobiliários e cria a Comissão de Valores Mobiliários. Disponível em:<http://www.planalto.gov.br/ccivil_03/leis/L6385.htm>. Acesso em: 20 de junho de 2017.

BRASIL. **Lei nº 6.404/76**, de 15 de dezembro de 1976. Dispõe sobre as sociedades por ações. Disponível em: <http://www.planalto.gov.br/ccivil_03/leis/L6404compilada.htm>. Acesso em: 16 de maio de 2017.

BRASIL. **Lei nº 7.689**, de 15 de dezembro de 1988. Institui contribuição social sobre o lucro das pessoas jurídicas e dá outras providências. Disponível em: <http://www.planalto.gov.br/ccivil_03/leis/L7689.htm>. Acesso em: 12 de agosto de 2017.

BRASIL. **Lei nº 8.981**, de 20 de janeiro de 1995. Altera a legislação tributária Federal e dá outras providências. Disponível em: < http://www.planalto.gov.br/ccivil_03/leis/L8981.htm>. Acesso em: 07 de julho de 2017.

BRASIL. **Lei nº 9.249**, de 26 de dezembro de 1995. Altera a legislação do imposto de renda das pessoas jurídicas, bem como da contribuição social sobre o lucro líquido, e dá outras providências. Disponível em: <http://www.planalto.gov.br/ccivil_03/LEIS/L9249.htm>. Acesso em: 17 de maio de 2017.

BRASIL. **Lei nº 9.430**, de 27 de janeiro de 1996. Dispõe sobre a legislação tributária federal, as contribuições para a seguridade social, o processo administrativo de consulta e dá outras providências. Disponível em: <http://www.planalto.gov.br/ccivil_03/leis/L9430.htm>. Acesso em: 24 de maio de 2017.

BRASIL. **Lei nº 9.718**, de 27 de novembro de 1998. Altera a Legislação Tributária Federal. Disponível em:<http://www.planalto.gov.br/ccivil_03/leis/L9718compilada.htm>. Acesso em: 05 de setembro de 2017.

BRASIL. **Lei nº 9.779**, de 19 de janeiro de 1999. Altera a legislação do Imposto sobre a Renda, relativamente à tributação dos Fundos de Investimento Imobiliário e dos rendimentos auferidos em aplicação ou operação financeira de renda fixa ou variável, ao Sistema Integrado de Pagamento de Impostos e Contribuições das Microempresas e das Empresas de Pequeno Porte – SIMPLES, à incidência sobre rendimentos de beneficiários no exterior, bem assim a legislação do Imposto sobre Produtos Industrializados – IPI, relativamente ao aproveitamento de créditos e à equiparação de atacadista a estabelecimento industrial, do Imposto sobre Operações de Crédito, Câmbio e Seguros ou Relativas a Títulos e Valores Mobiliários – IOF, relativamente às operações de mútuo, e da Contribuição Social sobre o Lucro Líquido, relativamente às despesas financeiras, e dá outras providências.

Disponível em: <http://www.planalto.gov.br/ccivil_03/LEIS/L9779.htm #art5>. Acesso em: 07 de julho de 2017.

BRASIL. **Lei nº 10.406**, de 10 de janeiro de 2002. Institui o Código Civil. Disponível em: <http://www.planalto.gov.br/ccivil_03/leis/2002/L10406.htm>. Acesso cm: 19 de maio de 2017.

BRASIL. **Lei nº 10.637**, de 30 de dezembro de 2002. Dispõe sobre a não-cumulatividade na cobrança da contribuição para os Programas de Integração Social (PIS) e de Formação do Patrimônio do Servidor Público (Pasep), nos casos que especifica; sobre o pagamento e o parcelamento de débitos tributários federais, a compensação de créditos fiscais, a declaração de inaptidão de inscrição de pessoas jurídicas, a legislação aduaneira, e dá outras providências. Disponível em: <http://www.planalto.gov.br/ccivil_03/leis/2002/L10637.htm>. Acesso em: 18 de agosto de 2017.

BRASIL. **Lei nº 10.833**, de 29 de dezembro de 2003. Altera a Legislação Tributária Federal e dá outras providências. Disponível em: <http://www.planalto.gov.br/ccivil_03/leis/2003/L10.833.htm>. Acesso em: 18 de agosto de 2017.

BRASIL. **Lei nº 11.033**, de 21 de dezembro de 2004. Altera a tributação do mercado financeiro e de capitais; institui o Regime Tributário para Incentivo à Modernização e à Ampliação da Estrutura Portuária – REPORTO; altera as Leis nos 10.865, de 30 de abril de 2004, 8.850, de 28 de janeiro de 1994, 8.383, de 30 de dezembro de 1991, 10.522, de 19 de julho de 2002, 9.430, de 27 de dezembro de 1996, e 10.925, de 23 de julho de 2004; e dá outras providências. Disponível em: <http://www.planalto.gov.br/ccivil_03/_ato2004-2006/2004/lei/l11033.htm>. Acesso em: 07 de julho de 2017.

BRASIL. **Lei nº 12.249**, de 11 de junho de 2010. Institui o Regime Especial de Incentivos para o Desenvolvimento de Infraestrutura da Indústria Petrolífera nas Regiões Norte, Nordeste e Centro-Oeste – REPENEC; cria o Programa Um Computador por Aluno – PROUCA e institui o Regime Especial de Aquisição de Computadores para Uso Educacional – RECOMPE; prorroga benefícios fiscais; constitui fonte de recursos adicional aos agentes financeiros do Fundo da Marinha Mercante – FMM para financiamentos de projetos aprovados pelo Conselho Diretor do Fundo da Marinha Mercante – CDFMM; institui o Regime Especial para a Indústria Aeronáutica Brasileira – RETAERO; dispõe sobre a Letra Financeira e o Certificado de Operações Estruturadas; ajusta o Programa Minha Casa Minha Vida – PMCMV; altera as Leis nos 8.248, de 23 de outubro de 1991, 8.387, de 30 de dezembro de 1991, 11.196, de 21 de novembro de 2005, 10.865, de 30 de abril de

2004, 11.484, de 31 de maio de 2007, 11.488, de 15 de junho de 2007, 9.718, de 27 de novembro de 1998, 9.430, de 27 de dezembro de 1996, 11.948, de 16 de junho de 2009, 11.977, de 7 de julho de 2009, 11.326, de 24 de julho de 2006, 11.941, de 27 de maio de 2009, 5.615, de 13 de outubro de 1970, 9.126, de 10 de novembro de 1995, 11.110, de 25 de abril de 2005, 7.940, de 20 de dezembro de 1989, 9.469, de 10 de julho de 1997, 12.029, de 15 de setembro de 2009, 12.189, de 12 de janeiro de 2010, 11.442, de 5 de janeiro de 2007, 11.775, de 17 de setembro de 2008, os Decretos-Leis nos 9.295, de 27 de maio de 1946, 1.040, de 21 de outubro de 1969, e a Medida Provisória no 2.158-35, de 24 de agosto de 2001; revoga as Leis nos 7.944, de 20 de dezembro de 1989, 10.829, de 23 de dezembro de 2003, o Decreto-Lei no 423, de 21 de janeiro de 1969; revoga dispositivos das Leis nos 8.003, de 14 de março de 1990, 8.981, de 20 de janeiro de 1995, 5.025, de 10 de junho de 1966, 6.704, de 26 de outubro de 1979, 9.503, de 23 de setembro de 1997; e dá outras providências. Disponível em: <http://www.planalto.gov.br/ccivil_03/_ato2007-2010/2010/lei/l12249.htm>. Acesso em: 24 de maio de 2017.

BRASIL. **Lei nº 12.431**, de 24 de junho de 2011. Dispõe sobre a incidência do imposto sobre a renda nas operações que especifica; altera as Leis nos 11.478, de 29 de maio de 2007, 6.404, de 15 de dezembro de 1976, 9.430, de 27 de dezembro de 1996, 12.350, de 20 de dezembro de 2010, 11.196, de 21 de novembro de 2005, 8.248, de 23 de outubro de 1991, 9.648, de 27 de maio de 1998, 11.943, de 28 de maio de 2009, 9.808, de 20 de julho de 1999, 10.260, de 12 de julho de 2001, 11.096, de 13 de janeiro de 2005, 11.180, de 23 de setembro de 2005, 11.128, de 28 de junho de 2005, 11.909, de 4 de março de 2009, 11.371, de 28 de novembro de 2006, 12.249, de 11 de junho de 2010, 10.150, de 21 de dezembro de 2000, 10.312, de 27 de novembro de 2001, e 12.058, de 13 de outubro de 2009, e o Decreto-Lei no 288, de 28 de fevereiro de 1967; institui o Regime Especial de Incentivos para o Desenvolvimento de Usinas Nucleares (Renuclear); dispõe sobre medidas tributárias relacionadas ao Plano Nacional de Banda Larga; altera a legislação relativa à isenção do Adicional ao Frete para Renovação da Marinha Mercante (AFRMM); dispõe sobre a extinção do Fundo Nacional de Desenvolvimento; e dá outras providências. Disponível em: < http://www.planalto.gov.br/ccivil_03/_ato2011-2014/2011/lei/l12431.htm>. Acesso em: 02 de julho de 2017.

BRASIL. **Lei nº 12.973**, de 13 de maio de 2014. Altera a legislação tributária federal relativa ao Imposto sobre a Renda das Pessoas Jurídicas – IRPJ, à Contribuição Social sobre o Lucro Líquido – CSLL, à Contribuição para o PIS/Pasep e à Contribuição para o Financiamento da Seguridade Social – Cofins; revoga o Regime Tributário de Transição – RTT, instituído pela Lei no 11.941, de 27 de maio de 2009; dispõe sobre a tributação da pessoa jurídica domiciliada no Brasil, com relação ao acréscimo patrimonial decorrente de participação em lucros auferidos no exterior por controladas e coligadas; altera o Decreto-Lei no 1.598, de 26 de dezembro de 1977 e as Leis nos 9.430, de 27 de dezembro de 1996, 9.249, de 26 de dezembro de 1995, 8.981, de 20 de janeiro de 1995, 4.506, de 30 de novembro de 1964, 7.689, de 15 de dezembro de 1988, 9.718, de 27 de novembro de 1998, 10.865, de 30 de abril de 2004, 10.637, de 30 de dezembro de 2002, 10.833, de 29 de dezembro de 2003, 12.865, de 9 de outubro de 2013, 9.532, de 10 de dezembro de 1997, 9.656, de 3 de junho de 1998, 9.826, de 23 de agosto de 1999, 10.485, de 3 de julho de 2002, 10.893, de 13 de julho de 2004, 11.312, de 27 de junho de 2006, 11.941, de 27 de maio de 2009, 12.249, de 11 de junho de 2010, 12.431, de 24 de junho de 2011, 12.716, de 21 de setembro de 2012, e 12.844, de 19 de julho de 2013; e dá outras providências. Disponível em: < http://www.planalto.gov.br/ccivil_03/_ato2011-2014/2014/lei/l12973.htm>. Acesso em: 28 de julho de 2018.

BRASIL. **Decreto nº 3.000**, de 26 de março de 1999. Regulamenta a tributação, fiscalização, arrecadação e administração do Imposto sobre a Renda e Proventos de Qualquer Natureza. Disponível em: <http://www.planalto.gov.br/ccivil_03/decreto/d3000.htm>. Acesso em: 17 de maio de 2017.

BRASIL. **Decreto nº 6.306, de 14 de dezembro de 2007**. Regulamenta o Imposto sobre Operações de Crédito, Câmbio e Seguro, ou relativas a Títulos ou Valores Mobiliários – IOF. Disponível em:< http://www.planalto.gov.br/ccivil_03/_ato2007-2010/2007/decreto/d6306.htm>. Acesso em: 17 de junho de 2017.

BRASIL. **Decreto nº 8.426**, de 1º de abril de 2015. Restabelece as alíquotas da Contribuição para o PIS/PASEP e da COFINS incidentes sobre receitas financeiras auferidas pelas pessoas jurídicas sujeitas ao regime de apuração não-cumulativa das referidas contribuições. Disponível em: <http://www.planalto.gov.br/ccivil_03/_Ato2015-2018/2015/Decreto/D8426.htm>. Acesso em: 21 de maio de 2017.

BRASIL. **Instrução Normativa RFB nº 1.312**, de 28 de dezembro de 2012. Dispõe sobre os preços a serem praticados nas operações de compra e de venda de bens, serviços ou direitos efetuados por pessoa física ou jurídica residente ou domiciliada no Brasil, com pessoa física ou jurídica residente ou domiciliada no exterior, consideradas vinculadas. Disponível em: <http://normas.receita.fazenda.gov.br/sijut2consulta/link.action?visao=ano tado&idAto=39257>. Acesso em: 26 de maio de 2017.

BRASIL. **Instrução Normativa RFB nº 1.500**, de 29 de outubro de 2014. Dispõe sobre normas gerais de tributação relativas ao Imposto sobre a Renda das Pessoas Físicas. Disponível em: <http://normas.receita.fazenda.gov.br/sijut2consulta/link.action?idAto=57670>. Acesso em: 04 de julho de 2017.

BRASIL. **Instrução Normativa RFB nº 1.585**, de 31 de agosto de 2015. Dispõe sobre o imposto sobre a renda incidente sobre os rendimentos e ganhos líquidos auferidos nos mercados financeiro e de capitais. Disponível em: <http://normas.receita.fazenda.gov.br/sijut2consulta/link.action?idAto=67494&visao=anotado>. Acesso em: 04 de julho de 2017.

BRASIL. **Instrução Normativa RFB nº 1.681**, de 28 de dezembro de 2016. Dispõe sobre a obrigatoriedade de prestação das informações da Declaração País-a-País. Disponível em: <http://normas.receita.fazenda.gov.br/sijut2consulta/link.action?idAto=79444&visao=anotado>. Acesso em: 29 de julho de 2018.

BRASIL. **Instrução Normativa RFB nº 1.700**, de 14 de março de 2017. Dispõe sobre a determinação e o pagamento do imposto sobre a renda e da contribuição social sobre o lucro líquido das pessoas jurídicas e disciplina o tratamento tributário da Contribuição para o PIS/Pasep e da Cofins no que se refere às alterações introduzidas pela Lei nº 12.973, de 13 de maio de 2014. Disponível em: <http://normas.receita.fazenda.gov.br/sijut2consulta/link.action?idAto=81268&visao=anotado>. Acesso em: 13 de agosto de 2017.

BRASIL. **Instrução Normativa SRF nº 11**, de 21 de fevereiro de 1996. Dispõe sobre a apuração do imposto de renda e da contribuição social sobre o lucro das pessoas jurídicas a partir do ano-calendário de 1996. Disponível em: <http://normas.receita.fazenda.gov.br/sijut2consulta/link.action?visao=ano tado&idAto=13034>. Acesso em: 20 de maio de 2017.

BRASIL. **Instrução Normativa SRF nº 41**, de 22 de abril de 1998. Dispõe sobre os juros remuneratórios do capital próprio. Disponível em: <http://normas.receita.fazenda.gov.br/sijut2consulta/link.action?idAto=13711&visao=anotado>. Acesso em: 13 de julho de 2017.

BRASIL. **Portaria nº 427**, de 02 de agosto de 2013. Dispõe sobre a dedutibilidade e o reconhecimento de receita financeira de juros, em operações com pessoas vinculadas, para fins de apuração do lucro real, conforme as regras de preços de transferência. Disponível em: <http://www.fazenda.gov.br/

acesso-a-informacao/institucional/legislacao/portarias-ministerial/2013/portaria-no.-427-de-30-de-julho-de-2013>. Acesso em: 26 de maio de 2017.

BRASIL. **Solução de Consulta COSIT nº 261**, de 26 de setembro de 2014. Disponível em:< http://normas.receita.fazenda.gov.br/sijut2consulta/link.action?visao=anotado&idAto=57194>. Acesso em: 18 de junho de 2017.

BRASIL. **Solução de Consulta DISIT/SRRF10 nº 10001**, DE 21 DE JANEIRO DE 2015. Imposto sobre Operações de Crédito, Câmbio e Seguros ou relativas a Títulos ou Valores Mobiliários – IOF. Disponível em:< http://sijut2.receita.fazenda.gov.br/sijut2consulta/link.action?visao=anotado&idAto=60868>. Acesso em: 18 de junho de 2017.

BRASIL. **EM Interministerial nº 00180/2009 – MF/MDIC**. Exposição de motivos da Medida Provisória n. 472/09. Disponível em: <http://www.planalto.gov.br/ccivil_03/_ato2007-2010/2009/Exm/EMI-00180-MF-MDIC-09-Mpv-472.htm>. Acesso em: 22 de maio de 2017.

BRASIL. **Perguntas e Respostas: Capítulo XIX – IRPJ e CSLL – Operações Internacionais 2016**. Disponível em: <http://idg.receita.fazenda.gov.br/orientacao/tributaria/declaracoes-e-demonstrativos/ecf-escrituracao-contabil-fiscal/perguntas-e-respostas-pessoa-juridica-2016-arquivos/capitulo-xix-irpj-e-csll-operacoes-internacionais-2016.pdf/view>. Acesso em: 26 de maio de 2017.

BRASIL. **O Brasil e a OCDE: Entenda o relacionamento entre o Brasil e a OCDE**. Disponível em: <http://www.pcn.fazenda.gov.br/assuntos/ocde/o-brasil-e-a-ocde>. Acesso em: 31 de maio de 2017.

BRASIL. **Sobre a OCDE: Conheça os trabalhos da Organização para Cooperação e Desenvolvimento Econômico – OCDE**. Disponível em: <http://www.pcn.fazenda.gov.br/assuntos/ocde/sobre-a-ocde>. Acesso em: 31 de maio de 2017.

BUNDESFINANZHOF. **Consulta de Jurisprudência**. Processo I R nº 6/11. Julgado em 06 de junho de 2012. Disponível em:< http://juris.bundesfinanzhof.de/cgi-bin/rechtsprechung/document.py?Gericht=bfh&Art=en&nr=26620>. Acesso em: 02 de agosto de 2018.

BUSINESS INSIDER. **What just happened to Apple, explained**. Disponível em: <http://www.businessinsider.com/what-just-happened-to-apple-explained-2016-8>. Acesso em: 24 de abril de 2017.

CÂMARA DOS DEPUTADOS. **Exposição de motivos da Lei nº 9.249**, de 26 de dezembro de 1995. Disponível em: <http://www2.camara.leg.br/legin/fed/lei/1995/lei-9249-26-dezembro-1995-349062-exposicaodemotivos-149781-pl.html>. Acesso em: 07 de julho de 2017.

COMITÊ DE PRONUNCIAMENTOS CONTÁBEIS. **CPC 00 (R1)**, 15 de dezembro de 2011. Estrutura conceitual para elaboração e divulgação de relatório contábil-financeiro. Disponível em: <http://www.cpc.org.br/CPC/Documentos--Emitidos/Pronunciamentos/Pronunciamento?Id=80>. Acesso em: 22 de maio de 2017.

COMITÊ DE PRONUNCIAMENTOS CONTÁBEIS. **CPC 39**, 19 de novembro de 2009. Instrumentos Financeiros: Apresentação. Disponível em: < http://static.cpc.mediagroup.com.br/Documentos/410_CPC_39_rev%2009.pdf>. Acesso em: 03 de julho de 2017.

CONSELHO ADMINISTRATIVO DE RECURSOS FISCAIS. **Consulta de Jurisprudência**. Processo nº 16327.001870/2001-42. Recurso nº 101-138.101 Especial do Procurador. Acórdão nº 9101-00.287 – 1ª Turma. Sessão de 24 de agosto de 2009. Recorrente: Fazenda Nacional. Interessado: Kolynos do Brasil ltda. (Nova razão social Colgate – Palmolive Indústria e Comércio ltda). Disponível em:< https://carf.fazenda.gov.br/sincon/public/pages/ConsultarJurisprudencia/listaJurisprudenciaCarf.jsf>. Acesso em: 18 de junho de 2017.

CONSELHO ADMINISTRATIVO DE RECURSOS FISCAIS. **Consulta de Jurisprudência**. Processo nº 16327.001000/200688. Acórdão nº 1103001.181. Sessão de 3 de março de 2015. Recorrente: Unilever Brasil ltda. Recorrida: Fazenda Nacional. Disponível em:< https://carf.fazenda.gov.br/sincon/public/pages/ConsultarJurisprudencia/listaJurisprudenciaCarf.jsf>. Acesso em: 18 de junho de 2017.

CONSELHO ADMINISTRATIVO DE RECURSOS FISCAIS. **Consulta de Jurisprudência**. Processo nº 16327.002085/2005-31. Recurso nº 154.735 De Oficio. Acórdão nº 107-09.420. Sessão de 25 de Junho de 2008. Recorrente 5ª Turma/DEU-São Paulo/SP. Interessado Unilever Brasil ltda. Disponível em:< https://carf.fazenda.gov.br/sincon/public/pages/ConsultarJurisprudencia/listaJurisprudenciaCarf.jsf>. Acesso em: 18 de junho de 2017.

CONSELHO ADMINISTRATIVO DE RECURSOS FISCAIS. **Consulta de Jurisprudência**. Processo nº 18471.001351/2006-51. Acórdão nº 1301-001.206. Sessão de 08 de maio de 2013. Recorrente: Light Serviços de Energia ltda. Recorrida: Fazenda Nacional. Disponível em:< https://carf.fazenda.gov.br/sincon/public/pages/ConsultarJurisprudencia/listaJurisprudenciaCarf.jsf>. Acesso em: 18 de junho de 2017.

CONSELHO ADMINISTRATIVO DE RECURSOS FISCAIS. **Consulta de Jurisprudência**. Processo nº 16327.002025/2005-18. Acórdão nº 1302-000.565. Sessão de 26 de maio de 2011. Recorrentes: Monsanto do Brasil Ltda e Fazenda

Nacional. Disponível em:< https://carf.fazenda.gov.br/sincon/public/pages/ConsultarJurisprudencia/listaJurisprudenciaCarf.jsf>. Acesso em: 18 de junho de 2017.

Conselho Administrativo De Recursos Fiscais. **Consulta de Jurisprudência**. Processo nº 16643.000326/2010-91. Acórdão nº 1402-001.875. Sessão de 26 de novembro de 2014. Recorrente: ArcelorMittal Tubarão Comercial S.A. Recorrido: 3ª Turma da DRJ/SPO. Disponível em:< https://carf.fazenda.gov.br/sincon/public/pages/ConsultarJurisprudencia/listaJurisprudenciaCarf.jsf>. Acesso em: 18 de junho de 2017.

Conselho Administrativo De Recursos Fiscais. **Consulta de Jurisprudência**. Processo nº 10865.720825/2012-70. Acórdão nº 1301-001.514. Sessão de 07 de maio de 2014. Recorrente: Renovias Concessionária S.A. Recorrida: Fazenda Nacional. Disponível em: < https://carf.fazenda.gov.br/sincon/public/pages/ConsultarJurisprudencia/listaJurisprudenciaCarf.jsf>. Acesso em: 18 de junho de 2017.

Conselho Administrativo De Recursos Fiscais. **Consulta de Jurisprudência**. Processo nº 16682.720703/201216. Acórdão nº 1102001.228 – 1ª Câmara / 2ª Turma Ordinária. Sessão de 22 de outubro de 2014. Recorrente: H Stern Comércio e Indústria S.A..Recorrida: Fazenda Nacional. Disponível em:<https://carf.fazenda.gov.br/sincon/public/pages/ConsultarJurisprudencia/listaJurisprudenciaCarf.jsf>. Acesso em: 18 de junho de 2017.

Conselho Administrativo De Recursos Fiscais. **Consulta de Jurisprudência**. Processo nº 16561.720156/201237. Acórdão nº 1301001.979 – 3ª Câmara / 1ª Turma Ordinária. Sessão de 05 de abril de 2016. Recorrente: Hospital e Maternidade Santa Joana S.A..Recorrida: Fazenda Nacional. Disponível em: < https://carf.fazenda.gov.br/sincon/public/pages/ConsultarJurisprudencia/listaJurisprudenciaCarf.jsf>. Acesso em: 18 de junho de 2017.

Conselho Federal De Contabilidade. **Resolução do Conselho Federal de Contabilidade nº 750**, de 29 de dezembro de 1993. Disponível em: <http://www1.cfc.org.br/sisweb/SRE/docs/RES_750.pdf>. Acesso em: 19 de agosto de 2017.

Estadão. **Governo Trump resiste à entrada de Brasil na OCDE**. Disponível em:< https://economia.estadao.com.br/noticias/geral,governo-trump-resiste-ao-brasil-na-ocde,70002271257>. Acesso em: 29 de julho de 2018.

EY. **The Latest on BEPS – 29 June 2018**. Disponível em:< https://www.ey.com/Publication/vwLUAssets/The_Latest_On_BEPS_%E2%80%93_29_June_2018/$FILE/2018G_010085-18Gbl_

The%20Latest%20On%20BEPS%20%E2%80%93%2029%20June%202018.pdf>. Acesso em: 20 de agosto de 2018.

FORTUNE. **7 Corporate Giants Accused of Evading Billions in Taxes**. Disponível em: <http://fortune.com/2016/03/11/apple-google-taxes-eu/>. Acesso em: 24 de abril de 2017.

GLOBO, O. **Brasil formaliza pedido de adesão à OCDE**. Disponível em: <https://oglobo.globo.com/economia/brasil-formaliza-pedido-de-adesao-ocde-21415527>. Acesso em: 31 de maio de 2017.

IPEA. **Evolução recente do mercado de debêntures no Brasil: As debêntures incentivadas**. Disponível em: < http://www.ipea.gov.br/agencia/images/stories/PDFs/TDs/td_2158.pdf>. Acesso em: 04 de julho de 2017.

ITAMARATY. **Acordo Marco de Cooperação com a OCDE**. Disponível em: <http://www.itamaraty.gov.br/pt-BR/component/tags/tag/15-ocde-organizacao-para-a-cooperacao-e-o-desenvolvimento-economico>. Acesso em: 31 de maio de 2017.

ITAMARATY. **Política externa: O Brasil no G20**. Disponível em: <http://www.itamaraty.gov.br/pt-BR/politica-externa/diplomacia-economica-comercial-e-financeira/118-g20>. Acesso em: 31 de maio de 2017.

OCDE. **About BEPS and the inclusive framework**. Disponível em: <http://www.oecd.org/tax/beps/beps-about.htm>. Acesso em: 15 de novembro de 2016.

OCDE. **Addressing Tax Risks Involving Bank Losses**. Disponível em: <https://www.oecd.org/tax/aggressive/46023583.pdf>. Acesso em: 03 de agosto de 2018.

OCDE. **Convention on the Organization for Economic Co-operation and Development**. Disponível em: <http://www.oecd.org/general/conventionontheorganisationforeconomicco-operationanddevelopment.htm>. Acesso em: 20 de abril de 2017.

OCDE. **Corporate Loss Utilisation through Aggressive Tax Planning**. Disponível em:< http://www.oecd.org/tax/exchange-of-tax-information/corporatelossutilisationthroughaggressivetaxplanning.htm>. Acesso em: 03 de agosto de 2018.

OCDE. **Harmful Tax Competition – An Emerging Global Issue**. Disponível em: <http://www.oecd-ilibrary.org/taxation/harmful-tax-competition_9789264162945-en>. Acesso em: 30 de maio de 2017.

OCDE. **Hybrid Mismatch Arrangements: Tax Policy and Compliance Issues**. Disponível em:< http://www.oecd.org/ctp/exchange-of-tax-information/HYBRIDS_ENG_Final_October2012.pdf >. Acesso em: 03 de agosto de 2018.

OCDE. **Limiting Base Erosion Involving Interest Deductions and Other Financial Payments, Action 4.** Disponível em: <http://www.keepeek.com/Digital-Asset-Management/oecd/taxation/limiting-base-erosion-involving-interest-deductions-and-other-financial-payments-action-4-2016-update_9789264268333-en#.WPpammkrLIU#page5>. Acesso em: 21 de abril de 2017.

OCDE. **Model Tax Convention on Income and on Capital.** Disponível em: <http://www.keepeek.com/Digital-Asset-Management/oecd/taxation/model-tax-convention-on-income-and-on-capital-2015-full-version_9789264239081-en#.WSXIvuvyvIU#page1>. Acesso em: 24 de maio de 2017.

OCDE. **Neutralising the Effects of Hybrid Mismatch Arrangements, Action 2.** Disponível em: < https://read.oecd-ilibrary.org/taxation/neutralising-the-effects-of-hybrid-mismatch-arrangements-action-2-2015-final-report_9789264241138-en#page3>. Acesso em: 24 de julho de 2018.

OCDE. **OECD Legal Instruments**. Disponível em: <https://www.oecd.org/legal/legal-instruments.htm>. Acesso em: 01 de junho de 2017.

OCDE. **OECD presents outputs of OECD/G20 BEPS Project for discussion at G20 Finance Ministers meeting.** Disponível em: <http://www.oecd.org/ctp/oecd-presents-outputs-of-oecd-g20-beps-project-for-discussion-at-g20-finance-ministers-meeting.htm>. Acesso em: 22 de maio de 2016.

OCDE. **Organization for European Economic Co-operation.** Disponível em: <http://www.oecd.org/general/organisationforeuropeaneconomicco-operation.htm>. Acesso em: 14 de novembro de 2016.

OCDE. **Transfer Pricing Guidelines for Multinational Enterprises and Tax Administrations**. Disponível em:< http://www.oecd.org/publications/oecd-transfer-pricing-guidelines-for-multinational-enterprises-and-tax-administrations-20769717.htm>. Acesso em: 04 de junho de 2017.

PWC. **BEPS: Relatório final da OCDE.** Disponível em: <http://www.pwc.com.br/pt/eventos-pwc/assets/arquivo/bulletin-beps.pdf>. Acesso em: 26 de abril de 2017.

REINO UNIDO. **Tax deductibility of corporate interest expense: consultation.** Disponível em: <https://www.gov.uk/government/consultations/tax-deductibility-of-corporate-interest-expense/tax-deductibility-of-corporate-interest-expense-consultation>. Acesso em: 21 de novembro de 2016.

REUTERS. **Special Report: How Starbucks avoids UK taxes.** Disponível em: <http://uk.reuters.com/article/us-britain-starbucks-tax-idUKBRE89E-0EX20121015>. Acesso em: 24 de abril de 2017.

TRIBUNAL SUPREMO, SALA DE LO CONTENCIOSO. **Consulta de Jurisprudência.** Recurso nº 1130/2014. Julgado em 16 de março de 2016. Disponível em:< http://www.poderjudicial.es/search/contenidos.action?action=contentpdf&databasematch=TS&reference=7628793&links=%221130%2F2014%22&optimize=20160329&publicinterface=true>. Acesso em: 02 de agosto de 2018.

VALOR ECONÔMICO. **Adesão à OCDE deverá custar ao Brasil 15 milhões de euros por ano.** Disponível em: <http://www.valor.com.br/brasil/4998456/adesao-ocde-devera-custar-ao-brasil-15-milhoes-de-euros-por-ano>. Acesso em: 16 de julho de 2017.

VALOR ECONÔMICO. **Pedidos de falência sobem 24% em março, segundo Boa Vista SCPC.** 2016. Disponível em: <http://www.valor.com.br/brasil/4928452/pedidos-de-falencia-sobem-24-em-marco-segundo-boa-vista-scpc>. Acesso em: 25 de abril de 2017.

ÍNDICE

INTRODUÇÃO	15
1. DA GUERRA À GLOBALIZAÇÃO: O CONTEXTO DA CRIAÇÃO DA OCDE	19
2. A EROSÃO DA BASE FISCAL E O PROJETO BEPS	27
3. A TRIBUTAÇÃO SOBRE O LUCRO NO BRASIL	39
4. FINANCIAMENTO DAS ATIVIDADES DAS EMPRESAS: A VOLÁTIL ESCOLHA ENTRE DÍVIDA E CAPITAL	57
5. CONSEQUÊNCIAS TRIBUTÁRIAS DA DECISÃO SOBRE AS FORMAS DE FINANCIAMENTO	65
6. OS IMPACTOS DO BEPS	187
7. O BRASIL FORMALIZA SEU PEDIDO DE ADMISSÃO COMO MEMBRO DA OCDE: E AGORA?	223
CONCLUSÃO	231
REFERÊNCIAS	237